HEYNE ‹

Plachutta · Wagner

DIE GUTE KÜCHE

Das Beste aus dem österreichischen Jahrhundertkochbuch

WILHELM HEYNE VERLAG
MÜNCHEN

Umwelthinweis:
Dieses Buch wurde auf chlor- und säurefreiem Papier gedruckt.

8. Auflage

Copyright © 1993 by Verlag Orac im Verlag Kremayr & Scheriau, Wien
Gekürzte Taschenbuchausgabe im Wilhelm Heyne Verlag, München,
in der Verlagsgruppe Random House GmbH
Printed in Germany 2008
Umschlaggestaltung: Nele Schütz Design, München
Umschlagillustration: Luzia Ellert
Innenfotos: Luzia Ellert und Johannes Kittel
Gesamtherstellung: RMO Druck, München

ISBN: 978-3-453-11537-8

INHALT

Verwendete Abkürzungen:

EL = *Eßlöffel*
KL = *Kaffeelöffel*
TL = *Teelöffel*
TK = *Tiefkühlware*
l = *Liter*
dl = *Deziliter (¹/₁₀ l)*

Auftakt

STATT EINES VORWORTS:
EINE KLEINE GEBRAUCHSANWEISUNG

Kochbücher, die über ein allzu kompliziertes Regelwerk
verfügen, erweisen sich zumeist als wenig benützer-
freundlich. Ein Kochbuch ist schließlich kein Flughafen, auf
dem man nur dann zum richtigen Flugsteig findet, wenn
man ein, zwei Dutzend Piktogramme richtig zu deuten
versteht.
Wir haben aus diesem Grunde versucht, mit Rezepten
möglichst freizügig und mit Symbolen aller Art möglichst
sparsam umzugehen, um Ihnen, liebe Leserinnen und Leser,
mühseliges Hin- und Herblättern zu ersparen.
Damit Ihnen „Die gute Küche" gleich von Anfang an
vertraut wie ein lieber alter Bekannter ist, haben wir das
Buch nicht etwa nach kalten und warmen Vorspeisen,
Suppen, Zwischengängen, Hauptgerichten und Desserts
gegliedert, wie es einer klassischen Menüfolge entsprechen
würde. Der „Fahrplan" durch dieses Kochbuch ist
wesentlich kürzer und übersichtlicher. Er läßt sich mit den
Worten „kalt", „warm" und „süß" zusammenfassen.
Um Ihnen die Arbeit in und mit Ihrer „Guten Küche" so
leicht und angenehm wie möglich zu machen, haben wir
im Ablauf der Rezepte noch einige weitere „Haltegriffe"
angebracht. Unter jedem von ihnen finden Sie daher auch
auf den ersten Blick wichtige Informationen. Back-, Koch-
und Garungszeiten sind auf diese Weise ebenso hervor-
gehoben wie Backrohrtemperaturen und ähnliche
kochtechnische Angaben. Beilagenempfehlungen und
Garniturvorschläge sind ebenfalls detailliert ausgewiesen.
Unter vielen Rezepten werden Sie auch noch einen
zusätzlichen Absatz mit dem Titel „Mein Tip" antreffen, in
dem spezielle Tricks und Kniffe verraten werden.

Ein abschließendes Wort sei noch zur Auswahl der Rezepte gesagt, die wir – bei allem Streben nach Vollständigkeit – letztlich doch treffen mußten, weil der gesamte Rezeptfundus, der sich in der österreichischen Küche im Laufe von vielen Jahrhunderten angesammelt hat, vermutlich eine vielbändige Enzyklopädie füllen würde. Wir haben selbstverständlich getrachtet, alle gängigen Standards der Wiener und österreichischen Küche zu berücksichtigen, aber dennoch versucht, unsere Küche so zu beschreiben, wie sie sich an der Schwelle zum dritten Jahrtausend präsentiert.

Wir wünschen Ihnen viel Freude bei Ihrer ganz persönlichen „Guten Küche".

EWALD PLACHUTTA & CHRISTOPH WAGNER

KALTE GERICHTE

Aspik · Mayonnaise · Dressings

SCHNELLASPIK I

ZUTATEN FÜR
4–6 PORTIONEN
¼ l Rindsuppe, möglichst klar
und fettfrei

6 Blatt Gelatine
Salz, Essig
Für Madeiraaspik zuzüglich
2 cl Madeira

Gelatine in kaltem Wasser einweichen. Suppe aufkochen, eingeweichte Gelatineblätter einrühren, abschäumen, abschmecken und kalt stellen. Gestocktes Gelee würfelig schneiden oder temperiert zum Glacieren verwenden.

SCHNELLASPIK II

ZUTATEN FÜR ¼ l ASPIK
(4–6 PORTIONEN)
25 g Trockenaspik
⅛ l kaltes Wasser (oder fettfreie
klare Suppe)

⅛ l siedendes Wasser
(oder fettfreie klare Suppe)
Salz
Essig

Aspikpulver mit kalter Flüssigkeit verrühren. 10 Minuten ziehen lassen. Siedende Flüssigkeit würzen und mit dem aufgeweichten Aspikpulver vermengen. Das Pulver völlig auflösen, wobei eventuell auftretender Schaum mit einer Papierserviette entfernt werden muß.

MEIN TIP: Dieser Aspik eignet sich besser zum Glacieren als Gelee aus Gelatineblättern.

MADEIRAASPIK

ZUTATEN FÜR
4–6 PORTIONEN

3 dl Rindsuppe oder Geflügelfond, hell und fettfrei
70 g Rindfleisch, mager (oder
Geflügelbrust ohne Haut)
40 g Wurzelwerk

1 TL Tomatenmark
3 Pfefferkörner
Salz
2 cl Madeira
6 Blatt Gelatine
1 Eiklar
4 cl Wasser, kalt

Fleisch und Wurzeln grob faschieren, mit Wasser, Tomatenmark und Eiklar gut verschlagen, ½ Stunde ziehen lassen.
Suppe mit Pfefferkörnern und dem Fleischgemisch vermengen. Unter ständigem Rühren zum Kochen bringen. Zur
Seite stellen und ca. 40 Minuten ziehen lassen.
Durch ein feines Tuch (Etamin) seihen. Eingeweichte, gut
ausgedrückte Gelatine in der heißen Flüssigkeit auflösen.
Salz und Madeira einrühren. Kalt stellen. Gestocktes Gelee
würfelig schneiden (als Beigabe zu Terrinen und Pasteten)
oder lippenwarm temperiert zum Glacieren verwenden.

MAYONNAISE

ZUTATEN FÜR CA. ⅓ l

2 Eidotter
¼ l Pflanzenöl
1 KL Senf
Zitronensaft oder Essig

Salz
Prise Zucker
Worcestershiresauce
Pfeffer, weiß

Dotter, Senf, Zitronensaft, Salz und Pfeffer glattrühren. Unter ständigem Rühren tropfenweise zimmertemperiertes
Pflanzenöl einfließen lassen. Bindet die Mayonnaise, so kann
der Ölfluß erhöht werden. Mayonnaise pikant abschmecken.
Soll die Mayonnaise als Decksauce für kalte Fischgerichte,
gefüllte Eier, Terrinen etc. dienen, so vermengt man etwa
200 g flüssigen Aspik mit 300 g Mayonnaise (sofort verwenden!).
Verdünnen kann man Mayonnaise je nach Verwendungs-
zweck mit Essigwasser (langsam unter Rühren einfließen lassen), Sauerrahm, Joghurt oder Schlagobers.

MEIN TIP: Gerinnt Mayonnaise bei der Erzeugung (zu
kaltes Öl oder zu rascher Ölfluß), so muß man mit einem

neuerlichen Eidotter mit Essigbeigabe und kleinweisem Hinzufügen der geronnenen Mayonnaise die Mayonnaise neu anrühren. Oft genügt aber das Unterrühren von etwas heißem Wasser, um die Mayonnaise zu retten.

MARINADE FÜR BLATTSALATE

ZUTATEN FÜR 4 PORTIONEN
2 cl Wein- oder Kräuteressig
4 cl Pflanzen- oder Olivenöl
(Kürbiskernöl)

Salz
Prise Zucker (auf Wunsch)

Alle Zutaten gut vermischen. Die Mischung kann fertig ab- gerührt in Flaschen kühl gelagert werden. Blattsalate erst un- mittelbar vor dem Servieren marinieren. (Blattsalate müssen trocken sein.)

MEIN TIP: Achten Sie darauf, daß Sie nur Essig und Öl von bester Qualität verwenden.

FRANZÖSISCHES SENFDRESSING
(French Dressing)

ZUTATEN FÜR 4 PORTIONEN
1 EL Essig
6 EL Öl
1 EL Estragonsenf
(oder Dijonsenf)

Salz
Pfeffer
etwas Wasser
Prise Zucker

Essig, Wasser, Senf und Gewürze glatt verrühren, tropfen- weise Öl einmengen, bis eine sämige Sauce entsteht. Nach Belieben kann auch etwas Knoblauch beigefügt werden.

JOGHURT-SCHNITTLAUCH-DRESSING

ZUTATEN FÜR 4 PORTIONEN
80 g Joghurt
1 EL Öl
2 EL Schnittlauch

Salz
Pfeffer, weiß
Zitronensaft
Prise Zucker

Joghurt, Öl und Gewürze verrühren, feingeschnittenen Schnittlauch untermengen.

MEIN TIP: Den Schnittlauch stets im letzten Moment beigeben!

ROQUEFORTDRESSING

ZUTATEN FÜR 4 PORTIONEN
70 g Blauschimmelkäse, passiert
(Österzola, Roquefort,
Gorgonzola etc.)

100 g Sauerrahm
8 EL Olivenöl, Salz,
Weißweinessig, Pfeffer, weiß

Passierten Blauschimmelkäse und Sauerrahm mixen, Öl langsam einfließend einmixen, würzen.

Verwendung: für Blattsalate, Nudel- oder Fenchelsalat

Kalte Saucen

MAYONNAISESAUCE

ZUTATEN FÜR 4 PORTIONEN
160 g Mayonnaise (s. S. 10)
Essigwasser oder flüssiges Obers

Salz
Pfeffer, weiß

Mayonnaise unter langsamer Beigabe von Flüssigkeit auf die gewünschte Konsistenz rühren (Schneerute oder Mixer), würzen. Wichtig ist die ständige, gleichmäßige Beigabe der Flüssigkeit, um Knotenbildungen zu vermeiden.

MEIN TIP: Diese Mischung dient als Basis für viele Dressings und Saucen. So läßt sich etwa eine Schnittlauchsauce lediglich durch Hinzufügen von 2–3 EL gehacktem Schnittlauch rasch herstellen.

SAUCE TARTARE

ZUTATEN FÜR 4 PORTIONEN
200 g Mayonnaisesauce (siehe oben)
60 g Essiggurken
40 g Zwiebeln

1 Sardellenringerl oder -filet (Sardellenpaste)
1 TL Kapern
1 EL Petersilie, gehackt
Salz, Pfeffer, weiß
Zitronensaft, Estragonsenf

Gurken, Zwiebeln, Kapern und Sardellenringerl fein hacken (nicht mixen). Alle Zutaten vermengen, Konsistenz eventuell mit Essigwasser regulieren.

FRÜHLINGSKRÄUTERSAUCE

ZUTATEN FÜR 4 PORTIONEN
160 g Mayonnaisesauce
(s. S. 12)
40 g Joghurt

2 EL Estragon, Kerbel,
Basilikum, Zitronenmelisse
Salz, Pfeffer, weiß
Zitronensaft

Kräuter fein hacken, Mayonnaise mit Joghurt glattrühren, Sauce und Kräuter verrühren; pikant abschmecken.
Verwendung: für kaltes Buffet, Spargel-, Fisch- und Gemüsegerichte

KNOBLAUCHSAUCE

ZUTATEN FÜR 4 PORTIONEN
200 g Sauerrahm
1 TL Knoblauch, gepreßt
2 EL Olivenöl

2 Knoblauchzehen
Salz
Pfeffer, weiß

Sauerrahm mit Knoblauch verrühren, würzen. Knoblauchzehen in feine Scheiben schneiden. In heißem Olivenöl beidseitig braten, überkühlt auf die Sauce geben.
Verwendung: für Lamm-, Melanzani- oder Zucchinigerichte

COCKTAILSAUCE

ZUTATEN FÜR 4 PORTIONEN
180 g Mayonnaisesauce
(s. S. 12)
1 EL Ketchup

2 EL Obers, geschlagen
1 Messerspitze Kren, gerissen
1 KL Weinbrand
Salz, Pfeffer, weiß

Mayonnaisesauce mit Ketchup, Kren und Weinbrand vermengen. Geschlagenes Obers unterziehen, würzen.
Verwendung: für Crevetten-, Hummer- und andere Cocktails sowie zum Binden von Salaten

KRENSAUCE

ZUTATEN FÜR 4 PORTIONEN
200 g Mayonnaisesauce
(s. S. 12)
1 EL Kren, gerissen

1 EL Walnüsse, gehackt
Salz, Pfeffer, weiß
Zitronensaft

Alle Zutaten verrühren und abschmecken. Sollte die Sauce zu dick geraten, so kann sie durch Hinzufügen von etwas Flüssigkeit noch verdünnt werden.
Verwendung: für Spargel-, Schinken- und Eiergerichte

BASILIKUM-TOMATEN-SAUCE

ZUTATEN FÜR 4 PORTIONEN
*200 g Mayonnaisesauce, mit
Olivenöl gerührt (s. S. 12)
160 g Tomaten, entkernt,
geschält*

*40 g Pinienkerne, grob gehackt
1 EL Basilikum, gehackt
Salz, Pfeffer, weiß
Zitronensaft oder
Balsamicoessig*

Tomaten in feine Würfel schneiden. Mayonnaisesauce mit Basilikum vermengen, bei Bedarf mit etwas Essigwasser oder Obers verdünnen; glattrühren, Pinienkerne einrühren, abschließend Tomatenwürfel behutsam einmengen. Pikant mit Salz und Pfeffer würzen.

Verwendung: für Fisch- und Gemüsegerichte in Backteig

MEIN TIP: Diese Sauce eignet sich auch als Dressing für italienische Blattsalate.

SAUCE VINAIGRETTE

ZUTATEN FÜR 4 PORTIONEN
*1 Ei, hartgekocht
30 g Zwiebeln
30 g Essiggurken
15 Kapern
30 g Tomaten*

*1 EL Petersilie, gehackt
1 EL Schnittlauch
2 cl Essig
⅛ l Olivenöl
4 cl Wasser
Salz, Pfeffer, weiß*

Zwiebeln, Gurken, Schnittlauch sehr fein schneiden, Ei und Kapern gesondert fein hacken. Tomaten kurz in heißes Wasser halten, schälen, entkernen und in kleine Würfel schneiden. Essig, Gewürze und Öl mit der Schneerute gut vermengen. Alle Zutaten beigeben und einige Stunden kühl ziehen lassen.

Verwendung: für Spargel- und kalte Gemüsegerichte

SALSA VERDE *(Grüne Sauce)*

ZUTATEN FÜR 4 PORTIONEN
1 kl. Bund Petersilie
10 Kapern
2 Sardellenfilets
1 Essiggurke
2 Knoblauchzehen

½ EL Zitronensaft
⅛ l Olivenöl
20 g Babyspinat TK
40 g Schalotten (od. Zwiebeln)
Salz, Pfeffer

Petersilienblätter, Kapern, Sardellen, Knoblauch, Essiggurke und Schalotten fein hacken, mit Salz, Pfeffer, Zitronensaft, Öl und Spinat gut verrühren.
Verwendung: als klassische Beilage zu Bollito misto, kann deshalb auch zu Kalbskopf, Zunge oder gesottenem Rindfleisch gereicht werden.

SENF-DILL-SAUCE

ZUTATEN FÜR 4 PORTIONEN
3 EL Estragonsenf
etwas Wasser

2 EL Zucker oder Honig
1 EL Weinessig
1 dl Öl
1 EL Dillspitzen, gehackt

Senf, Zucker (Honig), Wasser, Essig und Dille vermengen. Langsam das Öl einrühren, bis die Sauce bindet.
Verwendung: für Graved lax, Heringe

BARBECUESAUCE

ZUTATEN FÜR 4 PORTIONEN
2 cl Olivenöl
2 Schalotten oder 2 EL
Zwiebeln, gehackt
1 Knoblauchzehe, feingehackt
180 g Tomatenketchup

1 EL Petersilie, gehackt
4 cl Ananassaft
Spritzer Tabascosauce
Spritzer Worcestershiresauce
Salz
Pfeffer, schwarz, aus der Mühle
etwas Cayennepfeffer

Feingehackte Schalotten in heißem Olivenöl anschwitzen, Knoblauch beigeben. Ketchup und Ananassaft beifügen. Etwa 5 Minuten dünsten lassen (nicht zudecken), dabei öfter umrühren. Gewürze und Aromastoffe beifügen, zuletzt Petersilie untermengen.

MEIN TIP: Wer keine Tabascosauce im Hause hat, kann auch Chilisauce verwenden. Etwas Honig und feingehackte Hawaiiananas veredeln die Sauce zusätzlich.

SCHNITTLAUCHSAUCE

ZUTATEN FÜR 6 PORTIONEN
100 g Weißbrot, entrindet
2 dl Milch
2 Eidotter, roh
2 Eidotter, gekocht
2 EL Schnittlauch,
feingeschnitten

4 dl Pflanzenöl
Salz
Essig
Pfeffer, weiß
Estragonsenf
Prise Zucker

Weißbrot in kalter Milch einweichen und gut ausdrücken. Gekochte Eidotter mit dem Weißbrot fein passieren, rohe Dotter, alle Aromastoffe (Gewürze) beigeben und mit dem Mixer unter ständiger Beigabe von Öl eine sämige Sauce erzeugen. Den Schnittlauch erst kurz vor dem Servieren unter die Masse ziehen!
Verwendung: als klassische Sauce zu gekochtem Rindfleisch, aber auch zu Fondue Bourguignonne

MEIN TIP: Ohne Schnittlauchbeigabe hält sich die Sauce – gut gekühlt – einige Tage. Eine weitere, schneller zubereitete Variante der Schnittlauchsauce ist eine Mischung aus ca. 160 g Mayonnaisesauce und 2–3 EL gehacktem Schnittlauch.

APFELKREN

ZUTATEN FÜR 4 PORTIONEN
300 g Äpfel, säuerlich, geschält,
entkernt
15 g Kren, gerissen

10 g Zucker
Prise Salz
2–3 EL Zitronensaft
1 EL Öl

Äpfel mit dem Krenreißer fein schaben und sofort (um Braunfärbung zu vermeiden) mit Zitronensaft verrühren. Restliche Zutaten einmengen.
Verwendung: als Beigabe zu gekochtem Rindfleisch, Räucherzunge oder Pökelbrust

OBERSKREN

ZUTATEN FÜR 4 PORTIONEN
2 dl Schlagobers
1 EL Kren, gerissen

Salz
Prise Zucker

Schlagobers nicht zu steif schlagen, Zutaten untermengen.
Verwendung: als Beilage zu Räucherfischen, Rohschinken, Schinken oder als Füllung für Schinkenrollen

Buttermischungen

SCHNECKENBUTTER I

ZUTATEN FÜR CA. 36
ÜBERBACKENE SCHNECKEN
500 g Butter, handwarm
60 g Zwiebeln, feingehackt
30 g Knoblauch, gepreßt
3 Eidotter

20 g Mehl
1 KL Paprikapulver
1 EL Petersilie, gehackt
1 KL Estragonsenf
Salz, Pfeffer, weiß, Zitronensaft
Worcestershiresauce

Butter schaumig rühren, Eidotter nach und nach einrühren. Mehl untermengen, sämtliche Zutaten einrühren. Gut emulgieren.
Verwendung: zum Überbacken von Schnecken oder aber auch als Basis für Krusten (wie Lammkarree in der Kruste)

SCHNECKENBUTTER II

ZUTATEN FÜR CA. 36
ÜBERBACKENE SCHNECKEN
500 g Butter, handwarm
60 g Schalotten oder Zwiebeln

30 g Knoblauch
1 EL Petersilie
Salz, Pfeffer, weiß,
Worcestershiresauce
Zitronensaft

Schalotten oder Zwiebeln sehr fein hacken. Knoblauch pressen und Petersilblätter ebenfalls fein schneiden. Butter schaumig rühren, alle Zutaten gut miteinander vermengen. Würzig abschmecken.

KRÄUTERBUTTER

ZUTATEN FÜR 4 PORTIONEN
100 g Butter
1 KL Estragon
1 KL Petersilie
1 KL Basilikum
1 KL Kerbel

1 Messerspitze Knoblauch
1 EL Zwiebeln oder Schalotten
Salz, Senf
Zitronensaft
ev. Worcestershiresauce

Butter schaumig rühren, Kräuter sehr fein hacken, Zwiebeln fein schneiden, alles vermischen und würzig abschmecken. Auf Alufolie eine Rolle formen, fest zusammendrehen. Einige Stunden gut im Kühlschrank kühlen, aus der Folie drehen und in Scheiben schneiden.

MEIN TIP: Legen Sie die kalte Butter erst im letzten Moment auf das gegrillte Gericht.

PARISER BUTTER
(Café-de-Paris-Butter)

ZUTATEN FÜR 4 PORTIONEN
100 g Butter
Estragonsenf
Petersilie, gehackt
Currypulver, Paprikapulver
Sardellenpaste
Dille, gehackt

Thymian, Rosmarin
Estragonblätter, gehackt
20 g Schalotten, gehackt
Cognac, Majoran
Salz, Worcestershiresauce
Pfeffer, weiß, Zitronensaft
1 Eidotter

Butter schaumig rühren, Eidotter untermengen, alle Zutaten beifügen und gut verrühren.
Verwendung: als Würzbutter für Grillspezialitäten; wird z. B. auf Steaks gelegt, die bei extremer Oberhitze mit der Butter überbacken werden.

KRENBUTTER

ZUTATEN FÜR 4 PORTIONEN
100 g Butter
20 g Kren, gerissen
20 g Walnüsse, gehackt

Salz
Pfeffer, weiß
Prise Zucker

Butter schaumig rühren, Gewürze, Kren und feingehackte Nüsse untermengen.
Verwendung: als Aufstrich auf Schwarzbrot oder als Unterlage für Schinkenbrote

Aufstriche · Canapés

LIPTAUER

ZUTATEN FÜR 6 PORTIONEN
250 g Brimsen oder Topfen, passiert
60 g Butter
2 EL Sauerrahm
60 g Zwiebeln, feingehackt
1 EL Essiggurken, feingehackt
1 TL Kapern, feingehackt

1 TL Estragonsenf
1 TL Paprikapulver
Salz
Pfeffer, weiß
Kümmel, ganz
Sardellenpaste oder Sardellenfilets, gehackt
Schnittlauch zum Bestreuen

Handwarme Butter glatt verrühren, Brimsen oder Topfen untermengen, Sauerrahm beigeben, alle anderen Zutaten einrühren und pikant abschmecken. Masse zu einer Kuppel formen, mit Schnittlauch bestreuen.

MEIN TIP: Wenn Sie Brimsen verwenden, so reduzieren Sie die Salzbeigabe.

FRÜHLINGSAUFSTRICH

ZUTATEN FÜR 6 PORTIONEN
250 g Topfen, passiert
60 g Butter, handwarm
2 EL Sauerrahm

1 Bund Radieschen
50 g Jungzwiebeln
2 EL Estragon und Schnittlauch
Salz, Pfeffer, weiß

Butter schaumig rühren, Topfen untermengen, Sauerrahm einrühren. Radieschen und Zwiebeln fein schneiden. Gehackten Estragon, Schnittlauch und Gewürze beimengen.

GORGONZOLAAUFSTRICH

ZUTATEN FÜR 4 PORTIONEN
300 g Gorgonzola oder
österreichischer

Blauschimmelkäse
100 g Butter, zimmertemperiert

Butter schaumig rühren, Blauschimmelkäse durch ein feines Sieb streichen und beide Zutaten cremig vermischen.

MEIN TIP: Man kann dem Aufstrich auch gehackte Walnüsse oder Pinienkerne untermengen.

SARDINENAUFSTRICH

ZUTATEN FÜR 4 PORTIONEN
40 g Butter
2 Eier, hartgekocht
2 Dosen Sardinen

40 g Essiggurken
Salz
Pfeffer

Butter cremig rühren. Eier und Essiggurken gesondert fein hacken. Sardinen halbieren, Rückgrat entfernen, samt dem Öl mit einer Gabel zerdrücken. Alle Zutaten vermengen, abschmecken.

MEIN TIP: Verwenden Sie wegen der Schärfe vorzugsweise Nuri-Sardinen.

BELEGEN VON CANAPÉS

◄ *Variante 1:* Toastbrot mit Butter bestreichen, mit Schinken belegen, kalt stellen. Mit Aspik dünn bestreichen, nochmal kalt stellen.

Die Ränder abtrennen und Scheiben vierteln. Bis zur Weiterverarbeitung kalt stellen. ▶

◄ Aus schaumiger Butter und passiertem Topfen eine würzige Creme rühren und mit Spritzsack und Sterntülle auf die Canapés aufdressieren.

Beliebig garnieren. Nochmals kalt stellen, danach mit flüssigem Aspik beträufeln. ▶

◄ *Variante II:* Toastbrot mit Butter bestreichen und rund ausstechen. Gurkenscheiben auf das Brot legen, kalt stellen.

Canapés mit glacierfähigem Aspik glacieren. Bis zur Weiterverarbeitung kalt stellen. ▶

◄ Aus schaumiger Butter und passiertem Topfen eine Creme rühren, pikant würzen. Mit Spritzsack und Sterntülle rosettenförmig aufspritzen.

Mit Garnitur belegen, mit Aspik beträufeln, mit Dillspitzen garnieren. Kalt stellen. ▶

MAILÄNDER AUFSTRICH

ZUTATEN FÜR
4–6 PORTIONEN
110 g Thunfisch (inkl. Öl) aus
der Dose
90 g Extrawurst
50 g Butterkäse

2 Eier, hartgekocht
80 g Mayonnaise
1 TL Ketchup
eventuell etwas Salz
Pfeffer, schwarz, aus der Mühle
einige Tropfen Tabascosauce

Eier und Thunfisch gesondert fein hacken. Extrawurst und Butterkäse in feine Würfel schneiden. Alle Zutaten und etwas Thunfischöl gut miteinander vermengen. Saftiges Sandwich- oder Toastbrot sehr dick damit bestreichen.

MEIN TIP: Bestreichen Sie zur Abwechslung einmal ein Brötchen mit Mailänder Aufstrich, setzen ein halbiertes hartes Ei mit der Schnittfläche nach unten darauf und garnieren mit Sardellenringerln, Mayonnaise und Krauspetersilie.

CANAPÉS

Canapés können viereckig, rechteckig, dreieckig oder rund geschnitten werden. Als Belag eigenen sich z. B. Roastbeef, Braten, Schinken, Delikatesswürste, feine Aufstriche, Räucherfisch, Krusten- und Schalentiere. Zum Garnieren kann man u.a. Gervais-, Eier- oder Gorgonzolaaufstrich verwenden, aber auch Oliven, Radieschen, Eier, Paprikaschoten, Kräuter, Nüsse, Trauben etc. Je sorgfältiger Sie die Canapés anrichten, desto mehr freut sich das Auge.

Partygebäck

MOHNSTANGERLN

ZUTATEN FÜR 2 BLECHE
400 g Blauschimmelkäse
(Österzola)
500 g Mehl, glatt
350 g Butter

Salz
Pfeffer
Mohn zum Bestreuen
Ei zum Bestreichen

Käse passieren und mit den anderen Zutaten zu einem Teig verkneten. Teig eine Stunde kühl rasten lassen. Auf bemehlter Unterlage messerrückendick ausrollen, mit Teigroller in Stangerln teilen. Mit Ei bestreichen, mit Mohn bestreuen. Auf Backblech im vorgeheizten Backrohr backen.

BACKROHRTEMPERATUR: 200 °C
BACKDAUER: ca. 12 Minuten

BRIOCHES

ZUTATEN FÜR 10 STÜCK
120 g Mehl, glatt
10 g Germ
10 g Zucker
1 Eidotter

40 g Butter
6 EL Milch
Ei zum Bestreichen
Prise Salz

Hälfte der Milch lauwarm erhitzen, Germ darin auflösen, etwas Mehl beigeben, zu weichem Vorteig verrühren, mit Mehl bestauben und an einem warmen Ort zugedeckt gehen lassen. Restmehl in eine Schüssel sieben, Zucker, Salz, Vorteig beigeben. Mit restlicher Milch, Eidotter und zart geschmolzener Butter verrühren. Kneten, bis sich Blasen bilden. Zugedeckt warm rasten lassen. Nochmals zusammenkneten, in 30-g-Stücke teilen. Mit der Innenhand auf leicht bemehlter Unterlage zu Kugeln schleifen. (Kreisende Bewegung der Hand mit leichtem Druck auf die Teigkugel.) Brioches auf – mit Trennpapier belegtes – Backblech setzen, mit Tuch abdecken, nochmals gehen lassen. Mit Ei bestreichen. Im vorgeheizten Backrohr goldbraun backen.
Verwendung: hervorragende Beigabe zu Gänseleber, Fleischterrinen etc.

BACKROHRTEMPERATUR: 190 °C
BACKDAUER: ca. 18 Minuten

EMMENTALER-KÄSE-STANGEN

ZUTATEN FÜR 1½ BLECHE
270 g Mehl, glatt
160 g Butter
45 g Emmentaler, gerieben
30 g Parmesan, gerieben
1 Ei
1 Messerspitze Germ

5 cl Milch
Salz
Ei zum Bestreichen
ca. 80 g geriebener Emmentaler
zum Bestreuen
Kümmel zum Bestreuen

Mehl, Butter, Emmentaler, Parmesan, Ei, Germ und Milch zu einem geschmeidigen Teig verkneten. Zugedeckt kühl rasten lassen. Dünn ausrollen, auf bemehltes Brett legen. Mit Ei bestreichen, mit Emmentaler bestreuen und tiefkühlen. In ca. 1 cm breite und 6 cm lange Stücke schneiden. Auf trennpapierbelegtes Blech legen, salzen, mit Kümmel bestreuen, goldgelb backen.

BACKROHRTEMPERATUR: 200–220 °C
BACKDAUER: ca. 12 Minuten

Vorspeisen von Gemüse und Pilzen

GEFÜLLTE ZUCCHINI

ZUTATEN FÜR 4 PORTIONEN
600 g Zucchini
250 g Kalbfleisch (Kleinfleisch)
½ Semmel, eingeweicht
2 EL Parmesan oder Reibkäse
1 Ei
50 g Zwiebeln
20 g Butterschmalz
Salz
Pfeffer, weiß, aus der Mühle
Zitronensaft
Petersilie, gehackt

Für die Sauce:
200 g Fleischtomaten, geschält,
entkernt oder aus der Dose
3 EL Olivenöl
60 g Zwiebeln
5 cl Weißwein
1 KL Basilikum, gehackt
Salz, Pfeffer, weiß, Rosmarin

Zucchini in ca. 3 cm dicke Scheiben schneiden. Mit Pariser Ausstecher 2 cm tief aushöhlen, mit Zitrone einreiben, mit Salz und Pfeffer würzen, Zwiebeln fein schneiden und in heißem Schmalz licht rösten. Fleisch und eingeweichte Semmel faschieren. Mit Ei, 1 EL Parmesan, Zwiebeln, Petersilie,

Salz und Pfeffer vermengen. Kugeln formen, diese in die Höhlung der Zucchini füllen. Für die Sauce Tomaten und Zwiebeln gesondert kleinwürfelig schneiden. Öl erhitzen, Zwiebeln hell anrösten, mit Weißwein ablöschen, Tomaten beigeben, Basilikum und Gewürze untermengen. Tomatensauce in Gratinierschüssel füllen, Zucchini einsetzen. Mit 1 EL Parmesan bestreuen. Im heißen Backrohr garen. Kalt oder warm (als Vorspeise) servieren.

BACKROHRTEMPERATUR: ca. 200 °C
GARUNGSDAUER: ca. 25 Minuten

TOMATEN MIT MOZZARELLA

ZUTATEN FÜR 4 PORTIONEN
300 g Tomaten, fleischig
250 g Mozzarella
3 EL Olivenöl

2 EL Rotweinessig
Salz
Pfeffer, schwarz, aus der Mühle
1 EL Basilikum, gehackt

Tomaten und Mozzarella in je 4 mm dicke Scheiben schneiden. Dachziegelartig je eine Tomaten- und Mozzarellascheibe aneinanderschichten. Mit Olivenöl, Essig, Salz und Pfeffer marinieren. Mit gehacktem Basilikum bestreuen.

PEPERONATA

ZUTATEN FÜR 4 PORTIONEN
9 Paprikaschoten, grün, gelb, rot
⅛ l Olivenöl
Salz

Oregano
Pfeffer, weiß
Balsamicoessig
2 Knoblauchzehen
Olivenöl

Paprikaschoten halbieren, Stiel und Kerne entfernen, waschen, abtrocknen. Länglich dritteln, große Paprikaschoten in 5 Teile schneiden. Mit Öl und Knoblauchzehen im vorgeheizten Backrohr weichbraten (ohne Farbe). Gegarte Schoten mit Gewürzen marinieren und mit Olivenöl begießen (muß in Ölbad liegen).

BACKROHRTEMPERATUR: 180 °C
GARUNGSDAUER: ca. 20 Minuten

MARINIERTE STEINPILZE

ZUTATEN FÜR 4 PORTIONEN
400 g Steinpilze (klein und fest), geputzt
4 cl Olivenöl

3 cl Weinessig
Salz
Pfeffer, weiß, aus der Mühle
1 EL Petersilie, gehackt

Pilze je nach Größe halbieren, vierteln oder im Ganzen belassen. Öl in Pfanne erhitzen. Pilzstücke nicht zu dunkel rösten, dabei Pfanne öfter kräftig schwingen; würzen, Petersilie beigeben, mit Essig begießen. Abschmecken und eventuell nochmals mit etwas Olivenöl begießen, kalt servieren.

GARUNGSDAUER: ca. 5 Minuten
MEIN TIP: Eierschwammerl lassen sich auf dieselbe Art marinieren, wobei allerdings geröstete Zwiebeln und abschließend ½ gepreßte Knoblauchzehe den pikanten Geschmack verstärken.

Eiergerichte

GEFÜLLTE EIER

ZUTATEN FÜR 4 PORTIONEN
4 Eier, hartgekocht
80 g Butter, handwarm
80 g Weißbrot, entrindet
Salz
Pfeffer, weiß

Worcestershiresauce
Sardellenpaste
Estragonsenf
Garnierungsmaterial wie
Caviar, Lachsröschen,
Olivenscheiben, Radieschen etc.

Die Eier halbieren und die Enden abschneiden, damit die Eierhälften stehen. Dotter herausheben. Brot in kaltem Wasser einweichen, sehr gut auspressen, Dotter und Brot durch ein feines Sieb streichen. Butter schaumig rühren, Dotter, Brot, Gewürze und Aromastoffe untermengen. Farce mittels Dressiersack (mit glatter oder Sterntülle) erhaben aufspritzen. Das Garnierungsmaterial je nach Geschmack auf die Farce obenauf drapieren.

MEIN TIP: Will man die Eier mit Aspik überziehen, muß man die Eier auf ein Glaciergitter setzen und gut kühlen, damit der Aspik haftet.

VERLORENE EIER MIT RÄUCHERLACHS *(Foto Seite 49)*

ZUTATEN FÜR 4 PORTIONEN
8 Eier
40 g Räucherlachs (8 kleine
Scheiben)
2 dl Sauerrahm
1 EL Dillspitzen, feingehackt

8 Salatblätter
¼ l Gärungsessig, 7,5%ig
1 l Wasser
1 EL Olivenöl, kaltgepreßt
etwas Kräuteressig
Salz

Sauerrahm mit Dille und Salz glattrühren (nicht mixen), kalt stellen. Wasser und Essig vermischen, auf ca. 90 °C erhitzen. Eier einzeln in kleine Schälchen aufschlagen, hintereinander in das Essigwasser gleiten lassen, ca. 5 Minuten ziehen lassen (pochieren). Vorsichtig mit flachem Lochschöpfer aus dem Essigwasser heben und sofort in mit Eiswürfeln versetztes Salzwasser legen. Gut durchkühlen lassen, aus dem Eiswasser geben, abstehende Fransen abtrennen (façonnieren). Salatblätter mit Öl, Salz und Kräuteressig marinieren. Je zwei Salatblätter auf passende kalte Teller legen, jeweils ein Ei auf jedes Salatblatt setzen, halb mit Lachs belegen, die andere Hälfte mit Dillrahm überziehen.

MEIN TIP: Das Essigwasser darf keinesfalls gesalzen werden, da sonst Löcherbildung an den Eiern entsteht.

RUSSISCHES EI *(Mayonnaiseeier)*

ZUTATEN FÜR 4 PORTIONEN
4 Eier, hartgekocht
8 EL Französischer Salat
(s. S. 42)

8 EL Mayonnaisesauce (s. S. 12)
Garnierungsmaterial wie
Caviar oder Sardellenringerl

Aus Französischem Salat Sockel formen, halbierte Eier mit Schnittfläche nach unten auf den Sockel legen, mit Mayonnaisesauce überziehen. Dekor obenauf setzen, individuell garnieren.

MEIN TIP: Für ein kaltes Buffet überzieht man die Eier wegen der längeren Stehzeiten mit Aspikmayonnaise.

GEBEIZTE EIER

ZUTATEN FÜR 12 EIER
12 Eier
12 dl Wasser
2 dl Rotweinessig
1 Thymianstrauß

6 Pfefferkörner
½ Lorbeerblatt
50 g Zucker
½ TL Paprikapulver
Salz

Die Eier hart kochen und im kalten Wasser abkühlen. Eier an allen Seiten anschlagen (rollen), damit die Marinade eindringen kann. Wasser und sämtliche Zutaten 10 Minuten kochen, abkühlen lassen. Die Eier in ein Einsiedeglas oder einen Steinguttopf legen, die Marinade bedeckend einfüllen und 3 Tage sehr kühl lagern. Eier aus der Marinade heben, schälen. Mit Saucen oder Chutney servieren.

Fischgerichte

POCHIERTES LACHSFILET

ZUTATEN FÜR 8 PORTIONEN
800 g Filet vom frischen Lachs
Court-bouillon (s. S. 89)
Aspik zum Abglänzen

Garnierungsmaterial wie
Crevetten, Wachteleier,
Dillsträußchen

Court-bouillon in flache viereckige Wanne geben. Lachsfilet einlegen, auf ca. 75 °C erhitzen und etwa 15 Minuten pochieren (ziehen lassen). Filet im Sud erkalten lassen, Lachs aus dem Sud heben und vorsichtig in Scheiben schneiden. Scheiben auf Glaciergitter legen, beliebig garnieren, mit dickflüssigem, kühlem Aspik überglänzen. Anstocken lassen und anrichten.

GARUNGSDAUER: ca. 15 Minuten
BEILAGENEMPFEHLUNG: Dillsauce, gefüllte Eier oder Gurken
MEIN TIP: Diese Zubereitungsart gilt auch für Filets von Zander, Hecht etc. oder aber auch für Fische im Ganzen wie etwa Steinbutt. Die Garungszeiten richten sich nach Größe und Stärke der Fische.

ZANDERSCHNITTEN MIT TOMATENRAGOUT

ZUTATEN FÜR 4 PORTIONEN
400 g Zanderfilet, geschuppt
3 EL Olivenöl
80 g Zwiebeln, feingehackt
3 EL Tomatensaft
⅛ l Weißwein

150 g Tomaten, geschält,
entkernt
Salz
Pfeffer
Basilikum, gehackt

Zanderfilet in 8 Stücke teilen. Öl erhitzen, Zwiebeln anschwitzen, mit Weißwein ablöschen, Tomatensaft einrühren, durchkochen. Tomaten in Würfel schneiden, würzen, beigeben. Zanderstücke mit Hautseite nach unten einlegen. Basilikum untermengen. Dünsten, nach 4 Minuten wenden, garziehen lassen. Filets in der Sauce erkalten lassen und mit derselben auftragen.

GARUNGSDAUER: ca. 8 Minuten
BEILAGENEMPFEHLUNG: Baguette oder heiße Erdäpfel

LACHSTATAR

ZUTATEN FÜR 4 PORTIONEN
600 g Frischlachs, filetiert, ohne
Haut
Salz
Pfeffer, weiß, aus der Mühle

1 TL Dillspitzen, gehackt
1 EL Zwiebeln, feingehackt
etwas Zitronensaft
ev. Keta-Kaviar (oder
Malossol) als Garnierung

Lachs mit dem Messer sehr kleinwürfelig schneiden (alle braunen Stellen an der Oberseite gründlich entfernen). Alle Zutaten beimengen und gut abmischen, 4 Laibchen formen, diese anrichten und je nach Geschmack garnieren.

MATJESFILETS MIT APFELRAHM
(Hausfrauenart)

ZUTATEN FÜR 6 PORTIONEN
12 Matjesfilets
300 g Äpfel, geschält, entkernt
(säuerlich)
100 g Zwiebeln
200 g Sauerrahm

Salz
Pfeffer, weiß, aus der Mühle
Zitronensaft
Garnierungsmaterial wie
Salatblätter, Krauspetersilie

Zwiebeln und Äpfel in nicht zu kleine Würfel schneiden. Mit Sauerrahm verrühren, mit Gewürzen und Zitrone abschmekken. Matjes portionsweise auf Teller oder gemeinsam auf einer Platte flach anrichten, mit Apfelrahm halb bedecken, garnieren.

RÄUCHERFORELLENMOUSSE

ZUTATEN FÜR 4 PORTIONEN
250 g Räucherforelle, ohne
Haut
50 g Butter, handwarm
¼ l Schlagobers

3½ Blatt Gelatine
Salz
Pfeffer, weiß
Kren
Zitronensaft

Räucherforelle mit Butter im Schnellschneider fein pürieren und durch ein Sieb streichen. Gelatine in kaltem Wasser einweichen, anschließend mit 1 KL Wasser erwärmen; fast erkaltet langsam unter das Forellenpüree mengen. Geschlagenes Obers vorsichtig unterheben. Mit Kren, Salz, Pfeffer und Zitronensaft abschmecken. Pastetenwanne mit Klarsichtfolie auskleiden, Masse einfüllen, glattstreichen. Einige Stunden durchkühlen, stürzen, Folie abziehen und mit nassem, dünnem Messer in Tranchen schneiden. Sollten sich beim Schneiden Probleme ergeben, so ist folgende Methode empfehlenswert: Mousse aus der Folie nehmen, in neue Folie straff eindrehen, schneiden, Folienstreifen abziehen.

MEIN TIP: Man kann viele Mousse-Arten auf ähnliche Weise erzeugen, d. h. aus Aromaträger (Räucherfische, Schinken, Gänseleber oder Avocados), Butter, geschlagenem Obers und Gelatine. Fallweise empfiehlt es sich, etwas Velouté beizufügen.

SCHINKENROLLEN MIT TOPFEN-NUSS-FÜLLE

Z<small>UTATEN FÜR</small> 4 P<small>ORTIONEN</small>
4 Schinkenscheiben (à 30 g)
180 g Topfen, passiert
80 g Butter
1 EL Kren, gerissen
30 g Walnüsse, feingehackt
Salz

Pfeffer, weiß
ev. Garnierungsmaterial (etwa
Oliven, Radieschen, Tomaten-
und Gurkenscheiben,
Krauspetersilie) und Aspik zum
Abglänzen

Handwarme Butter schaumig rühren, Topfen beigeben, gut abmischen und würzen. Nüsse und Kren untermengen. Schinkenscheiben auf Folie ausbreiten, mittels Spritzsack (glatte Tülle) die Creme auf der Breitseite aufspritzen. Schinken straff einrollen. Obenauf mit Creme eine Rosette spritzen, beliebig garnieren. Eventuell mit Aspik abglänzen. Nicht direkt aus dem Kühlschrank servieren, da die Creme sonst zu steif ist.

MEIN TIP: Die Schinkenblätter können auch mit Oberskren oder Französischem Salat gefüllt werden.

CARPACCIO

Z<small>UTATEN FÜR</small> 4 P<small>ORTIONEN</small>
400 g Rindslungenbraten, nicht
abgehangen, pariert (zugeputzt)
2 EL Olivenöl

Salz
Pfeffer, aus der Mühle
80 g Grana (junger Parmesan)
etwas Zitronensaft

Es gibt mehrere Methoden, den rohen Lungenbraten in hauchdünne Scheiben zu schneiden.

Variante I: Rindsfilet mit sehr scharfem Messer in hauchdünne Scheiben schneiden. Diese mit Klarsichtfolie bedecken und mit Plattiereisen vorsichtig dünn ausklopfen. Anrichten.

Variante II: Rindsfilet, in Folie gedreht, im Gefrierfach anfrosten, dann mit einem scharfen Messer (oder mit Schneidemaschine) in hauchdünne Scheiben schneiden. Anrichten.

Variante III: Rindsfilet in Alufolie sehr straff einrollen und die Enden abdrehen. Mindestens 12 Stunden im Gefrierfach frosten. Aus der Folie nehmen, 5 Minuten antauen lassen, mit der Schneidemaschine in hauchdünne Scheiben schneiden. Sofort auf Teller anrichten.

Fertigstellung: Filetscheiben flach auf dem Teller ausbreiten, so daß der ganze Teller belegt ist. Mit Salz und Pfeffer bestreuen, mit Olivenöl beträufeln und eventuell mit Grana-Spänen oder gehacktem Basilikum bestreuen. Auf Wunsch mit etwas Zitronensaft würzen.

BEEFSTEAK TATAR

ZUTATEN FÜR 4 PORTIONEN
800 g Rindfleisch, mager, flachsenfrei (Tafelstück oder schwarzes Scherzel)
4 Eidotter
70 g Zwiebeln, feingehackt
25 g Kapern
120 g Essiggurken

4 g Sardellenpaste
15 g Paprikapulver
2 TL Ketchup
25 g Estragonsenf
2 Spritzer Tabascosauce
1 EL Petersilie, gehackt
Salz, Pfeffer, schwarz
Cognac nach Geschmack

Variante I: Fleisch in gut gekühlter Faschiermaschine (vorher in den Kühlschrank legen) fein faschieren (oder hacken). Alle Zutaten beigeben, gut vermengen, dabei kühl halten. Zu Laibchen formen, mit Messer ein Karomuster eindrücken.

Variante II: Fleisch faschieren (w. o.), alle Zutaten außer Dotter einmengen, Laibchen formen, Mulde bilden, jeweils ein Eidotter einsetzen, anrichten. Dotter wird erst bei Tisch vermengt.

MEIN TIP: Nur unabgelegenes, farbschönes Fleisch verwenden, es muß aber nicht unbedingt Rindslungenbraten sein (s. Zutaten).

RINDFLEISCH IN ESSIG UND ÖL

ZUTATEN FÜR 4 PORTIONEN
600 g Rindfleisch, mager,
gekocht
120 g Zwiebeln
2 dl Hesperidenessig, verdünnt

6 EL Pflanzenöl
Salz
Pfeffer, schwarz, aus der Mühle
Schnittlauch, geschnitten

Rindfleisch in feine Scheiben schneiden. Essig, Öl und Salz zu einer Marinade vermengen, feinnudelig geschnittene Zwiebeln, Marinade und Rindfleisch vorsichtig vermischen. Mit Pfeffer würzen, einige Stunden marinieren. Anrichten und mit Schnittlauch bestreuen.

MEIN TIP: Dieses Gericht gerät noch aromatischer im Geschmack, wenn man statt Pflanzenöl Kürbiskernöl zum Marinieren verwendet.

RINDSLUNGENBRATENSCHEIBEN AUF RUCOLA

ZUTATEN FÜR 4 PORTIONEN
360 g Rindslungenbraten,
pariert (zugeputzt)
150 g Rucola, geputzt
5 EL Olivenöl

2 EL italienischer Rotwein-
oder Balsamicoessig
Salz
Pfeffer, schwarz, aus der Mühle
Öl zum Braten

Rindslungenbraten in dünne Scheiben schneiden. Mit Klarsichtfolie bedecken und mit Plattiereisen dünn klopfen. Folie abziehen. Fleisch mit Salz und Pfeffer beidseitig würzen. Rucola mit Salz, Öl und Essig marinieren. Salat auf Teller erhaben verteilen. Pfanne (aufgrund der Menge eventuell 2 Pfannen) mit wenig Öl erhitzen, Fleisch einlegen, scharf einige Sekunden anbraten, wenden, auch auf dieser Seite nur einige Sekunden braten (nicht durchbraten). Das Fleisch auf den Salat verteilen, nochmals mit einigen Tropfen kaltem Olivenöl beträufeln.

BRATDAUER: ca. 30 Sekunden

REHRÜCKENMEDAILLONS MIT GÄNSELEBERCREME

ZUTATEN FÜR 4 PORTIONEN
200 g Rehrückenfilet
50 g Gänseleberterrine
(s. S. 53)
50 g Butter
1 EL Öl
1 Apfel (Golden Delicious)
Salz
Pfeffer, schwarz, aus der Mühle

Spritzer Weinbrand (Cognac)
Zitronensaft
Zucker
Preiselbeeren oder Sauce
Cumberland als Beigabe

Garnierungsmaterial:
Krauspetersilie und Moosbeeren
Aspik zum Überziehen

Rehrücken mit Salz und Pfeffer kräftig würzen. In heißem Öl allseitig anbraten, bei ca. 130 °C im Backrohr rosa braten. Erkalten lassen. Apfel schälen, entkernen, in ca. 1 cm dicke Scheiben schneiden, in wenig Zitronen-Zuckerwasser aufkochen, kalt stellen. Apfelscheiben auf ein Glaciergitter legen. Rehrückenfilet in 8 Scheiben schneiden. Gänseleberterrine durch feines Sieb streichen, mit schaumig gerührter Butter vermengen und mit Salz, Pfeffer und Weinbrand abschmekken. Gänselebermousse auf die Apfelscheiben mit Spritzsack rosettenartig aufspritzen. Rehrückenstücke darauf gruppieren, beliebig dekorieren, mit Aspik abglänzen und mit Preiselbeeren oder Sauce Cumberland anrichten.

BACKROHRTEMPERATUR: 130 °C
BACKDAUER: ca. 18 Minuten

EINGEGOSSENE GANS

ZUTATEN
1 Gans, ca. 4 kg
1½ kg Gänseschmalz
2 Rosmarinzweige

Salz
Pökelsalz
4 Knoblauchzehen

Die Gans in Stücke teilen, mit Salz und Pökelsalz kräftig einreiben. 12 Stunden im Kühlschrank beizen lassen. Gänseschmalz schwach erhitzen, Knoblauch und Rosmarin beigeben. Die Gänsestücke einlegen – diese müssen mit Schmalz völlig bedeckt sein! 3–4 Stunden bei schwacher Temperatur garen (Nadelprobe machen). Gänsestücke aus dem Fett heben, von den Knochen befreien, Fett abseihen, beiseite stellen. Einen Steinguttopf mit etwas Fett am Boden bedecken. Stocken lassen. Die Gänsestücke einlegen, mit Gänsefett bedecken, abermals stocken lassen. Nochmals mit etwas flüssigem Fett abschließen. Mit Folie bedeckt im Kühlschrank lagern. Die Gans kann sowohl kalt gegessen werden, oder – nochmals erhitzt – als warme Mahlzeit gereicht werden.

GARUNGSDAUER: 3–4 Stunden
MEIN TIP: Stechen Sie mit einer Nadel oder kleinen Gabel in das Fleisch – tritt nur mehr klarer Saft aus, so ist der Garungsprozeß beendet (Nadelprobe).

EINGEGOSSENE GÄNSELEBER

ZUTATEN
1 kg Gänseschmalz
(ausgelassen)

½ kg Gänseleber
Salz (oder Pökelsalz)
Pfeffer, weiß

Gänseleber von Häutchen und großen Nervensträngen befreien, aber nicht zerteilen. Kräftig würzen, einen Tag beizen lassen. Gänseschmalz erhitzen, auf 80 °C abkühlen. Gänseleber in das Fett geben (muß völlig bedeckt sein). Je nach Größe der Leber 15–20 Minuten im Fett pochieren (ziehen lassen). Die Leber ist fertig, wenn sie sich noch schwammig anfühlt. Gänseleber im Fett belassen, bis dieses abgekühlt ist. Nach den folgenden beiden Varianten wahlweise anrichten:

Variante I: Leber mit Fett in passende Schüssel oder Auflaufform geben, nach völligem Erstarren mittels Löffel Nocken ausstechen. Mit Schwarzbrot, Meersalz und Pfeffer aus der Mühle auftragen.

Variante II: Gänseleber vor dem Abstocken des Fettes aus diesem herausheben, Fett abstreifen, Leber gut durchkühlen, in Tranchen schneiden. Mit Salatbukett und Madeiraaspik sowie Toast oder Brioche auftragen.

GARUNGSDAUER: 15–20 Minuten bei 80 °C

GÄNSELEBERSCHAUMNOCKERLN

ZUTATEN FÜR 4 PORTIONEN
*120 g Gänseleberterrine
(Pastete, s. S. 53)
20 g Butter, handwarm
1 dl Schlagobers*

*1 Blatt Gelatine
Salz
Weinbrand
Madeira*

Gänseleber passieren, mit handwarmer Butter schaumig rühren. Gelatine in kaltem Wasser einweichen, aus dem Wasser heben, lauwarm schmelzen und in die Gänseleber einrühren. Obers unter die Masse mengen, Madeira, Weinbrand und Salz beigeben, in passendem Geschirr einige Stunden im Kühlschrank kühlen. Suppenlöffel in heißes Wasser tauchen, Nocken ausstechen und gleich auf Teller legen. Man kann die Lebermasse aber auch in einer Auflaufschüssel auftragen und erst bei Tisch portionieren.

BEILAGENEMPFEHLUNG: Toast, Brioche, Madeirageleewürfel
MEIN TIP: Die Masse eignet sich zum Dressieren etwa auf kaltes Rindsfilet oder Rehrückenmedaillons.

HEURIGENSALAT

ZUTATEN FÜR 6 PORTIONEN
300 g Rindfleisch, gekocht
300 g Extrawurst
1 Zwiebel
3 Paprikaschoten

2 Tomaten
3 Eier, hartgekocht
3 Essiggurken
300 g Erdäpfel, gekocht
Salz, Essig, Öl

Entkernte Tomaten in Spalten teilen, Zwiebel hacken. Erdäpfel, Eier, Paprikaschoten, Rindfleisch, Wurst und Gurken in feine Scheiben schneiden, alle Zutaten mit Salz, Essig und Öl marinieren. Einige Stunden kühlstellen.

GARNIERUNG: Salatblätter, Eischeiben, geschnittener Schnittlauch

OCHSENMAULSALAT

ZUTATEN FÜR 4 PORTIONEN
500 g Ochsenmaul, gepreßt
100 g Zwiebeln

2 dl Weißwein- oder Apfelessig
Salz

Ochsenmaul mit der Aufschnittmaschine hauchdünn aufschneiden (oder vom Fleischhauer aufschneiden lassen). Die Scheiben halbieren oder vierteln, mit der Essig-Salz-Marinade übergießen. Zwiebeln in hauchdünne Scheiben schneiden, dem Salat beigeben, abschmecken. Im Kühlschrank mindestens einen Tag marinieren. (Ochsenmaulsalat wird nicht mit Öl versetzt!)

ROHER SPINATSALAT

ZUTATEN FÜR 4 PORTIONEN
200 g Spinatblätter, jung,
entstielt
6 EL Olivenöl

3 EL Rotweinessig, verdünnt
60 g Weißbrotwürfel, geröstet
Salz

Spinat gut waschen, abtropfen lassen. Mit Salz, Öl und Essig marinieren, trocken halten. Vor dem Servieren mit gerösteten Weißbrotwürfeln bestreuen.

CÄSARSALAT

ZUTATEN FÜR 4 PORTIONEN
300 g Bummerlsalat
2 Eidotter
6 EL Oliven- oder Maiskeimöl
40 g Parmesan, gerieben

2 Sardellenfilets oder -ringerl
2 Knoblauchzehen
40 g Weißbrotwürfel, geröstet
Salz, Weinessig

Salat gut waschen und schleudern (trocknen). Schüssel mit Knoblauch ausstreichen. Eidotter mit Öl anrühren, Essig und Salz einrühren, Sardellen fein hacken, untermengen. Salat darin marinieren, mit Parmesan bestreuen, einmal wenden, mit Brotwürfeln bestreuen.

SPARGELSALAT

ZUTATEN FÜR 4 PORTIONEN
500 g Spargel, gekocht
200 g Preßschinken
3 Eier, hartgekocht
100 g Mayonnaise (s. S. 10)

2–3 EL Ketchup
Salz, Pfeffer, weiß
Essig, Dillspitzen, gehackt
Garnierungsmaterial

Spargel in 1 cm große Stücke schneiden, die Köpfe zum Garnieren beiseite legen. Eier fein hacken, Schinken in feine Streifen schneiden, Mayonnaise auf cremige Konsistenz verdünnen. Ketchup unterziehen, Spargel, Schinken und Eier damit binden. Gewürze und Dille beigeben, einige Stunden marinieren. Nach Belieben mit Spargelköpfen, Eischeiben und Dillsträußchen garnieren.

LINSENSALAT

ZUTATEN FÜR 4 PORTIONEN
600 g Linsen, gekocht
60 g Zwiebeln, feingehackt
6 EL Pflanzen- oder Kürbiskernöl

3 EL Apfelessig
Salz, Pfeffer aus der Mühle

Gekochte Linsen mit Salz, Zwiebeln, Essig, Öl marinieren. Einige Stunden ziehen lassen. (Getrocknete Linsen vorher in reichlich kaltem Wasser einige Stunden einweichen, abseihen. In reichlich Salzwasser kochen, abseihen, erkalten lassen.)

HUHN-CURRY-SALAT

ZUTATEN FÜR 4 PORTIONEN
250 g Hühnerfleisch, gekocht,
ohne Haut und Knochen
150 g Ananasstücke
150 g Äpfel, geschält, entkernt
50 g Pinienkerne oder
Walnüsse

1 TL Currypulver
100 g Mayonnaise (s. S. 10)
verdünnt
2 EL Obers, geschlagen
Salz, Zitronensaft
Pfeffer, weiß

Das gekochte Hühnerfleisch kleinwürfelig schnetzeln. Die Äpfel sowie die Ananasstückchen ebenfalls in kleine Würfel schneiden. Die verdünnte Mayonnaise mit Curry abrühren. Alle Zutaten mit Mayonnaise binden, geschlagenes Obers unterheben und würzen.

MEIN TIP: Die Geschmackskomponente dieses Salates kann variiert werden, indem man etwa auch Zutaten wie Mango, Banane, Mandeln oder Schinken verwendet.

WIENER HERINGSSALAT

ZUTATEN FÜR 4 PORTIONEN
200 g Heringe, mariniert,
filetiert
100 g Äpfel, geschält, entkernt
150 g Erdäpfel, gekocht,
geschält
80 g Essiggurken
60 g Bohnen, weiß, gekocht
120 g Mayonnaise (s. S. 10)
60 g Zwiebeln oder Zwiebeln
aus der Heringsmarinade
3 EL Sauerrahm

5 Kapern, gehackt
Sardellenpaste
Salz
Pfeffer, weiß
Estragonsenf
Heringsmarinade zum
Verdünnen
nach Möglichkeit passierten
Heringsmilchner
Garnierungsmaterial wie
Eischeiben, Heringsstückchen,
Krauspetersilie

Äpfel, Erdäpfel und Gurken in ca. 8 mm große Würfel schneiden. Heringe in etwas größere Stücke teilen. Alle Zutaten mit Mayonnaise und Sauerrahm binden, eventuell Konsistenz mit Heringsmarinade korrigieren. Milchner, Kapern, Sardellenpaste, weiße Bohnen, feingeschnittene Zwiebeln und Gewürze beigeben. Heringssalat mit Eischeiben und Heringsstückchen sowie Krauspetersilie garnieren.

RÄUCHERFISCHSALAT

ZUTATEN FÜR 4 PORTIONEN
150 g Räucherfisch (geräucherte
Forelle, Lachs, Schillerlocken)
120 g Äpfel, geschält, entkernt
120 g Salatgurke, entkernt,
geschält

70 g Sauerrahm
70 g Mayonnaise (s. S. 10)
40 g Zwiebeln
1 EL Dillspitzen, gehackt
Salz, Pfeffer, weiß
Zitronensaft oder Essig

Fisch, Gurke, Zwiebeln und Äpfel in kleine Würfel schneiden. Mit Sauerrahm und Mayonnaise binden, Dille beigeben. Pikant abschmecken.

GARNIERUNG: Fischstücke, Lachsrosen, Dillsträußchen
MEIN TIP: Den Salat sollte man einige Stunden ziehen lassen, da sich nur so die einzelnen Zutaten zu einer vollendeten geschmacklichen Harmonie verbinden.

MATJESSALAT

ZUTATEN FÜR 4 PORTIONEN
150 g Matjesheringe oder
Schwedenhappen
150 g Äpfel, säuerlich
60 g Salzgurken

60 g Zwiebeln
150 g Sauerrahm
30 g Mayonnaise (s. S. 10)
Salz, Prise Zucker

Die Äpfel schälen und das Gehäuse entfernen. Die Heringe, Äpfel, Zwiebeln und Salzgurken in knapp 1 cm große Würfel schneiden. Den Sauerrahm mit der Mayonnaise vermengen und mit dem Apfel-Hering-Gemisch abrühren, würzen. Einige Stunden im Kühlschrank ziehen lassen und – nach Belieben garniert – anrichten.

FRANZÖSISCHER SALAT

ZUTATEN FÜR 4 PORTIONEN
*150 g Erdäpfel, gekocht,
geschält
80 g Erbsen
70 g Äpfel, entkernt, geschält
60 g Essiggurken
80 g Karotten, gekocht, geschält*

*140 g Mayonnaise (s. S. 10)
Salz, Pfeffer, weiß
Gurkenessig, Prise Zucker
Garnierungsmaterial wie
Salatblätter, Eier, Tomaten*

Erbsen kochen, kalt abfrischen. Erdäpfel, Gurken, Äpfel und Karotten in kleine Würfel schneiden. Diese Zutaten mit Mayonnaise abrühren, Konsistenz mit Gurkenessig korrigieren. Würzen, mit marinierten Salatblättern anrichten und beliebig mit Eischeiben, Tomatensechsteln etc. garnieren.

MEIN TIP: Französischer Salat dient auch als Unterlage (Sockel) für kalte Eier-, Fisch- und Fleischgerichte sowie als Fülle für Schinken- oder Roastbeefrollen.

WARMER KRAUTSALAT

ZUTATEN FÜR 4 PORTIONEN
*600 g Weißkraut, ohne Strunk
und Außenblätter
80 g Frühstücksspeck
¼ l Suppe oder Wasser*

*3 EL Apfelessig
3 EL Pflanzenöl
Salz
1 KL Kümmel, ganz*

Kraut fein hobeln oder schneiden, einsalzen. Suppe oder Wasser mit Kümmel versetzen, Essig beigeben, aufkochen und Kraut untermengen. Zugedeckt kräftig durchkochen lassen, vom Herd nehmen. Überschüssige Flüssigkeit abschütten. Speck kleinwürfelig schneiden, in Pfanne anrösten, gemeinsam mit dem verbliebenen Schmalz über den Salat geben. Öl beigeben, durchrühren und abschmecken.

KRAUTSALAT

ZUTATEN FÜR 4 PORTIONEN
600 g Weißkraut, ohne Strunk
und Außenblätter
3 EL Apfelessig

6 EL Pflanzenöl
1 KL Kümmel, ganz
Salz
1/16 l Wasser

Weißkraut halbieren, in feine Streifen hobeln oder schneiden. Mit Salz bestreuen, gut durchkneten; 1 Stunde rasten lassen, händisch abpressen, Wasser abgießen. Wasser, Essig und Kümmel aufkochen, über das Kraut schütten; abmischen. Mit Öl komplettieren.

ERDÄPFELSALAT

ZUTATEN FÜR 4 PORTIONEN
600 g Erdäpfel, gekocht,
geschält (Sieglinde oder
Kipfler)
60 g Zwiebeln, feingeschnitten
ca. 1/4 l Suppe, fett

3 EL Apfelessig
6 EL Pflanzenöl (Kürbiskernöl)
Salz
Pfeffer, schwarz
eventuell etwas Estragonsenf

Gekochte Erdäpfel noch heiß schälen, in feine Scheiben schneiden. Sofort mit warmer Suppe angießen, Öl, Zwiebeln, Essig, Salz und Pfeffer beigeben. Den Salat kräftig so lange rühren, bis er eine sämige Bindung erhält. Ob Senf und Zucker beigegeben werden, unterliegt dem persönlichen Geschmack.

GARNIERUNG: Schnittlauch, Vogerlsalat

GEKOCHTER SELLERIESALAT

ZUTATEN FÜR 4 PORTIONEN
800 g Sellerieknolle, geschält
4 EL Apfelessig
8 EL Pflanzenöl

Saft von 1/2 Zitrone
Kristallzucker
Salz

Sellerieknolle in feine Streifen schneiden. Zucker, Wasser, Salz, Zitronensaft und Selleriestreifen zum Kochen bringen. Knackig kochen, im Sud erkalten lassen. Erkaltet aus dem Sud heben, gut abtropfen. Mit Salz, Öl und Essig marinieren.

RAHM-GURKEN-SALAT

ZUTATEN FÜR 4 PORTIONEN
800 g Gurken, geschält,
entkernt
200 g Sauerrahm

3 EL Apfelessig
20 g Dillspitzen, gehackt
Salz
Pfeffer, weiß, aus der Mühle

Gurke in sehr feine Scheiben hobeln. Mit Salz abmengen, 20 Minuten ziehen lassen, händisch ausdrücken, mit Pfeffer, Essig und Dille vermengen, mit Sauerrahm binden. Kalt sofort servieren, da die Gurke schnell Flüssigkeit abgibt und somit den Rahm verwässert.

MEIN TIP: Um dem starken Wassergehalt der Gurke, speziell wenn der Salat längere Zeit steht (Buffet), entgegenzuwirken, ist es ratsam, statt Sauerrahm Crème fraîche zu verwenden.

GURKENSALAT

ZUTATEN FÜR 4 PORTIONEN
1 kg Gurken, geschält, entkernt
3 EL Apfel- oder Weinessig
6 EL Pflanzenöl

1 Knoblauchzehe, gepreßt
Salz
Pfeffer aus der Mühle
Paprikapulver zum Bestreuen

Gurken sehr fein hobeln, mit Salz bestreuen, mischen, 20 Minuten rasten lassen. Händisch fest ausdrücken. Knoblauch einmengen. Mit Öl, Essig, Pfeffer und je nach Bedarf Salz abmischen, gut gekühlt, aber stets nur frisch auftragen.

MEIN TIP: Nach altem Brauch bestreut man in Wien den Gurkensalat mit Paprikapulver. Eine weitere Geschmacksvariante erhält man, wenn man den Salat anstatt mit Knoblauch mit Dille und Rahm abmacht.

ROTE-RÜBEN-SALAT

ZUTATEN FÜR 4 PORTIONEN
1 kg rote Rüben
2 dl Weinessig, gewässert
20 g Kren

½ TL Kümmel
Salz
Prise Kristallzucker

Rote Rüben kalt waschen, bürsten, schwemmen. Mit Salzwasser bedecken, weichkochen (anstechen); abseihen, kalt spülen und schälen. Kalt in dünne Scheiben schneiden oder hobeln. Weinessig, Kren (in Stücken oder gerieben), Salz, Kümmel und Zucker ca. 5 Minuten kochen, über die Rüben seihen. Eventuell noch einige kleine Krenstücke beigeben. Einige Stunden kalt ziehen lassen. Kein Öl beigeben!

KOCHDAUER: ca. 2½ Stunden

MELONENCOCKTAIL

ZUTATEN FÜR 4 PORTIONEN
400 g Melone, geschält, ohne Kerne

2 dl Portwein
Kristallzucker und Minzblätter zum Garnieren

Melone in ca. 1 cm große Würfel schneiden. Cocktailschalen mit Zuckerrand versehen. Melonenwürfel in die Gläser geben, mit Portwein auffüllen. Gut im Kühlschrank kühlen, mit Minzblättern garnieren.
Man kann die Melonen statt mit Portwein auch mit Läuterzucker und anderen Alkoholika wie Cognac, Cointreau, Kirsch etc. marinieren.

MEIN TIP: Dieses Gericht sieht optisch noch reizvoller aus, wenn man die Melonen mit dem Pariser Ausstecher zu Kugeln formt.

GESULZTER KARPFEN

ZUTATEN FÜR 4 PORTIONEN
480 g Karpfen, filetiert,
entgrätet
120 g Wurzelwerk, geschält
(Karotten, Sellerie, gelbe Rübe)
80 g Zwiebeln, gehackt
12 Blatt Gelatine
1 Lorbeerblatt

Salz
Pfefferkörner
Kuttelkraut
Essig
Petersilstengel
2 Eier, hartgekocht
Petersilblätter
Vogerlsalat zum Anrichten

Karpfen gut waschen, die Haut leicht einschneiden. Mit Wasser bedecken, Gewürze in einem Leinensäckchen beigeben. Wurzeln in Streifen schneiden, mit Zwiebeln auf den Karpfen streuen. Wasser salzen und kräftig mit Essig säuern. Den Karpfen fast zum Sieden bringen, danach 15 Minuten ziehen lassen, aus dem Sud heben. Restliche Gräten herausziehen. Haut, je nach Geschmack, entfernen oder belassen. Weichgekochte Wurzeln aus dem Sud heben. Den Sud auf ½ Liter reduzierend (nicht zugedeckt) kochen, abseihen. Gelatine einweichen, im Sud auflösen und erkalten lassen. In passendes Geschirr etwas Sud eingießen, kalt stellen und anstocken lassen. Petersilblätter und Eischeiben daraufsetzen, mit etwas gelierendem Sud fixieren. Karpfen in Stücke teilen, mit den Wurzeln im Geschirr gruppieren, mit Sud bedecken. 12 Stunden im Kühlschrank gelieren lassen. Geschirr kurz in sehr heißes Wasser tauchen, stürzen. Gesulzten Karpfen in Scheiben oder Quadrate schneiden. Mit Vogerlsalat anrichten.

GÄNSELEBERSÜLZE MIT ÄPFELN UND PIGNOLI

ZUTATEN FÜR 4 PORTIONEN
150 g Gänseleberterrine
(s. S. 53)
50 g Äpfel, geschält, entkernt
2 dl Madeiraaspik (s. S. 10)

2 EL Pinienkerne (Pignoli)
1 TL Pfeffer, rosa
Zitronensaft
Salatblätter und Selleriesalat
zum Garnieren

Gänseleberterrine in 3 mm dicke Scheiben, Äpfel in messerrückendicke Scheiben schneiden, Apfelscheiben mit Zitronensaft marinieren. Pinienkerne und Pfeffer vermischen, ⅓ der Kerne in passende kleine Terrinenform geben. Eine Schichte Gänseleber einlegen, mit kühlem, flüssigem Aspik leicht bedecken. Wieder einige Kerne streuen, eine Lage Äpfel einschichten, abermals mit Aspik bedecken. Den Vorgang in derselben Reihenfolge wiederholen, bis sämtliche Zutaten aufgebraucht sind. Die Form einige Stunden im Kühlschrank stocken lassen. Form einige Sekunden in sehr heißes Wasser halten, stürzen. Sulz kurz in den Kühlschrank stellen und danach in 6 mm dicke Scheiben schneiden. Eventuell mit flüssigem Madeiragelee abglänzen. Mit schönem Salatbukett und Stangenselleriesalat auftragen. (Haltbarkeit bei kühler Lagerung ca. 4 Tage.)

SCHWEINSSULZ

ZUTATEN FÜR 5 PORTIONEN
700 g Schweinskopf, ohne Göderl
300 g Schweinsschopf, -schulter oder Haxelfleisch, ausgelöst
350 g Schweinsschwarten
100 g Karotten, Sellerie, gelbe Rübe, geschält

1 Essiggurke
Essig
Salz
Pfefferkörner
Lorbeerblatt
Thymiansträußchen
eventuell etwas Suppenwürze

Kopf, Schopf und Schwarten waschen, mit Wasser bedeckt in passender Kasserolle zustellen und leicht wallend kochen. Nach ca. 1 Stunde Wurzelwerk und Gewürze beigeben. Nach ca. 2 Stunden weichgekochtes Fleisch und Schwarten aus dem Sud heben, Schwarten an der Innenseite vom Fett befreien. Kopffleisch vom Knochen lösen; Schwarten, Essiggurke und Wurzelwerk in Streifen, Kopffleisch und Schopf in kleine Würfel schneiden. Die Suppe entfetten (abschöpfen) und auf ca. 3 dl reduzierend (nicht zugedeckt) einkochen, abseihen. Einen Eßlöffel dieser Flüssigkeit gut durchkühlen lassen und die Festigkeit überprüfen: Ist keine Schnittfestigkeit gegeben, muß man durch Beigabe von Geliermittel (Gelatineblätter oder Trockenaspik) die Gelierkraft erhöhen. Sud und Einlage (Fleisch, Wurzeln, Gurke) vermischen und in eine passende Wanne gießen, einen Tag im Kühlschrank gut durchkühlen lassen. Die Wanne ganz kurz in sehr heißes Wasser stellen und die Sulz sofort stürzen, in Scheiben schneiden und mit Zwiebel-Essig-Öl-Marinade auftragen.

GARUNGSDAUER: ca. 2 Stunden

GEMÜSESÜLZCHEN

ZUTATEN FÜR 10 PORTIONEN
50 g Kohlsprossen
50 g Karotten
50 g Kohlrabi
50 g Erbsen
50 g Fisolen
50 g Champignons
50 g Schalotten

4 dl Salzwasser
Essig
Salz
Pfefferkörner
½ Lorbeerblatt
Prise Zucker
8 Blatt Gelatine

Wasser mit Aromastoffen aufkochen, 5 Minuten kochen lassen, abseihen, beiseite stellen. Geputztes, kleingeschnittenes Gemüse (Karotten, Kohlrabi, Fisolen, Champignons sowie halbierte Schalotten, Kohlsprossen) im Sud kochen, Erbsen beigeben, weitere 2 Minuten kochen lassen. Gemüse abseihen, kalt abfrischen. Der Sud sollte nun 3 dl betragen. Gelatineblätter in kaltem Wasser einweichen, in heißem Sud auflösen. Terrinenform mit Klarsichtfolie auskleiden, Gemüse in die Form geben, mit kaltem Sud auffüllen, wobei das Gemüse bedeckt sein soll. Einige Stunden im Kühlschrank stocken lassen, Form stürzen, Folie abziehen, Sulz in Scheiben schneiden. Mit Sauce vinaigrette auftragen.

EIERSCHWAMMERLSULZ

ZUTATEN FÜR 6 PORTIONEN
500 g Eierschwammerl, geputzt
(möglichst kleine)
⅛ l Schlagobers
40 g Zwiebeln, feingeschnitten
3 EL Öl

1 EL Petersilie, gehackt
4 Blatt Gelatine
Salz
Pfeffer, weiß
Vogerlsalat zum Garnieren

Gelatine in kaltem Wasser einweichen. Öl erhitzen, Zwiebeln darin anschwitzen, gewaschene, geschnittene Eierschwammerl beigeben. Salz und Pfeffer untermengen, ca. 5 Minuten dünsten. Saft abseihen und mit Obers vermengen. Auf ca. ³⁄₁₆ Liter reduzierend einkochen. Gelatine unterrühren (auflösen), Schwammerl sowie Petersilie einmengen, abschmecken. Form mit Klarsichtfolie auskleiden. Schwammerlmasse einfüllen. Ca. 4 Stunden im Kühlschrank stocken lassen. Form stürzen, Folie abziehen, mit scharfem, dünnem Messer in Scheiben schneiden. Mit Vogerlsalat garnieren.

Die Kombination von Räucherlachs und »verlorenem Ei« klingt verheißungs-
voll, besonders dann, wenn man das Ganze mit feinem Dill abschmeckt.
(S. Seite 28)

Von links nach rechts: Frittatenroulade (s. S. 62),
Hirntascherln (s. S. 64),
Markknödel (s. S. 62), Biskuitschöberl (s. S. 63)

PASTETENGEWÜRZ

ZUTATEN
10 g Lorbeerblatt, gemahlen
25 g Thymian, gemahlen
20 g Majoran, gemahlen
15 g Nelke, gemahlen
20 g Muskatnuß, gemahlen

15 g Muskatblüte, gemahlen
40 g Ingwer, gemahlen
20 g Zimt, gemahlen
20 g Piment, gemahlen
10 g Kardamom, gemahlen

Sollten einzelne Zutaten nicht in gemahlenem Zustand erhältlich sein, müssen diese im Mörser zerkleinert werden. Alle Gewürze gemeinsam versieben und mischen. In gut verschließbaren Dosen oder Gläsern lagern. Diese Mischung stellt eine sehr universelle Geschmacksgrundlage für alle Terrinen, Pasteten und Galantinen dar.

PASTETENTEIG

ZUTATEN
250 g Mehl, glatt
250 g Mehl, griffig
70 g Schweineschmalz

125 g Butter
⅛ l Wasser
Salz

Alle Zutaten zu einem geschmeidigen Teig verarbeiten. Eine Stunde rasten lassen. (Bei Lagerung Teig stets in Klarsichtfolie hüllen.)

REHPASTETE

ZUTATEN FÜR
8–10 PORTIONEN
180 g Rehfleisch, ohne Häute
und Sehnen
120 g Schweinsschulter,
sehnenfrei
100 g Speck, ungeräuchert
2 cl Cognac oder Weinbrand
2 dl Schlagobers
Salz
Pastetengewürz (s. S. 51)
Pfeffer, schwarz, aus der Mühle
Pökelsalz

Einlage:
30 g Pistazienkerne
80 g Rindspökelzunge, gekocht
(Spitze)
100 g Speck, ungeräuchert
Rehrückenfilet oder
Rehlungenbraten
Öl zum Anbraten
Pastetenspeck zum Einhüllen
der Filets
ca. 600 g Pastetenteig (s. S. 51)
Eidotter zum Bestreichen
Madeiraaspik (s. S. 10)

Fleisch und Speck in kleine Stücke schneiden. Im Blitz-schneider unter ständiger Beigabe von kaltem Obers zu ge-schmeidiger Farce verarbeiten, Weinbrand und Gewürze bei-geben. Rehfilet würzen, in heißem Öl rasch anbraten, kalt stellen, dann in Speckscheiben einrollen. Für die Einlage Pi-stazien grob hacken, Speck und Zunge gesondert würfelig schneiden. Speckwürfel in Wasser aufkochen, abseihen, kalt stellen. Pistazien, Zunge und Speck unter die Farce mengen. Pastetenteig messerrückendick ausrollen und die Wanne (Form) damit auskleiden. Farce 3 cm hoch einfüllen, Filet einsetzen, restliche Farce einstreichen. Fest anpressen. Über-lappenden Teig nach innen klappen, mit Ei bestreichen. Teig-deckel daraufsetzen, 2 Öffnungen mit Ausstecher ausstechen, Kamine setzen, Deckel mit Ei bestreichen. Bei größerer Hitze im Rohr 15 Minuten anbacken, reduziert fertigbacken, erkalten lassen. Fast gestocktes Madeiraaspik in die Kamine einfüllen. 3 Stunden kühlen, Wanne kurz erhitzen, Pastete stürzen. In ca. 11 mm dicke Scheiben schneiden, eventuell mit Aspik glacieren.

BACKROHRTEMPERATUR: 240 °C fallend
BACKDAUER: ca. 60 Minuten
BEILAGENEMPFEHLUNG: Waldorfsalat, Stangensel-leriesalat, Früchte, Sauce Cumberland

GÄNSELEBERTERRINE *(Pastete)*

ZUTATEN FÜR 1 KG PASTETE
1 kg Gänseleber, Qualitätsstufe
1 a bis 3 a (ohne Häute und
Nerven gewogen)
15 g Pökelsalz
Pfeffer, weiß

Cognac
Madeira
Pastetengewürz (s. S. 51) nach
Geschmack
Speckscheiben, ungeräuchert
(grün), dünn geschnitten zum
Auskleiden der Form

Von der Gänseleber die Haut abziehen, Hauptnervenstränge (Adern) herausschneiden und die schönen Stücke beiseite legen. Kleinstücke durch feines Sieb streichen, die abpassierte Leber zu den schönen Stücken geben. Passende Pastetenform mit Speckscheiben auskleiden, Gänseleber mit Pökelsalz und Aromastoffen gut vermengen, bis eine breiige Masse entsteht. Die Masse in die Form füllen, mit Speck und Alufolie bedecken, 12 Stunden kühl rasten lassen. Die Pastetenwanne in ein Wasserbad stellen (Wassertemperatur 80 °C) und im vorgeheizten Backrohr (150 °C) je nach Größe der Wanne 35 bis 60 Minuten garen. Die Gänseleber soll im Inneren gut warm und cremig sein. Die Pastete aus dem Wasserbad heben, bei Raumtemperatur erkalten lassen, erst dann in den Kühlschrank stellen (12 Stunden). Die Pastetenwanne kurz in sehr heißes Wasser stellen, stürzen, in Scheiben schneiden.

BACKROHRTEMPERATUR: 150 °C
GARUNGSDAUER: je nach Größe der Form 35 bis 60 Minuten
GARNIERUNG: Madeiragelee

HECHTFARCE *(Grundrezept)*

ZUTATEN FÜR 4 PORTIONEN
500 g Hecht- oder Zanderfilet,
ohne Haut

ca. 4 dl Schlagobers
Salz
Pfeffer, weiß

Alle Zutaten gut kühlen. Fischfilet klein schneiden. Im Blitzschneider unter ständiger Beigabe von Obers zu einer glatten, homogenen Masse verarbeiten. Farce durch ein Sieb streichen, würzen. Eventuell gehackte Dillspitzen untermengen. (Grundfarce für Hechtnockerl, Pasteten, Füllungen.)

FARCE VON HÜHNERBRUST
(Schnellfarce)

ZUTATEN
300 g Hühnerbrust, ohne
Knochen und Haut
1,5 dl Schlagobers

Salz
Pfeffer, weiß, aus der Mühle
Pastetengewürz (s. S. 51)

Hühnerbrust in kleine Stücke teilen, im Blitzschneider unter
ständiger Zugabe von eiskaltem Obers zu einer cremig-bin-
denden Farce verarbeiten. Farce durch ein feines Sieb streichen, würzen. Dies ist eine sehr universelle und sehr rasch zu
erzeugende Grundfarce für kalte und warme Gerichte.

MEIN TIP: Die Farce kann auch mit anderen Einlagen,
wie etwa Duxelles, Pistazien, Zungenwürfeln, grünem oder
rosa Pfeffer kombiniert werden. Weitere geschmackliche
Abänderungen erzielt man durch die Beigabe von beispielsweise Oregano, Thymian und Knoblauch, um etwa
ein Lammrückenfilet in Farce einzuhüllen. Werden die Far-
cenockerln als Suppeneinlage oder Beigabe zu Ragouts
verwendet, so beträgt die Garungsdauer etwa 10 Minuten.

ENTENLEBERTERRINE

ZUTATEN FÜR 15 SCHEIBEN
400 g Enten- oder Hühnerleber
250 g Hühnerbrust, ohne Haut
und Knochen
150 g Speck (ungeräucherter
Frischspeck)
3 dl Schlagobers
12 g Maisstärke
2 Eiklar
Weinbrand

Calvados
Pastetengewürz
Majoran
Salz
Pökelsalz
Pfeffer, weiß
80 g Pfeffer, grün
Scheiben vom ungeräucherten
Pastetenspeck zum Auskleiden
der Wanne

Leber von Galle befreien, grüne Stellen an der Leber wegschneiden. Leber, Hühnerbrust und Speck faschieren. Sehr
kalt im Blitzschneider unter ständiger Beigabe von eiskaltem
Obers zu einer Farce verarbeiten. Eiklar, Maisstärke, Gewürze, Alkoholika einarbeiten. Farce aus der Maschine nehmen, grünen Pfeffer einrühren. Pastetenwanne mit Speck-

scheiben überlappend auskleiden. Farce einfüllen, Speckscheiben oben zueinanderklappen, mit einer Deckschicht
Speck abschließen. Form in ein Wasserbad stellen (Wassertemperatur 80 °C) und im vorgeheizten Backrohr pochieren
(nicht kochen). Aus dem Wasserbad nehmen, erkalten lassen,
im Kühlschrank einen Tag kühlen. Wanne kurz in sehr heißes Wasser halten, stürzen. In Scheiben schneiden.

BACKROHRTEMPERATUR: 85 °C
GARUNGSDAUER: 2 Stunden
BEILAGENEMPFEHLUNG: Sauce Cumberland, Apfel-
Sellerie-Salat, Kompott von Zwergorangen
MEIN TIP: Die Form kann man leichter stürzen, wenn
sie zuerst mit Alufolie ausgekleidet wurde.

HECHTTERRINE

ZUTATEN FÜR 8 PORTIONEN
600 g Hechtfarce (s. S. 53)
300 g Streifen vom Lachsfilet
(Lachsforelle)
80 g Pinienkerne

1 EL Dillspitzen, gehackt
Salz
Pfeffer, weiß
Öl zum Bestreichen

Terrinenform mit Alufolie auskleiden, zart mit Öl ausstreichen. Hechtfarce mit Dille und Pinienkernen vermengen, die
Hälfte der Masse in die Form einstreichen. Lachsfilet würzen, einlegen, mit restlicher Farce auffüllen, gut hineinpres-
sen, naß glattstreichen. Mit geölter Folie bedecken. Im Wasserbad ins vorgeheizte Backrohr stellen. Pochieren, aus dem
Wasserbad heben, erkalten lassen. In Tranchen schneiden,
eventuell garnieren und mit Aspik glacieren.

BACKROHRTEMPERATUR: 180 °C
GARUNGSDAUER: ca. 30 Minuten
BEILAGENEMPFEHLUNG: Rahmgurkensalat oder
Dillrahm

WARME GERICHTE

Suppen und Suppeneinlagen

RINDSUPPE

ZUTATEN FÜR 6 PORTIONEN
3,5 l Wasser
600 g Rindfleisch (Schulter oder Brust)
500 g Rindsknochen (Rippe)
100 g Zwiebeln, mit Schale
je 70 g Karotten, gelbe Rüben,
Sellerie, Lauch
10 Pfefferkörner
Liebstöckel
Petersilstengel oder -grün
Salz
Suppenwürze
Schnittlauch, geschnitten

Zubereitung wie Rindsknochensuppe unter Beigabe von Rindfleisch, welches ebenfalls kalt zugestellt wird. Das Rindfleisch kann anschließend für Rindfleischsalat verwendet werden. (Es ist durch die Methode des Kaltzustellens, welche die Qualität der Suppe fördert, ausgelaugt und nicht mehr ganz so schmackhaft.)

KOCHDAUER: ca. 2½ Stunden
MEIN TIP: Ist das Fleisch zum Verzehr mit der Suppe gedacht, gibt man das Fleisch in die bereits kochende Flüssigkeit, damit sich die Poren sofort schließen.

CONSOMMÉ *(Geklärte Kraftsuppe)*

ZUTATEN FÜR 6 PORTIONEN
2 l Rindsuppe, fettfrei, kalt
600 g Rindfleisch, mager, grob faschiert
4 Eiklar
1 TL Tomatenmark
100 g Karotten, Sellerie, Lauch, alles grob faschiert
Salz

Rindfleisch, Wurzeln, Eiklar, Salz, Tomatenmark und ½ l Rindsuppe verrühren – das Eiklar muß vollkommen vermengt werden; ½ Stunde ziehen lassen. Mit restlicher kalter Suppe aufgießen und unter vorsichtigem Rühren zum Sieden bringen. An der Siedegrenze 2 Stunden ziehen lassen. Durch ein sehr feinmaschiges Sieb (oder Leinentuch) seihen. Abschmecken.

ZUBEREITEN VON RINDSUPPE UND CONSOMMÉ

(Rezept s. S. 56 f.)

◀ *Rindsuppe:* Rindfleischknochen waschen, mit kaltem Wasser zustellen, Rindfleisch beigeben, zum Kochen bringen.

Mit dem Schaumlöffel Schaum abschöpfen. Zwiebeln halbieren, in einer Pfanne ohne Fett dunkel bräunen. ▶

◀ Nach ca. 1 ¹/₂ Stunden Gemüse und Gewürze beigeben. Wenn nötig, mit Wasser auf die erwünschte Menge von 1 ¹/₂ l ergänzen.

Die fertige Suppe durch ein Sieb seihen., abschmecken. Mit Suppeneinlage und Schnittlauch vollenden. ▶

◀ *Consommé:* Rindfleisch, Wurzeln, Eiklar, Salz, Tomatenmark und ¹/₂ l kalte Rindsuppe verrühren, ¹/₂ Stunde ziehen lassen.

Mit restlicher Suppe aufgießen, vorsichtig verrühren. ▶

◀ Unter vorsichtigem, fallweisem Rühren zum Sieden bringen. An der Siedegrenze 2 Stunden ziehen lassen.

Die fertige Consommé durch ein Sieb seihen. Evtl. mit Sherry abschmecken. ▶

Kalte Schnittlauchrahmsuppe mit Lachsstreifen (s. S. 85)

KLARE WILDSUPPE

ZUTATEN FÜR 6 PORTIONEN
3 l Wasser
1,5 kg Wildknochen
(Wildgeflügel)
150 g Wurzelwerk (Karotte,
Petersilwurzel, Sellerie)
½ Zwiebel
50 g Rauchspeck oder
1 Speckschwarte

8 Wacholderbeeren
8 Pfefferkörner
1 Lorbeerblatt
1 Thymianstrauß
Salz
Suppenwürze
2 EL Öl
4 cl Sherry oder Madeira

Wurzelwerk, gewaschen und geschält, sowie Zwiebel in grobe Würfel schneiden. Wildknochen nußgroß hacken, Speck oder Schwarte zerkleinern; Knochen in erhitztem Öl braun braten, öfter wenden. Wurzeln, Speck und Zwiebel mitrösten, Fett abschütten. In einen Topf umleeren und mit Wasser auffüllen. Gewürze bis auf Salz und Suppenwürze beigeben. Auf 1,5 l reduzierend (nicht zugedeckt) langsam kochen, ständig abschäumen. Knapp vor Fertigstellung der Suppe mit Suppenwürze und Salz würzen. Suppe fein seihen (eventuell klären) und Sherry oder Madeira beigeben.

KOCHDAUER: ca. 2½ Stunden
MEIN TIP: Bei kleinem Wildgeflügel wird die Suppe stets in kleinen Schälchen serviert, der Wasseranteil wird stark verringert.

KLARE OCHSENSCHLEPPSUPPE

ZUTATEN FÜR 6 PORTIONEN
600 g Ochsenschlepp
400 g Rindfleischknochen
2,5 l Wasser
100 g Karotten
50 g Knollensellerie
50 g gelbe Rüben
1 Zwiebel
1 Lorbeerblatt

1 Lauch
6 Pfefferkörner
Thymiansträußchen
⅛ l Sherry, trocken (oder
Madeira)
Salz
Suppenwürze
Fett zum Anrösten

Ochsenschlepp in Scheiben schneiden. Suppengemüse schälen, waschen; ungeschälte Zwiebel halbieren, an Schnittflächen sehr dunkel rösten. Ochsenschlepp salzen, in erhitztem Fett allseitig anbraten. Ochsenschlepp ohne Fett in passenden Topf geben, warm gewaschene Knochen hinzufügen, mit kaltem Wasser auffüllen, Aromastoffe (bis auf Salz und Suppenwürze) sowie Zwiebel beigeben. Langsam kochen, aufsteigenden Schaum stetig abschöpfen. Nach ca. 2 Stunden Wurzeln, Lauch, Salz und Suppenwürze beifügen, gemeinsam weichkochen. Suppe abseihen, Sherry (oder Madeira) zugießen, abschmecken. Ochsenschlepp vom Knochen lösen und in kleine Würfel schneiden. Wurzeln in ganz kleine Würfel schneiden. Beides der Suppe beigeben.

KOCHDAUER: ca. 3 Stunden
MEIN TIP: Zur Verfeinerung könnte die Suppe noch „geklärt" und mit – getrennt gekochtem – knackigem Suppengemüse serviert werden.

KLARE HÜHNERSUPPE

ZUTATEN FÜR 4 PORTIONEN
1,5 l Wasser
800 g Hühnerklein (Flügerl,
Hals, Magen)
50 g Zwiebeln, geschält
je 50 g Karotten, gelbe Rüben,

Sellerie, Lauch
5 Pfefferkörner
3 Petersilstengel
Salz
Suppenwürze

Hühnerklein waschen, mit kaltem Wasser bedecken. Geschälte, gewaschene Wurzeln, Sellerie und Lauch beigeben, ebenso Gewürze und Zwiebeln. Langsam aufkochen, stets abschäumen und schwach wallend ca. 40 Minuten kochen. In der letzten halben Stunde Salz und Suppenwürze mitkochen. (Suppe bei Bedarf auf 1 l Flüssigkeit aufgießen.) Abseihen, würzen.

KOCHDAUER: ca. 40 Minuten
MEIN TIP: Die Suppe kann klar oder mit dem geschnittenen Hühnerfleisch und Suppengemüse als Einlage serviert werden.

RINDSUPPE MIT MARKSCHEIBEN UND WURZELSTREIFEN

ZUTATEN FÜR 4 PORTIONEN
8 dl Rindsuppe
120 g Rindermark, ausgelöst

120 g Karotten, Sellerie, gelbe Rüben, alles geschält
Schnittlauch, geschnitten

Karotten, Sellerie, gelbe Rüben in feine Streifen schneiden. Einige Minuten in kochender Suppe kernig kochen. Mark in messerrückendicke Scheiben schneiden. Kurz in der Suppe ziehen lassen. Suppe anrichten, mit Schnittlauch bestreuen.

KOCHDAUER: ca. 4 Minuten
MEIN TIP: Reichen Sie dazu gebähtes Schwarzbrot.

FRITTATEN

ZUTATEN FÜR 4 PORTIONEN
2 Eier
60 g Mehl, glatt
1 dl Milch

3 EL Öl zum Backen
1 KL Petersilie, gehackt
Salz

Milch und Eier glattrühren, Mehl, Petersilie und Salz darunterziehen. Fett in passender Pfanne erhitzen, überschüssiges Fett abgießen, Teig dünn ganzflächig einlaufen lassen und beidseitig goldgelb backen; diesen Vorgang so lange wiederholen, bis der Teig verbraucht ist. Erkaltete Palatschinken in dünne Streifen schneiden.

MEIN TIP: Die Frittaten sollten erst im letzten Moment der Suppe beigegeben werden, da sie stark quellen.

FRITTATENROULADE *(Foto Seite 50)*

ZUTATEN FÜR 6 PORTIONEN
Palatschinken von 1 Ei (halbe
Frittaten-Masse, s. oben)
50 g Zwiebeln, feingeschnitten
100 g Rindfleisch, gekocht,
oder Bratenreste
1 EL Öl

1 Ei
Salz
Petersilie, gehackt
Majoran
Pfeffer
Knoblauch

Palatschinken backen, kalt stellen. Öl erhitzen, Zwiebeln darin glasig rösten, Fleisch beigeben, etwas weiterrösten. Alles faschieren, Ei, Petersilie und Gewürze daruntermengen, gleichmäßig auf die Palatschinken streichen und diese straff einrollen. In Alu- oder Klarsichtfolie wasserdicht einwickeln, Enden fixieren und bei 90 °C im Wasser pochieren. Aus dem Wasser heben, erkalten lassen, von der Folie befreien, in Scheiben schneiden.

GARUNGSDAUER: ca. 10 Minuten

MARKKNÖDEL *(Foto Seite 50)*

ZUTATEN FÜR 12 KNÖDEL
50 g Mark
10 g Butter
80 g Weißbrot, entrindet
60 g Weißbrotbrösel, frisch,
ohne Rinde (oder Semmel-
brösel)

1 Ei
Salz
Pfeffer
Muskatnuß
Petersilie, gehackt

Das Ei gut verschlagen, Mark passieren. Butter und Mark schaumig rühren, Ei langsam unterrühren. Weißbrot in Wasser oder Milch einweichen, ausdrücken, passieren und unter den Abtrieb mengen. Brösel, Petersilie und Gewürze unter die Masse ziehen, mit nasser Hand Knödel formen. 5 Minuten schwach wallend kochen, 5 Minuten ziehen lassen. In klarer oder gebundener Suppe servieren.

GARUNGSDAUER: 10 Minuten

LEBERNOCKERLN

ZUTATEN FÜR 4 PORTIONEN
= 8 NOCKERLN
100 g Rindsleber
40 g Semmelbrösel
30 g Kalbsnierenfett
20 g Weißbrot oder Semmel
1 Ei

1 EL Zwiebeln, feingeschnitten
2 EL Fett zum Rösten
Salz
Knoblauch
Petersilie, gehackt
Pfeffer
Majoran

Weißbrot in kaltem Wasser einweichen, ausdrücken; Zwiebeln in heißem Fett rösten, kalt stellen; Leber, Zwiebeln, Nierenfett und Weißbrot fein faschieren, restliche Zutaten beigeben und gut vermengen. Eine halbe Stunde kühl rasten lassen, reichlich Salzwasser (oder Suppe) zum Kochen bringen, Nockerln (mittels nassem Suppenlöffel und mit Wasser benetzter Innenhand) formen und sofort einige Minuten zart wallend kochen.

MEIN TIP: Aus derselben Masse lassen sich auch Leberknödel zubereiten, die in kochendem Salzwasser ca. 7 Minuten zart wallend gekocht werden und weitere 5 Minuten ziehen müssen.

BISKUITSCHÖBERL *(Foto Seite 50)*

ZUTATEN FÜR 6 PORTIONEN
2 Eiklar
2 Eidotter

60 g Mehl, glatt
Salz

Eiklar zu Schnee schlagen. Eidotter unterheben, Mehl und Salz vorsichtig einmengen. Masse fingerdick (rechteckig) auf Trennpapier auftragen, auf Backblech legen und im vorgeheizten Backrohr braun backen. Vom Blech nehmen, Biskuit wenden, Trennpapier abziehen. Erkaltet in Karos schneiden. Unmittelbar vor dem Auftragen in die heiße Suppe geben (saugt sehr stark!).
Weitere Varianten:
Markschöberl: Biskuitschöberlmasse mit Scheiben von Rindermark (ca. 120 g) belegt.
Parmesanschöberl: Biskuitschöberlmasse mit geriebenem Parmesan (15 g) vermischt.

Kräuterschöberl: Biskuitschöberlmasse mit frischen Kräutern (1 EL) wie Kerbel, Estragon, Basilikum vermischt.

Schinken-Erbsen-Schöberl: Biskuitschöberlmasse mit feingewürfeltem Schinken (20 g) und gekochten Erbsen (30 g) vermengt.

BACKROHRTEMPERATUR: 230 °C
BACKDAUER: 8–10 Minuten

MILZSCHNITTEN

ZUTATEN FÜR 4 PORTIONEN
150 g Milz, feingeschabt
1 Ei
4 Toastbrot- oder
Weißbrotscheiben
Salz

Pfeffer, gemahlen
Knoblauch
Majoran
Petersilie, gehackt
Fett zum Backen

Milz, Ei und Gewürze, abschließend Salz gut vermengen. Masse auf die Brotscheiben streichen. In einer Pfanne Fett (fingerhoch) erhitzen, Brotscheiben mit Aufstrich nach unten einlegen, auf beiden Seiten knusprig braun backen. Aus dem Fett heben, abtropfen lassen und Ränder eventuell wegschneiden. Mundgerecht in Karos oder Quadrate schneiden und in der Rindsuppe auftragen.

GARUNGSDAUER: ca. 3 Minuten
MEIN TIP: An Stelle von Milz kann auch Leber verwendet werden.

HIRNTASCHERLN *(Foto Seite 50)*

ZUTATEN FÜR CA. 16 STÜCK
Teig:
100 g Mehl, glatt
1 Ei
Salz
Wasser nach Bedarf
etwas Olivenöl

Fülle:
100 g Kalbs- oder
Schweinshirn, enthäutet
30 g Zwiebeln
1 Ei
40 g Butterschmalz
1 EL Spinat (ev. tiefgekühlt)
Salz
Pfeffer, schwarz, gemahlen
Petersilie, gehackt

Nudelteig erzeugen (s. S. 130ff). Hirn sehr fein hacken, Butterschmalz erhitzen, feingeschnittene Zwiebeln anschwitzen, gehacktes Hirn beigeben, durchrösten. Ei hinzufügen, mit Gewürzen und Petersilie trocken rösten, Spinat gut einrühren. Nudelteig dünn ausrollen, mit Wasser oder verschlagenem Ei bestreichen und in 2 Teile schneiden. In Abständen kleine Hirnkugeln auf eine Teighälfte setzen. Die andere Teighälfte darüberklappen und fest anpressen. Mit rundem Ausstecher Tascherln ausstechen und durch „Umbarteln" gut verschließen. Salzwasser zum Kochen bringen, Tascherln einige Minuten kochen und in klarer Rindsuppe oder leichter Cremesuppe servieren.

GARUNGSDAUER: ca 3 Minuten
MEIN TIP: Mit brauner Butter oder einer leichten Sauce garniert, geben die Hirntascherln eine vorzügliche Vorspeise ab.

TIROLER KNÖDEL

ZUTATEN FÜR CA.
10 KNÖDEL
120 g Knödelbrot
(Semmelwürfel)
2 Eier
80 g Bauern- oder
Frühstücksspeck
(gekochtes Geselchtes)

50 g Zwiebeln
40 g Schweine- oder
Butterschmalz
1 dl Milch
1 EL Petersilie, feingehackt
Salz
Majoran

Speck in 3 mm große Würfel schneiden. Zwiebeln kleinwürfelig schneiden. Schmalz erhitzen, Speck kurz rösten, Zwiebeln beigeben, kurz weiterrösten. Milch erhitzen. Eier verschlagen, unter die Semmelwürfel mischen. Heiße Milch mit dieser Masse gut vermengen. Petersilie, Speck, Zwiebeln, Gewürze untermengen und 10 Minuten ziehen lassen. Reichlich Salzwasser zum Sieden bringen. Mit nasser Hand Knödel formen, kräftig pressend drehen, wobei es wichtig ist, daß die Nässe der Hand eine leicht cremige, glatte Oberfläche erzeugt. Knödel in das Kochwasser einlegen, aufkochen, bei 90 °C ziehen lassen. Aus dem Wasser heben, in Rindsuppe (oder Selchsuppe) mit Schnittlauch servieren.

GARUNGSDAUER: ca. 11 Minuten

BUTTERNOCKERLN

ZUTATEN FÜR 4 PORTIONEN
= 8 NOCKERLN
80 g Butter
2 Eidotter
2 Eiklar

40 g Mehl, griffig
40 g Weißbrot, trocken, ohne
Rinde gerieben
Salz
Muskatnuß, gerieben

Handwarme Butter schaumig rühren, Eidotter beigeben, weiterrühren, Mehl und Weißbrotbrösel untermengen. Eiklar zu
festem Schnee schlagen und unter die Masse heben, würzen
und 20 Minuten rasten lassen. Reichlich Salzwasser oder
Rindsuppe zum Kochen bringen, mittels nassem Suppenlöffel und nasser Innenhand Nockerln formen, schwach wallend kochen. In der Suppe auftragen.

GARUNGSDAUER: 10 Minuten
MEIN TIP: Noch raffinierter schmecken Butternockerln,
wenn man der Masse Kerbel, Basilikum, Petersilie,
gemischte Kräuter, geriebenen Käse oder Schinkenwürfel
beimengt.

GRIESSNOCKERLN

ZUTATEN FÜR 16 NOCKERLN
80 g Grieß
40 g Butter, handwarm

1 Ei (60–70 g)
Salz
Muskatnuß, gerieben

Butter schaumig rühren, zimmertemperiertes Ei gut verschlagen, langsam in die Butter einrühren. Grieß und Gewürze
untermengen, 15 Minuten rasten lassen. Mit in Wasser
getauchtem Kaffeelöffel Nockerln formen. In kochendes
Salzwasser oder Suppe einlegen, 3 Minuten kochen lassen,
mit kaltem Wasser kurz abschrecken, zugedeckt 10 Minuten
ziehen lassen.

GARUNGSDAUER: 13 Minuten
MEIN TIP: Verwenden Sie Grieß mit grober Mahlung.

EISTICH *(Royale)*

ZUTATEN FÜR 4 PORTIONEN
2 Eier
50 g Rindsuppe, kalt, fettfrei
(oder Milch)

Salz
Öl

Eier und Suppe (Milch) mit Salz gut, aber blasenfrei verschlagen. Kleine Metallform (Dariolform oder Wanne) mit Öl ausstreichen oder mit Klarsichtfolie auskleiden. Eiermasse einfüllen, in ein auf 80 °C erhitztes Wasserbad stellen, bei ca. 80 °C zugedeckt pochieren. Erkalten lassen, aus der Form stürzen, in Scheiben oder Würfel schneiden. In klarer oder gebundener Suppe servieren, eventuell mit Gemüsewürfeln kombinieren.

GARUNGSDAUER: richtet sich nach der Art und Größe der Form, die Masse muß völlig gestockt sein. Richtzeit: ca. 45 Minuten
MEIN TIP: Eistich kann in rohem Zustand mit Tomaten- oder Spinatpüree gefärbt werden.

TOMATENSUPPE

ZUTATEN FÜR 4 PORTIONEN
600 g Tomaten, enthäutet, vollreif (oder Pelati aus der Dose)
80 g Zwiebeln
50 g Butter
1 EL Tomatenmark
1 dl Schlagobers
20 g Mehl, glatt

6 dl Rind- oder Kalbsknochensuppe
8 Pfefferkörner
½ Lorbeerblatt
1 EL Kristallzucker
Salz
Zitronensaft oder Essig

Butter in passendem Topf schmelzen, kleingeschnittene Zwiebeln glasig anschwitzen, Mehl beigeben, kurz ohne Farbe rösten. Geviertelte Tomaten und Tomatenmark beigeben, durchrühren, mit Suppe aufgießen, Aromastoffe beigeben und ca. 30 Minuten kochen lassen. Suppe passieren, wobei das Fruchtfleisch der Tomaten der Suppe im passierten Zustand erhalten bleiben sollte, mit flüssigem oder geschlagenem Obers aufmixen.

KOCHDAUER: ca. 30 Minuten

GURKENCREMESUPPE

ZUTATEN FÜR 4 PORTIONEN
200 g Gurke
30 g Butter
20 g Mehl, glatt
50 g Zwiebeln
¼ l Sauerrahm
1 l Rind- oder
Kalbsknochensuppe

5 Dillstengel
1 EL Dillspitzen, gehackt
Salz
Pfeffer
Zitronensaft oder Essig

Gurke waschen, schälen, in kleine Stücke teilen. Butter schmelzen, kleingeschnittene Zwiebeln glasig anlaufen lassen, Mehl beigeben, kurz anschwitzen. Mit heißer Suppe aufgießen, glattrühren, Gurken und Dillstengel beigeben. So lange unter fallweisem Umrühren kochen, bis die Gurkenstücke weich sind. Dillstengel entfernen, Suppe mixen (passieren), Sauerrahm glattrühren, unter die Suppe ziehen, Suppe nicht mehr kochen. Gehackte Dille und Gewürze sowie Zitronensaft beifügen. Als Einlage kann man gleichmäßig geschnittene, in Salzwasser kernig gekochte Gurkenwürfel, aber auch Hechtnockerln, Lachsstücke oder Krebsschwänze servieren.

KOCHDAUER: ca. 25 Minuten

ZWIEBELCREMESUPPE

ZUTATEN FÜR 4 PORTIONEN
200 g Zwiebeln
40 g Butter
20 g Mehl, glatt
¾ l Rind- oder
Kalbsknochensuppe

¼ l Schlagobers
Croutons, geröstet
Salz
Muskatnuß
2 EL Schlagobers, geschlagen

Butter schmelzen, feinwürfelig geschnittene Zwiebeln glasig anlaufen lassen. Mehl beigeben, kurz anschwitzen, mit heißer Suppe sowie Obers aufgießen und 20 Minuten kochen lassen. Passieren, würzen, mit geschlagenem Obers mittels Mixstab aufmixen. Anrichten, mit Croutons bestreuen.

KOCHDAUER: ca. 25 Minuten

◄ *Gurkencremesuppe:* Butter schmelzen, kleingeschnittene Zwiebeln glasig und farblos anlaufen lassen.

Mehl beigeben, kurz und farblos anschwitzen. ►

◄ Mit heißer Suppe aufgießen, glattrühren. Geschnittene Gurke beigeben. Kochen, bis die Gurkenstücke weich sind.

Dillstengel entfernen, Suppe mixen, Sauerrahm glattrühren, unter die Suppe ziehen. Mit Dill, Gewürzen abschmecken. ►

◄ *Tomatensuppe:* Butter schmelzen, Zwiebeln glasig, farblos rösten. Mehl beigeben, kurz farblos anschwitzen.

Tomatenspalten und -mark beigeben, durchrühren, mit Suppe und evtl. Tomatensaft aufgießen. Würzen und ca. 30 Minuten kochen lassen. ►

◄ Die Suppe durch ein Sieb (oder mit der »Flotten Lotte«) passieren.

Die Suppe mit flüssigem oder geschlagenem Schlagobers cremig aufmixen. ►

KRÄUTERSUPPE

ZUTATEN FÜR 4 PORTIONEN
20 g Butter
20 g Mehl, glatt
6 dl Rind- oder
Kalbsknochensuppe
3 dl Schlagobers
½ Zwiebel, gehackt

3 EL Estragon, Basilikum,
Kerbel, Zitronenmelisse oder
Kräuter nach Wahl, gehackt
2 EL Spinat, fein püriert
2 EL Schlagobers, geschlagen
Salz
Pfeffer, weiß

Butter schmelzen, Zwiebel glasig rösten, Mehl beigeben, kurz anschwitzen, mit Suppe aufgießen und glatt verrühren. 15 Minuten kochen lassen, mittels Mixstab pürieren. Obers beigeben, Kräuter und Spinat einmixen, würzen. Geschlagenes Obers einmixen, bis die Suppe schäumt. Suppe eventuell passieren oder sofort auftragen. (Als Einlage eignen sich Eistich, pochierte Eier oder Tomatenwürfel.)

KOCHDAUER: ca. 20 Minuten
MEIN TIP: Anstelle der angeführten Kräuter lassen sich auch etwa Bärlauch- oder Brennesselblätter in die Suppe einmixen.

KÜRBISCREMESUPPE

ZUTATEN FÜR 4 PORTIONEN
400 g Kürbisfleisch
6 dl Rind- oder
Kalbsknochensuppe
40 g Butter
50 g Zwiebeln
20 g Mehl, glatt

¼ l Schlagobers
2 EL Kürbiskernöl
3 EL Crème fraîche
Salz
Pfeffer, weiß

Kürbisfleisch klein schneiden. Butter schmelzen, feingeschnittene Zwiebeln darin anschwitzen. Kürbis beigeben, andämpfen, mit Mehl stauben, durchrühren. Mit Suppe und Obers aufgießen, durchkochen, bis der Kürbis passierfähig erscheint. Suppe im Standmixer sehr fein mixen, passieren, Konsistenz eventuell regulieren. Gewürze und Crème fraîche unterrühren. Anrichten und je nach Geschmack etwas Kürbiskernöl auf die Oberfläche träufeln.

KOCHDAUER: ca. 30 Minuten

SPARGELCREMESUPPE

Zutaten für 4 Portionen

250 g Suppen- oder
Bruchspargel
1 l Spargelfond (-sud)
30 g Butter
30 g Zwiebeln, feingeschnitten

20 g Mehl, glatt
¼ l Schlagobers
Salz
Pfeffer, weiß
Prise Zucker
Muskatnuß, gerieben

Geschälten Spargel in 1 l Salzwasser weich kochen, Sud abseihen. Butter schmelzen, Zwiebeln glasig anlaufen lassen, Mehl beigeben, anschwitzen, mit heißem Sud und Obers aufgießen; glattrühren, aufkochen. Spargelköpfe abtrennen, Spargel in Stücke schneiden, der Suppe beigeben und ca. 25 Minuten kochen lassen. Suppe passieren, mixen, würzen, Spargelköpfe als Einlage geben.

KOCHDAUER: ca. 30 Minuten
MEIN TIP: Zur Geschmacksverfeinerung könnte die Suppe mit 2 Eidottern und ⅛ l Obers legiert werden.

LAUCHCREMESUPPE

Zutaten für 4 Portionen

200 g Lauch (Porree), geputzt
(nur die hellgrünen oder
weißen Teile verwenden)
30 g Butter
20 g Mehl, glatt

1 l Rind- oder
Kalbsknochensuppe
¼ l Schlagobers
Salz
Pfeffer

Lauch in feine Streifen schneiden, ⅓ der Menge für die Einlage beiseite legen. Butter schmelzen, Lauch darin anschwitzen, Mehl beigeben, durchrösten, mit heißer Suppe aufgießen und verrühren, bis die Suppe bindet. Obers beifügen, 20 Minuten kochen, passieren, würzen. Restliche Lauchstreifen in Salzwasser kernig kochen, abseihen und in die Lauchcremesuppe geben. Als Einlage Croutons aus Schwarz- oder Weißbrot servieren.

KOCHDAUER: 25 Minuten

GEMÜSERAGOUTSUPPE

ZUTATEN FÜR 4 PORTIONEN
1 l Wasser
30 g Karfiolröschen
30 g Kohlsprossen
30 g Karotten
1 Kohlrabi
20 g Champignons
30 g Erbsen

30 g Fisolen
Salz
Suppenwürze
Petersilie, gehackt (oder
Frühlingskräuter)
30 g Butter
30 g Mehl, glatt

Gemüse reinigen, nach Bedarf schälen. Kohlsprossen teilen, Karotten, Kohlrabi in Würfel, Champignons und Fisolen in Scheiben schneiden. Karotten, Kohlrabi und Fisolen mit Wasser zustellen, nach einigen Minuten Karfiol und Kohlsprossen beigeben. Würzen. Knapp vor Beendigung des Garungsprozesses Erbsen und Champignons beifügen. Butter schmelzen, Mehl beigeben, anschwitzen. Gemüsesuppe abseihen, damit die Einmach aufgießen, glattrühren. 5 Minuten kochen lassen. Gemüse wieder beigeben, mit Kräutern und Gewürzen komplettieren.

KOCHDAUER: ca. 30 Minuten

SZEGEDINER SAUERKRAUTSUPPE

ZUTATEN FÜR 4 PORTIONEN
2 EL Öl oder Schmalz
150 g Sauerkraut
50 g Frühstücksspeck
70 g Zwiebeln
20 g Paprikapulver, edelsüß
1¼ l Rind- oder Selchsuppe

1 Erdapfel, mehlig
50 g Sauerrahm
Salz
Knoblauch, gepreßt
Kümmel
1 Paar Debreziner Würstchen

Sauerkraut wässern, etwas zerkleinern. Fett erhitzen, kleinwürfelig geschnittenen Speck, danach feingehackte Zwiebeln anschwitzen, Paprikapulver beigeben, durchrühren, mit Suppe auffüllen, Sauerkraut und Gewürze beigeben. Wenn das Kraut weich erscheint, rohen, geschälten, fein gerissenen Erdapfel einmengen, 5 Minuten kochen. Würstchen in Scheiben schneiden, der Suppe beigeben und nochmals auf-

kochen. Suppe anrichten, Sauerrahm auf die Suppe geben
oder kurz vorher unterrühren.

KOCHDAUER: ca. 50 Minuten
MEIN TIP: Wer eine molligere Konsistenz bevorzugt,
verrühre 15 g Mehl mit Sauerrahm und rühre dieses Ge-
misch unter die kochende Suppe.

WIENER ERDÄPFELSUPPE

ZUTATEN FÜR 4 PORTIONEN
200 g Erdäpfel, roh geschält
50 g Frühstücksspeck
50 g Zwiebeln
80 g Karotten und Sellerie,
geschält
4 EL Öl oder Butterschmalz
20 g Mehl

10 g Steinpilze, getrocknet
1¼ l Rindsuppe
2 EL Sauerrahm
Salz
Pfeffer
Knoblauch
Essig
Majoran

Erdäpfel in 1 cm große Würfel, Zwiebeln, Speck, Karotten
und Sellerie in kleine Würfel schneiden. Fett erhitzen, Speck
anrösten, Zwiebeln, Karotten, Sellerie beigeben, glasig werden lassen, Mehl unterrühren. Kurz anschwitzen, mit Suppe
aufgießen, glattrühren. Majoran, Knoblauch hinzufügen,
Steinpilze (eventuell eingeweicht) beigeben und ca. 10 Minuten kochen lassen. Erdäpfel untermengen und kochen, bis sie
kernig weich sind. Glattgerührten Sauerrahm einrühren, mit
Salz, Pfeffer und Essig abschmecken.

KOCHDAUER: ca. 25 Minuten

ERBSENPÜREESUPPE

ZUTATEN FÜR 4 PORTIONEN
150 g Spalterbsen, getrocknet,
grün oder gelb
½ l Wasser zum Weichen
1 l Rind- oder Selchsuppe
20 g Butterschmalz
40 g Frühstücksspeck

1 Speckschwarte
⅛ l Schlagobers
4 EL Weißbrotwürfel
(Croutons)
Salz
Suppenwürze

Erbsen einige Stunden in kaltem Wasser einweichen, abseihen. Erbsen mit Suppe aufgießen, Speckschwarte beigeben, weichkochen, passieren. Speck in kleine Würfel schneiden, in heißem Fett rösten, mit Erbsensuppe aufgießen, würzen. Obers beigeben, etwas reduzieren (nicht zugedeckt kochen). Auf Wunsch kann die Suppe mit 10 g Mehl gebunden werden. Anrichten, mit gerösteten kleinen Weißbrotwürfeln bestreuen.

KOCHDAUER: ca. 50 Minuten
MEIN TIP: Sehr ähnlich ist die Zubereitung von Linsenpüreesuppe, die jedoch zusätzlich mit Lorbeerblatt, Thymian, Essig und gerösteten Zwiebeln geschmacklich verfeinert wird.

HÜHNERRAGOUTSUPPE

ZUTATEN FÜR 4 PORTIONEN
150 g Hühnerklein (Hals,
Flügerl, Herz, Magen, Leber),
gereinigt
1 Hühnerbügerl
50 g Erbsen
80 g Wurzelwerk (Sellerie,
Karotte, gelbe Rübe)
30 g Lauch

20 g Mehl, glatt
20 g Butter oder Ganslschmalz
Salz
3 Pfefferkörner
Suppenwürze
Muskatnuß
2 dl Schlagobers
1 l Wasser
Petersilie, gehackt

Gewaschenes Hühnerklein und Hühnerbügerl mit Wasser bedecken. Wurzelwerk, Lauch, Salz, Suppenwürze und Pfefferkörner beigeben, gemeinsam weichkochen. Suppe abseihen, Hühnerfleisch und Wurzeln überkühlen. Fett erhitzen, Mehl farblos anschwitzen, mit Suppe und Obers aufgießen, 10 Minuten kochen, eventuell passieren. Erbsen in Salzwasser kochen, abseihen. Hühnerfleisch von den Knochen lösen, Haut entfernen, Fleisch in Würfel schneiden. Wurzelwerk ebenfalls in kleine Würfel schneiden. Erbsen, Wurzelwerk sowie Hühnerfleisch in die Suppe geben, würzen und mit Petersilie vollenden.

KOCHDAUER: ca. 35 Minuten (Ganslsuppe ca. 1 Stunde)

MEIN TIP: Nach demselben Rezept lassen sich Ganslsuppe und Kalbsragoutsuppe herstellen, wobei für letztere ausgelöste Kalbsschulter und Kalbsknochen als Basis verwendet werden.

TERLANER WEINSUPPE

ZUTATEN FÜR 4 PORTIONEN
½ l Rindsuppe
2 dl Weißwein, trocken
(Terlaner)
5 Eidotter

¼ l Schlagobers
Prise Salz
Würfel von einer alten Semmel
20 g Butter
Zimtpulver

Rindsuppe und Weißwein zum Kochen bringen, vom Herd nehmen. Obers und Eidotter verschlagen, mit einer Schneerute zügig in das Suppe-Weißwein-Gemisch einrühren, nochmals erhitzen, weiterschlagen, bis die Suppe cremig erscheint. Vorsicht, die Suppe darf nicht kochen – Gerinnungsgefahr! Die Suppe würzen. Semmelwürfel in heißer Butter goldbraun rösten. Die Suppe mit Semmelwürfeln und Zimt kräftig bestreuen.

KOCHDAUER: ca. 8 Minuten

CHAMPIGNONCREMESUPPE

ZUTATEN FÜR 4 PORTIONEN

150 g Champignons für die
Suppe
70 g Champignons als Einlage
50 g Zwiebeln
50 g Butter
20 g Mehl, glatt
¾ l Rind- oder
Kalbsknochensuppe

⅛ l Sauerrahm
⅛ l Schlagobers
Salz
Pfeffer, weiß
Zitronensaft
1 KL Petersilie, gehackt

Zwiebeln in feine Würfel, Champignons blättrig schneiden. Butter schmelzen, Zwiebeln und Champignons beigeben, kurz rösten. Mehl untermengen, anschwitzen, mit Suppe und Obers aufgießen, würzen, glattrühren. 20 Minuten kochen, mixen, passieren. Sauerrahm glattrühren, einmengen. Restliche geschnittene Champignons und Petersilie beigeben, durchrühren. Einige Minuten ziehen lassen.

KOCHDAUER: ca. 25 Minuten
MEIN TIP: Für Cremesuppen aus anderen Pilzen oder Schwammerln verwenden Sie dasselbe Rezept, wobei getrocknete Pilze vorher eingeweicht werden.

KÄSECREMESUPPE

ZUTATEN FÜR 4 PORTIONEN

40 g Butter
20 g Mehl, glatt
40 g Zwiebeln, feingeschnitten
7 dl Rind- oder
Kalbsknochensuppe
2 dl Schlagobers

2 Ecken Schmelzkäse
60 g Butterkäse, gerieben
Salz
Muskatnuß, gerieben
Suppenwürze
Weißbrotcroutons

Butter schmelzen, Zwiebeln anrösten, Mehl beifügen, farblos anschwitzen, mit Suppe und Obers aufgießen, gut verrühren und 10 Minuten kochen lassen. Gewürfelten Schmelzkäse und geriebenen Butterkäse beigeben. Einige Minuten kochen lassen, würzen. Suppe mixen und mit gerösteten Weißbrotcroutons auftragen.

KOCHDAUER: ca. 15 Minuten

MEIN TIP: Für Gorgonzolacremesuppe ersetzt man den angegebenen Käse durch dieselbe Menge Blauschimmelkäse (Österzola, Gorgonzola etc.). Als Einlage können gehackte Walnüsse, Pinienkerne oder Ravioli verwendet werden.

GULASCHSUPPE

ZUTATEN FÜR 4 PORTIONEN

250 g Rindfleisch (Schulter oder Wadschinken)
200 g Zwiebeln, feingeschnitten
40 g Fett
20 g Paprikapulver, edelsüß
1¼ l Wasser oder Rindsuppe
200 g Erdäpfel, roh geschält
1 KL Tomatenmark
Salz
Kümmelpulver
Majoran
Knoblauch, gepreßt
Spritzer Essig
eventuell 20 g Mehl, glatt

Rindfleisch und Erdäpfel gesondert in ca. 1 cm große Würfel schneiden. Fett erhitzen, Zwiebeln goldbraun anrösten, Fleisch beigeben, durchrühren, Paprikapulver einrühren. Mit Essig ablöschen, Tomatenmark dazugeben, mit Suppe oder Wasser aufgießen, Gewürze beimengen und ca. 40 Minuten dünsten. Erdäpfel hinzufügen, einige Minuten kochen, bis diese kernig weich sind. Wünscht man eine molligere Konsistenz, Mehl mit etwas kaltem Wasser anrühren, zügig in die kochende Suppe einrühren, 5 Minuten verkochen lassen. (Gulaschsuppe kann man auf Vorrat kochen; gekühlt ca. 1 Woche haltbar.)

KOCHDAUER: ca. 1 Stunde

KNOBLAUCHSUPPE

ZUTATEN FÜR 4 PORTIONEN
40 g Butter
30 g Mehl, glatt
50 g Zwiebeln, feingeschnitten
¾ l Rindsuppe oder Gemüsefond
¼ l Sauerrahm

10 g Knoblauch, gepreßt
Salz, Pfeffer
Petersilie, gehackt

Für die Croutons:
50 g Weißbrot
20 g Butter
2 Zehen Knoblauch, gepreßt

Butter schmelzen, Zwiebeln beigeben, kurz anschwitzen, Mehl unterrühren, leicht bräunen, Knoblauch beigeben, durchrühren. Mit heißer Suppe aufgießen und gut verrühren. 10 Minuten durchkochen, mit glattgerührtem Sauerrahm vollenden. Würzen und mit Petersilie bestreuen.
Croutons: Butter schmelzen, Knoblauch beigeben, aufschäumen. Weißbrot in kleine Würfel schneiden, darin wenden und im Backrohr bei 250 °C bräunen. Angerichtete Suppe damit bestreuen.

KOCHDAUER: ca. 15 Minuten

GRATINIERTE ZWIEBELSUPPE

ZUTATEN FÜR 4 PORTIONEN
1 l Rindsuppe
300 g Zwiebeln
3 EL Olivenöl
30 g Butter

4 Weißbrotscheiben
120 g Schweizer Käse
(Emmentaler oder Gruyère)
Salz
Pfeffer

Butter und Olivenöl in einem Topf erhitzen, nudelig geschnittene Zwiebeln darin braun rösten, mit heißer Suppe aufgießen, würzen, kernig kochen. Weißbrotschnitten im Backrohr toasten. Die Zwiebelsuppe in feuerfesten Schalen anrichten, Brotscheiben darauflegen, dick mit geriebenem Käse bestreuen und bei extremer Oberhitze im Backrohr goldbraun überbacken.

KOCHDAUER: ca. 15 Minuten
MEIN TIP: Zwecks Geschmacksabänderung kann während des Zwiebelröstens auch 20 g Mehl eingestreut und anschließend mit ⅛ l Weißwein abgelöscht werden.

WIENER FISCHBEUSCHELSUPPE

ZUTATEN FÜR 4 PORTIONEN

Kopf und Rogen vom Karpfen
Karpfenkarkasse, gehackt
1 Lorbeerblatt
6 Pfefferkörner
Essig
½ Zwiebel
Wurzelwerk
1 l Wasser

80 g Karotten, Sellerie, gelbe
Rüben, geraspelt
40 g Butterschmalz
20 g Mehl, glatt
ev. ⅛ l Rotwein
Salz, Pfeffer, gemahlen
Suppenwürze, Petersilie
Weißbrotwürfel, geröstet

Karpfenkopf und Karkassen sauber waschen, mit kaltem Wasser, Salz, Essig, Pfefferkörnern, Lorbeer, Zwiebel und Wurzelwerk zustellen. 20 Minuten schwach wallend kochen, abseihen, beiseite stellen. Kopffleisch ablösen. Karotte, gelbe Rübe, Sellerie in erhitztem Butterschmalz rösten, Mehl beigeben, lichtbraun weiterrösten, mit Fischsud und eventuell Rotwein aufgießen. Gut durchkochen, Rogen untermengen, mit der Schneerute gut verrühren. Kopffleisch und gehackte Petersilie beigeben, mit Gewürzen säuerlich-pikant abschmecken. Mit gerösteten Weißbrotwürfeln auftragen.

KOCHDAUER: ca. 45 Minuten

DILLCREMESUPPE MIT FISCHEN

ZUTATEN FÜR 4 PORTIONEN

¾ l Wasser
Fischkarkassen
100 g Wurzelwerk
1 Bund Dillkraut
½ Zwiebel zum Kochen
50 g Zwiebeln zum Rösten
1 Lorbeerblatt

Pfefferkörner, Salz
Suppenwürze, Essig
200 g Fischfilet
30 g Butter
20 g Mehl, glatt
2 EL Dillspitzen, gehackt
¼ l Sauerrahm

Fischkarkassen gut waschen. Mit Dillkraut, Essig, Wurzelwerk, Lorbeer, Zwiebel, Pfefferkörnern und Wasser zustellen, 30 Minuten kochen lassen, Flüssigkeit auf 6 dl reduzieren. Suppe salzen, Suppenwürze beigeben. Abseihen und beiseite stellen. Butter schmelzen, kleingeschnittene Zwiebeln anlaufen lassen. Mehl darin anschwitzen, mit Suppe aufgießen, 5 Minuten kochen. Fischfilet in kleine Würfel schneiden und in der Suppe 4 Minuten ziehen lassen. Glattgerührten Rahm untermengen und mit Dillspitzen vollenden.

KOCHDAUER: 50 Minuten

HUMMERSUPPE

ZUTATEN FÜR 4 PORTIONEN
600 g Hummerkarkassen
(Hummerkörper, ohne Fleisch und Innereien)
100 g Zwiebeln, gehackt
150 g Wurzelwerk (Karotten, Stangensellerie, gelbe Rüben)
90 g Butter
50 g Tomatenmark, doppelt konzentriert
20 g Mehl, glatt

4 cl Weinbrand
8 cl Vermouth
¼ l Weißwein
7 dl Fischfond oder helle Suppe
5 dl Schlagobers
Salz
Pfeffer, weiß, gemahlen
einige Dillstengel
etwas geschlagenes Obers
eventuell gekochtes Hummerfleisch als Einlage

Karkassen von gekochtem Hummer fein stampfen oder grob faschieren. Butter schmelzen, Karkassen darin anrösten, kleingeschnittenes Wurzelwerk und Zwiebeln beigeben. Weiterrösten, Mehl hinzufügen, durchrühren, Tomatenmark untermengen. Kurz weiterrösten, Weinbrand, Vermouth und Weißwein zugießen, mit Suppe (oder Fond) und Schlagobers auffüllen. Dillstengel beigeben, 30 Minuten schwach wallend kochen, 60 Minuten heiß ziehen lassen. Suppe abseihen, den Rückstand gut auspressen. Suppe mit Stab- oder Standmixer unter Beigabe von geschlagenem Obers aufmixen, würzen. Als Einlage gekochtes, geschnittenes Hummerfleisch geben.

KOCHDAUER: ca. 1½ Stunden
BEILAGENEMPFEHLUNG: kleines Blätterteiggebäck – fischförmig ausgestochen
MEIN TIP: Es empfiehlt sich, beim Fischhändler nachzufragen, ob billiger Tiefkühlhummer (Hummerbruch) lagernd ist. Aber auch Krebse, die vorher ca. 2 Minuten gekocht und anschließend ausgenommen wurden, eignen sich hervorragend für eine Suppe nach gleichem Rezept.

Eieromelette (s. S. 104)

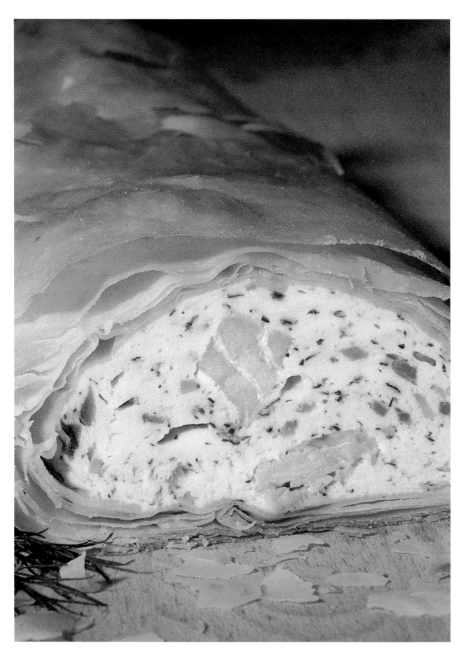

Hecht- oder Zanderfilet eignet sich perfekt als wohlschmeckende Farce für einen feinen Strudel (s. S. 116).

UNGARISCHE FISCHSUPPE
(Haláslé)

ZUTATEN FÜR 4 PORTIONEN
Für den Sud:
2 Fischköpfe von Karpfen oder
Zander (Fogosch)
150 g Zwiebeln
2 Tomaten
Salz
1 Lorbeerblatt
8 Pfefferkörner
Essig
1¼ l Wasser

500 g Zander- oder
Karpfenfilet
100 g Zwiebeln
5 EL Öl
80 g Räucherspeck
2 Paprikaschoten, grün
3 Tomaten
1 EL Rosenpaprika, edelsüß
Knoblauch, gepreßt
100 g Tarhonya oder Cipetke
etwas Essig

Fischköpfe gut wässern, Zwiebeln in Scheiben, Tomaten in
Viertel schneiden. Mit Wasser zustellen, Gewürze und Essig
beigeben, 30 Minuten kochen lassen. Abseihen, Tomaten und
Zwiebeln durch ein Sieb streichen, zum Sud geben. Fischfilet
in nußgroße Stücke, Speck und Zwiebeln gesondert in Würfel sowie entkernte Paprikaschoten in Streifen schneiden.
Tomaten entkernen, in kleine Stücke teilen. Öl erhitzen,
Speck anrösten, Zwiebeln beigeben, weiterrösten. Paprikapulver einrühren, sofort mit etwas Essig ablöschen. Fischsud
aufgießen, Paprikastreifen beimengen, 10 Minuten kochen.
Fisch, Knoblauch und Tomaten beigeben, ca. 5 Minuten heiß
ziehen lassen. Tarhonya (Cipetke) gesondert in Salzwasser
kochen oder in der Haláslé mitkochen. Suppe pikant abschmecken.

KOCHDAUER: ca. 45 Minuten

GEEISTE SAUERMILCHSUPPE MIT GURKE UND CREVETTEN

ZUTATEN FÜR 4 PORTIONEN
7 dl Sauermilch
150 g rote Rüben
½ Salatgurke, mittlere Größe
100 g Schinken, mager, gekocht
2 Eier, hart gekocht

100 g Crevetten oder gekochte Krebsschwänze
2 EL Dillspitzen, gehackt
Salz
Prise Zucker

Rote Rüben kochen, schälen, in feine Streifen schneiden. Gurke schälen, entkernen, ebenfalls in feine Streifen schneiden, salzen und ausdrücken. Eier fein hacken. Schinken in Streifen schneiden. Alle Zutaten inklusive Crevetten, Dille und Gewürze unter die Sauermilch rühren und 12 Stunden in den Kühlschrank stellen. Nochmals verrühren, eventuell mit kalter Suppe verdünnen und in eiskalten Schalen oder Tellern auftragen.

KALTE GURKENSUPPE MIT HEISSEN ERDÄPFELN

ZUTATEN FÜR 4 PORTIONEN
8 dl Sauermilch
160 g Salatgurke, geschält, entkernt
2 EL Dillspitzen, gehackt

Salz
Pfeffer, weiß
Knoblauch, gepreßt
4 Erdäpfel, in der Schale gekocht

Gurke in sehr feine Streifen schneiden, mit der Sauermilch vermischen, Dillspitzen und Gewürze untermengen, 12 Stunden im Kühlschrank ziehen lassen. In gekühlten Suppentassen oder Tellern anrichten, zum Schluß frischgekochte, geschälte, heiße Erdäpfel in die Suppe geben.

GEEISTE TOMATENSUPPE MIT BASILIKUM

ZUTATEN FÜR 4 PORTIONEN
120 g Tomaten, geschält, entkernt
4 dl Tomatenjuice
4 dl Rindsuppe, kalt, fettfrei
Salz

Worcestershiresauce
Tabascosauce
Zitronensaft
1 EL Basilikum, gehackt
120 g Tomatenwürfel, ohne Haut und Kerne als Einlage

Tomaten zerkleinern, mit Rindsuppe und Tomatenjuice im Standmixer fein mixen. Pikant und säuerlich abschmecken, Basilikum und Tomatenwürfel einmengen. 12 Stunden gut im Kühlschrank kühlen. In eisgekühlten Tassen auftragen.

KALTE SCHNITTLAUCHRAHMSUPPE MIT LACHSSTREIFEN (Foto Seite 58)

ZUTATEN FÜR 4 PORTIONEN
½ l Sauermilch
2 dl Sauerrahm
2 dl Kaffeeobers
100 g Räucherlachsstreifen
Salz, Pfeffer, weiß

4 Hechtnockerln, pochiert
(s. S. 139)
4 EL Schnittlauch, geschnitten
Schnittlauch und rosa Pfeffer zum Garnieren

Sauermilch, Sauerrahm, Obers und Schnittlauch vermengen, würzen. Räucherlachsstreifen beigeben, einige Stunden kühl rasten lassen. Anrichten, Hechtnockerln einlegen und mit Schnittlauch garnieren. Etwas gemahlenen rosa Pfeffer auf die Oberfläche streuen.

HELLER KALBSFOND

ZUTATEN FÜR 1 LITER
2 kg Kalbsknochen (Schwanz
oder Karree)
150 g Zwiebeln, halbiert, ohne
Schale
150 g Wurzelwerk
(Sellerieknolle, Karotte, gelbe
Rübe, Petersilwurzel)

1 Lauch
5 Pfefferkörner, weiß
Salz
ca. 3 l Wasser

Gehackte Knochen warm waschen. Mit kaltem Wasser bedecken, langsam kochen, dabei Fett und Schaum ständig abschöpfen. Nach halber Kochzeit Wurzelwerk, Zwiebeln, Lauch und Pfefferkörner beigeben. Fertigen Fond durch feines Sieb oder Etamin seihen und würzen, falls der Fond bei der Weiterverarbeitung nicht mehr reduziert wird.

KOCHDAUER: ca. 3–4 Stunden
MEIN TIP: Nach derselben Methode läßt sich heller Geflügelfond herstellen, wobei in diesem Fall Hühnerkarkassen (Knochen), Flügerl und Hals Verwendung finden.

FISCHSUD *(Court-bouillon)*

ZUTATEN FÜR 1 LITER
8 dl Wasser
50 g Zwiebeln, geschnitten
100 g Wurzelgemüse
50 g Lauch, Petersilie und
Dillstiele

1 Lorbeerblatt
5 Pfefferkörner, weiß
Salz, Thymian
Weißwein oder Essig

Alle Zutaten ca. 10 Minuten verkochen, Fische zum Pochieren einlegen. Bei im Ganzen pochierten Fischen muß der Sud überwürzt werden. Je feiner der Fisch, desto weniger Aromastoffe sollten verwendet werden. Zum Blaukochen ist die Beigabe von Essig erforderlich.

KOCHDAUER: 10 Minuten

Steinpilze à la Crème (s. S. 120)

Kärntner Kasnudeln (s. S. 133)

FISCHFOND

ZUTATEN FÜR ½ LITER

500 g Karkassen von Platt-
fischen (Scholle, Steinbutt, Rot-
und Seezunge etc.), Hecht oder
Zander
80 g Zwiebeln, geschnitten
5 cl Weißwein, trocken
50 g Lauch (weiße Teile)

100 g Sellerie und
Petersilwurzeln
2 EL Olivenöl
1 Lorbeerblatt
Pfefferkörner, weiß
8 dl Wasser
Salz

Karkassen in kleine Stücke teilen, gut kalt waschen. Zwiebeln und würfelig geschnittene Wurzeln in Öl schwach erhitzen, geschnittenen Lauch kurz anschwitzen, Fischkarkassen beigeben. Einige Minuten andünsten, mit Weißwein ablöschen, mit kaltem Wasser auffüllen. Mit Aromastoffen würzen. Kaum wallend kochen, dabei ständig Schaum abschöpfen. Fond durch ein feines Sieb oder Etamin seihen.

KOCHDAUER: 25 Minuten

MEIN TIP: Sparen Sie mit Salz, da der Fond zur Saucenerzeugung noch weiter eingekocht (reduziert) werden muß.

BRAUNER KALBSFOND *(Kalbssaft)*

ZUTATEN FÜR 1 LITER

1 kg Kalbsknochen (Schwanz
oder Karree), gehackt
400 g Kalbsparüren
(Fleischabschnitte)
150 g Wurzelwerk,
grobwürfelig geschnitten
100 g Zwiebeln, geschnitten

80 g Lauch, geschnitten
50 g Tomatenmark
5 Pfefferkörner
5 EL Öl
Salz
3 l Wasser oder milde Suppe

In passender Bratpfanne Öl erhitzen, Knochen und Parüren beigeben, anbraten, in das vorgeheizte Backrohr geben. Langsam dunkel bräunen; Wurzelwerk, Zwiebeln und Lauch mitrösten. Überschüssiges Fett abgießen, Tomatenmark unterrühren und dunkel rösten. Mit etwas Wasser oder Suppe aufgießen, Bratensatz lösen, in passenden Topf umleeren, restliche Flüssigkeit zugießen. Aromastoffe hinzufügen, langsam kochen, dabei ständig Fett und Schaum abschöpfen. Nach ca. 3 Stunden durch feines Sieb oder Etamin seihen. Auf gewünschte Menge reduzierend kochen und je nach Wunsch mit etwas Stärke abziehen. Würzen.

KOCHDAUER: 3–4 Stunden
MEIN TIP: Schweinsfond wird auf dieselbe Art gewonnen, aber unter Beigabe von Knoblauch und Kümmel.

EINMACHSAUCE VON KALB ODER GEFLÜGEL *(Velouté)*

ZUTATEN FÜR ½ LITER
3 dl Geflügel- oder Kalbsfond, hell
20 g Butter
20 g Mehl, glatt

2 dl Schlagobers
Salz
Pfeffer, weiß
Muskatnuß, gerieben

Butter schmelzen, Mehl einrühren, kurz anlaufen lassen, mit heißem Fond aufgießen, glattrühren, Obers beigeben. Einige Minuten durchkochen lassen, durch ein feines Sieb passieren und würzen.

KOCHDAUER: ca. 8 Minuten
MEIN TIP: Man kann die Sauce noch mit eiskalten Butterflocken montieren (aufmixen) oder mit Eidotter legieren. Durch Hinzufügen von Kräutern oder Pilzen ergeben sich jeweils andere reizvolle Geschmacksvarianten.

BÉCHAMELSAUCE

ZUTATEN FÜR 4 PORTIONEN
½ l Milch
40 g Butter
40 g Mehl, glatt
60 g Zwiebeln, geschnitten

Salz
Pfeffer, weiß
Muskatnuß
2 Gewürznelken

Butter schmelzen, Mehl kurz anschwitzen, erkalten lassen. Milch, Gewürze und Zwiebeln 5 Minuten kochen, abseihen. Butter-Mehl-Gemisch mit heißer Milch aufkochen, mit Schneerute glattrühren und 5 Minuten verkochen lassen.
Verwendung: als Bindung für Gemüse

KOCHDAUER: ca. 12 Minuten
MEIN TIP: Für Sauce Mornay (Gratiniersauce) rühren Sie in die fertige, nicht mehr kochende Béchamelsauce 2 Eidotter, lassen die Sauce fast erkalten und mengen 40 g Reibkäse unter.

WEISSWEINSAUCE *(mit Mehlbindung)*

ZUTATEN FÜR ½ LITER
¼ l Fischfond (s. S. 89)
⅛ l Schlagobers
⅛ l Weißwein, trocken
20 g Butter

20 g Mehl, glatt
2 cl Noilly Prat (franz. Vermouth)
Salz
Butter zum Montieren

Butter schmelzen, Mehl kurz farblos anschwitzen. Mit heißem Fischfond, Obers, Weißwein und Noilly Prat aufgießen, knotenfrei verrühren und 10 Minuten reduzierend kochen. Passieren, würzen und eiskalte Butterstücke einmixen.

KOCHDAUER: ca. 12 Minuten
MEIN TIP: Weißweinsauce läßt sich in der Geschmacksnote hervorragend und äußerst vielfältig variieren. So kann etwa die Beimengung von Schnittlauch, Estragon, Kerbel, Sauerampferstreifen, Brennesselpüree, rosa oder grünem Pfeffer, Petersilienpüree, Lauchstreifen, Tomatenwürfeln mit Estragon, in Wein gedünsteten Schalotten, Crevetten oder Radicchiostreifen für jeweils andere geschmackliche Variationen sorgen.

Herstellen von Weißwein- und Hummersauce

◀ *Weißweinsauce mit Mehl-bindung*: Butter schmelzen, Mehl farblos anschwitzen.

Mit heißem Fischfond, Obers, Weißwein sowie Vermouth aufgießen, verrühren und ein-kochen. Passieren, würzen und eiskalte Butterstücke ein-mixen. ▶

◀ *Weißweinsauce ohne Mehl-bindung:* Schalotten in Butter anschwitzen, Fischfond, Weißwein und Vermouth zu-gießen. Einkochen, abseihen, Obers eingießen und weiter reduzieren.

Eiskalte Butterstücke einrüh-ren, mit Salz abschmecken. ▶

◀ *Hummersauce:* Karkassen von gekochtem Hummer fein zerstoßen.

Karkassen in Butter rösten, kleingeschnittenes Gemüse beigeben, rösten. Tomaten-mark untermengen, leicht weiterrösten. ▶

◀ Alkoholika zugießen, durchkochen, Obers, Fond und Dillstengel beigeben.

30 Minuten kochen, 60 Minu-ten heiß ziehen lassen, durch ein feines Sieb seihen, aufmi-xen und würzen. ▶

WEISSWEINSAUCE *(ohne Mehlbindung)*

ZUTATEN FÜR ½ LITER
4 dl Fischfond (s. S. 89)
4 dl Schlagobers
25 g Butter
2 Schalotten, geschnitten

4 cl Noilly Prat (franz. Vermouth)
8 cl Weißwein, trocken
Butter zum Montieren
Salz

Butter schmelzen, Schalotten glasig anschwitzen, mit heißem Fischfond, Noilly Prat und Weißwein aufgießen. Reduzierend (nicht zugedeckt) kochen, abseihen, kaltes Obers zugießen und weiter reduzieren, bis die Konsistenz passend erscheint. In die Sauce eiskalte Butterstücke einmixen. Salzen.

KOCHDAUER: ca. 15 Minuten
MEIN TIP: Im Haushalt empfehle ich – da meistens Fischfond nicht vorhanden ist – folgende Vorgangsweise: Der zu pochierende Fisch wird mit Wasser, Weißwein und Noilly Prat leicht untergossen, mit gebutterter Alufolie bedeckt und im Backrohr bei milder Temperatur pochiert. Der daraus gewonnene Fond wird mit Obers reduziert und mit Butter montiert. Der Fisch wird für diese Zeit warm gehalten.

HUMMERSAUCE

ZUTATEN FÜR
6–8 PORTIONEN
300 g Hummerkarkassen
(Hummerkörper, ohne Fleisch
und Innereien)
50 g Zwiebeln
80 g Wurzelwerk (Karotte,
Stangensellerie, gelbe Rübe)
20 g Lauch
20 g Tomatenmark
2 cl Weinbrand

5 cl Weißwein, trocken
4 cl Vermouth
3 dl Fond, hell (von Huhn
oder Fisch)
30 g Butter
Salz
Pfeffer, weiß
einige Dillstengel
2 EL Obers, geschlagen
3 dl Schlagobers

Karkassen von gekochtem Hummer fein stoßen oder grob faschieren. Butter schmelzen, Karkassen anrösten, kleingeschnittene Zwiebeln, Lauch und Wurzelwerk beigeben, weiterrösten. Tomatenmark untermengen, rösten, mit Weinbrand, Vermouth und Weißwein aufgießen, durchkochen.

Mit Obers und Fond auffüllen, Dillstengel beigeben und 30 Minuten schwach wallend kochen, 60 Minuten heiß ziehen lassen. Konsistenz regulieren (entweder weiterreduzieren oder mit Fond oder Obers verdünnen). Durch ein feines Sieb seihen, mit Stabmixer unter Beigabe von geschlagenem Obers aufmixen und würzen.

KOCHDAUER: 1½ Stunden
MEIN TIP: Krebsensauce läßt sich nach demselben Rezept herstellen, wobei auch die Krebse vorher gekocht (ca. 2 Minuten) und von Fleisch und Innereien befreit werden müssen. Ausgelöste Scheren und Schwänze werden beiseite gelegt, es werden lediglich die Krebsschalen verwendet.

BRAUNE GRUNDSAUCE *(Rind)*

ZUTATEN FÜR 1 LITER
1¼ kg Rindfleischknochen
1 Speckschwarte
½ kg Rindsparüren (Häute, Abschnitte)
150 g Wurzelwerk
100 g Zwiebeln
80 g Lauch
50 g Tomatenmark
⅛ l Rotwein

1 Lorbeerblatt
8 Pfefferkörner
3 l Wasser oder milde Suppe
40 g Mehl oder
25 g Stärkemehl
6 EL Öl
etwas Rotwein zum Abrühren
Salz
Suppenwürze

Knochen möglichst klein hacken, mit Parüren vermischen. In passender Bratpfanne Öl erhitzen, Knochen, Parüren und Schwarte anbraten, in das vortemperierte Backrohr geben. Langsam bräunen, Wurzelwerk und Zwiebeln in grobe Würfel schneiden, mitrösten, Lauch schneiden, beigeben, überschüssiges Fett abschütten. Tomatenmark einrühren, gut durchrösten, mit Rotwein ablöschen. Nicht zugedeckt einkochen (reduzieren), mit etwas Suppe oder Wasser aufgießen, kochen. In Topf umfüllen, restliche Flüssigkeit sowie Aromastoffe beigeben und kochen lassen (dabei ständig Fett und Schaum abschöpfen). Sauce durch feines Sieb oder Etamin seihen. Mehl oder Stärke mit etwas Rotwein abmischen, zügig in die Sauce einrühren. Eventuell nochmals passieren. Mit Salz und Suppenwürze abschmecken.

KOCHDAUER: 3–4 Stunden

MADEIRASAUCE

ZUTATEN FÜR 4 PORTIONEN
3 dl Braune Grundsauce (siehe oben)
1/16 l Madeira

50 g Zwiebeln oder Schalotten
1/8 l Rotwein
30 g Butter

Sehr klein geschnittene Zwiebeln mit Rotwein reduzierend (nicht zugedeckt) kochen. Mit Grundsauce auffüllen, durchkochen, Madeira beigeben, passieren und eiskalte Butterstücke einrühren.
Verwendung: für Portionsgerichte vom Rind (Filetstücke), Rindsfilet, Madeirarindsbraten oder Geflügellebergerichte

KOCHDAUER: ca. 20 Minuten

PFEFFERRAHMSAUCE

ZUTATEN FÜR 4 PORTIONEN
3 dl Braune Grundsauce
(s. S. 94)

2 EL Pfeffer, grün
1 dl Süß- oder Sauerrahm
(Crème fraîche)

Grundsauce mit Rahm verrühren, durchkochen. Pfeffer gut schwemmen, beigeben.
Verwendung: als Beilage für Rinds- und Schweinssteaks

KOCHDAUER: ca. 10 Minuten

SENF-SCHALOTTEN-SAUCE

ZUTATEN FÜR 4 PORTIONEN
3 dl Braune Grundsauce
(s. S. 94)
100 g Schalotten

20 g Butter
1 dl Weißwein, trocken
1 EL Estragonsenf
Prise Zucker

Butter schmelzen, sehr klein geschnittene Schalotten darin anschwitzen, mit Weißwein ablöschen und mit Grundsauce auffüllen. 10 Minuten kochen lassen, Estragonsenf und etwas Zucker einrühren.
Verwendung: für gegrilltes oder gebratenes Schweinefleisch

KOCHDAUER: ca. 12 Minuten

MORCHELRAHMSAUCE

ZUTATEN FÜR 4 PORTIONEN
40 g Morcheln, getrocknet
3 dl Brauner Kalbsfond
(s. S. 89)
2 dl Schlagobers

20 g Butter
30 g Schalotten oder Zwiebeln
2 cl Vermouth, trocken
Salz
Pfeffer, weiß, aus der Mühle

Morcheln in lauwarmem Wasser einweichen, einige Male gut waschen, Wasser wechseln. Äußerst fein geschnittene Zwiebeln in Butter anschwitzen, Morcheln trocken beigeben, anschwitzen, mit Fond aufgießen, aufkochen, Vermouth und Obers untermengen. Reduzierend (nicht zugedeckt) kochen und würzen.
Verwendung: als Beilage zu Kalbfleisch, Geflügel-, Reh- und Hirschgerichten sowie zu Fasanenbrust

KOCHDAUER: ca. 40 Minuten

KAPERNSAUCE

ZUTATEN FÜR ½ LITER
4 dl Braune Grundsauce
(s. S. 94)
⅛ l Sauerrahm

10 g Mehl
1 EL Kapern
Zitronenschale, gerieben
1 EL Petersilie

Kapern und Petersilie gesondert fein hacken. Sauce mit gerührtem Sauerrahm und anderen Zutaten unter Erhitzen vermengen, säuerlich pikant abschmecken.

RAHMSAUCE FÜR KALBFLEISCHGERICHTE

ZUTATEN FÜR 4 PORTIONEN
3 dl Brauner Kalbsfond
(s. S. 89)
1 dl Sauerrahm

1 dl Schlagobers
20 g Mehl, glatt
etwas Zitronensaft

Fond zum Kochen bringen, Sauerrahm mit Mehl glatt verrühren, ohne Knötchenbildung unter den Fond rühren,

5 Minuten kochen lassen. Obers zugießen, mit Zitronensaft abschmecken, eventuell passieren.

KOCHDAUER: 5 Minuten
MEIN TIP: Diese schnell zubereitete Sauce ist auch mit Kräutern, Champignons oder gehackten Kapern kombinierbar.

PIKANTE SAUCE

ZUTATEN FÜR 4 PORTIONEN
3 dl Braune Grundsauce
(s. S. 94)
80 g Essiggurken

20 g Kapern
1 EL Petersilie, gehackt
80 g Zwiebeln oder Schalotten
1/16 l Weißwein

Feingehackte Zwiebeln in Weißwein dünsten, mit Grundsauce aufgießen, durchkochen. Feingehackte Gurken, Kapern sowie Petersilie beigeben, ebenfalls gut durchkochen.

KOCHDAUER: ca. 15 Minuten
MEIN TIP: Diese Sauce, die hervorragend zu Rind- und Schweinefleischgerichten paßt, kann noch zusätzlich mit saurem oder süßem Rahm verfeinert werden.

RAHMSAUCE FÜR RINDFLEISCHGERICHTE

ZUTATEN FÜR 4 PORTIONEN
4 dl Braune Grundsauce
(s. S. 94)

1 dl Sauerrahm
10 g Mehl, glatt

Grundsauce zum Kochen bringen, Sauerrahm mit Mehl glatt verrühren und ohne Knötchenbildung unter die Sauce rühren, 5 Minuten kochen lassen. Eventuell nachwürzen und passieren.

KOCHDAUER: 5 Minuten
MEIN TIP: Eine jeweils andere Geschmacksnuance erhält die Sauce durch gehackte Kapern, Champignons, gekochte Wurzelstreifen oder Kräuter.

SAUCE DUXELLES

ZUTATEN FÜR 4 PORTIONEN

3 dl Braune Grundsauce
(s. S. 94)
1 dl Schlagobers
100 g Zwiebeln
120 g Champignons

30 g Butterschmalz
1 EL Petersilie, gehackt
Salz
Pfeffer, weiß, aus der Mühle
Vermouth, trocken

Butterschmalz schmelzen, kleinwürfelig geschnittene Zwiebeln glasig anlaufen lassen. Sehr klein gehackte Champignons beigeben und kurz anrösten. Mit Grundsauce und Obers aufgießen, reduzierend (nicht zugedeckt) kochen, mit Petersilie und Vermouth vollenden, abschmecken.
Verwendung: für Kalb- und Rindfleischgerichte

KOCHDAUER: ca. 8 Minuten

SAUCE HOLLANDAISE

ZUTATEN FÜR 4 PORTIONEN

2 Eidotter
200 g Butter
Salz

Zitronensaft
2 EL Wasser, Suppe oder Fond
(von Spargel, Fisch etc., je nach
Gericht)

Butter schmelzen, erwärmen auf ca. 40 °C. Eidotter, Flüssigkeit, Salz und Zitronensaft über Dampf sehr schaumig (warm) schlagen. Butter unter ständigem Schlagen langsam einfließen lassen und zu einer sämigen, dicklichen Sauce schlagen, abschmecken. Die Konsistenz kann durch Zugabe von Flüssigkeit (dünner) und Beigabe von Butter (dicker) korrigiert werden. So wird zu Spargel etwas sämigere Konsistenz bevorzugt, damit die Sauce beim Eintauchen am Spargel haften bleibt. Sauce für Fischgerichte sollte hingegen etwas dünner gehalten werden, damit die Sauce nicht zu dominant und sättigend wird.

MEIN TIP: Sauce hollandaise eignet sich nicht nur als Beilagensauce, sondern auch zum Überziehen und Flämmen (einer Art Gratiniervorgang) von Gemüse, Innereien, Fleisch und Fisch. Es können allerdings auch Ragoutgerichte, Fischsaucen oder Beuschel damit geschmacklich verfeinert werden, wobei wichtig ist, daß die Gerichte nach der Beigabe von Sauce hollandaise nicht mehr aufgekocht werden, da die Sauce sonst gerinnt.

SAUCE MOUSSELINE

ZUTATEN FÜR 4 PORTIONEN
2 Eidotter
200 g Butter
Salz

Zitronensaft
2 EL Wasser, Suppe oder Fond
3 EL Schlagobers, geschlagen

Die Zubereitung erfolgt wie bei Sauce hollandaise – wobei das Schlagobers erst bei Tisch unter die Sauce gerührt wird. *Verwendung:* speziell zu Spargel (Spargelfond zum Aufschlagen verwenden!)

SAUCE BÉARNAISE

ZUTATEN FÜR 4 PORTIONEN
2 Eidotter
200 g Butter
2 EL Estragonkraut, gehackt
1 TL Petersilie, gehackt
Salz

Estragonessig
5 Pfefferkörner
Estragonstiele
Wasser
1 EL Zwiebeln, gehackt

Wasser, Essig, zerdrückte Pfefferkörner, geschnittene Estragonstiele und Zwiebeln auf 2 EL Flüssigkeit reduzierend kochen, abseihen. Überkühlte Reduktion (Flüssigkeit) und Eidotter über Dampf schaumig (warm) schlagen. Butter schmelzen (auf ca. 40 °C), langsam und ständig schlagend unter die Dottermasse ziehen. Es muß eine sämige, dickliche Sauce entstehen. Estragon, Petersilie und Salz untermengen.

MEIN TIP: Die Sauce kann durch Beigabe von etwas Tomatenmark oder Ketchup geschmacklich verändert werden (Sauce Choron). Beide Saucen passen ausgezeichnet zu Grillgerichten (Fleisch, Steaks, Lammkoteletts etc.).

DILLSAUCE

ZUTATEN FÜR 4–6
PORTIONEN
15 g Butter
15 g Mehl, glatt
1 dl Sauerrahm
3 EL Schlagobers
¼ l Fond

2 EL Dillspitzen, gehackt
Salz
Pfeffer, weiß
Zitronensaft
1 EL Zwiebeln, gehackt
einige Dillstengel

Dillstengel mit Fond 10 Minuten kochen, abseihen. Butter schmelzen, Zwiebeln glasig anschwitzen, Mehl beigeben und kurz weiterrösten. Mit heißem Dillsud und Obers aufgießen, glattrühren, 10 Minuten kochen lassen, mixen und passieren. Gehackte Dillspitzen, Sauerrahm und Gewürze beifügen, durchrühren, säuerlich-pikant abschmecken.
Verwendung: als Beilage für pochierten Fisch, Krebse, Hechtnockerln, Rindfleisch oder aber auch als Hausmannskost zu Semmelknödeln

KOCHDAUER: ca. 20 Minuten
MEIN TIP: Wird Dillsauce zu Fisch gereicht, so ist es empfehlenswert, aber nicht unbedingt notwendig, Fischfond als Aufgußmittel zu verwenden.

GURKENSAUCE

ZUTATEN FÜR ½ LITER
600 g Salatgurken, geschält,
entkernt
30 g Mehl
30 g Butter
50 g Zwiebeln

¼ l Sauerrahm
⅜ l Suppe
15 g Dillspitzen, gehackt
Salz
Pfeffer, weiß, aus der Mühle
Essig

Butter schmelzen, kleingeschnittene Zwiebeln glasig anschwitzen, Mehl beigeben, kurz farblos anschwitzen. Mit Suppe aufgießen, sehr gut verrühren, aufkochen, in feine Scheiben gehobelte Gurken hinzufügen und dünsten. Abschließend Sauerrahm, Dille, Essig, Salz und Pfeffer untermengen.
Verwendung: zu gekochtem Rindfleisch

KOCHDAUER: ca. 15 Minuten

TOMATENSAUCE *(Paradeissauce)*

ZUTATEN FÜR ½ LITER
500 g Tomaten, fleischig,
vollreif
20 g Butter
15 g Mehl, glatt
60 g Zwiebeln, feingeschnitten
3 dl Suppe oder Wasser
½ Lorbeerblatt

8 Pfefferkörner
Salz
Zucker
Suppenwürze
Essig oder Zitronensaft
nach Wunsch
40 g Tomatenmark,
doppeltkonzentriert

Tomaten in Spalten schneiden. Butter schmelzen, Zwiebeln glasig anlaufen lassen, Mehl beigeben. Kurz anschwitzen, mit Suppe oder Wasser aufgießen, glattrühren (Schneerute), Tomaten und – wenn gewünscht – Tomatenmark sowie Lorbeer und Pfefferkörner beigeben. Alles gemeinsam weichdünsten. Sauce durch feines Drahtsieb streichen, mit restlichen Gewürzen abschmecken. (Die Beigabe von Tomatenmark intensiviert Farbe und Geschmack.)

KOCHDAUER: ca. 20 Minuten
MEIN TIP: In den meisten Rezepten wird die Beigabe von Speckschwarten, Selchknochen, Karotten etc. empfohlen. Dies führt jedoch zu einer Geschmacksverfremdung. Die Sauce sollte lediglich intensiv nach Tomaten schmecken.

WARMER OBERSKREN

ZUTATEN FÜR 4 PORTIONEN
¼ l Schlagobers
¼ l Milch
20 g Butter
20 g Mehl, glatt

15–20 g Kren, gerissen
Salz
Pfeffer, weiß, gemahlen
Prise Muskatnuß

Butter erhitzen, Mehl licht anschwitzen. Milch und Obers erhitzen. Die Mehleinmach damit aufgießen, mit der Schneerute ohne Knötchenbildung verrühren, 5 Minuten kochen lassen, eventuell passieren. Gewürze und Kren unterrühren.
Verwendung: zu Siedefleisch, Beinschinken und Zunge

KOCHDAUER: ca. 7 Minuten

CHAMPIGNONSAUCE

ZUTATEN FÜR 4 PORTIONEN
300 g Champignons
30 g Zwiebeln
30 g Butterschmalz
⅛ l Sauerrahm
⅛ l Schlagobers

15 cl Suppe
10 g Mehl, glatt
1 EL Petersilie, gehackt
Salz
Pfeffer, weiß
Zitronensaft

Sehr fein geschnittene Zwiebeln in heißem Schmalz farblos anschwitzen. Blättrig geschnittene Champignons beigeben, andünsten lassen, salzen, pfeffern. Mit Suppe und Obers aufgießen, 3 Minuten dünsten. Sauerrahm mit Mehl abrühren, unter die Pilze mengen, kurz durchkochen, Petersilie und Zitronensaft beigeben. Würzen.
Verwendung: als Beilage zu Kalb- und Rindfleisch, Geflügel- oder Pfannengerichten

KOCHDAUER: ca. 8 Minuten
MEIN TIP: Gemeinsam mit Semmelknödeln gibt diese Sauce (bei doppelter Menge) eine herrliche Hauptmahlzeit ab.

Eiergerichte

WIENER EIERSPEISE

ZUTATEN FÜR 4 PORTIONEN
12 Eier
60 g Butter

Salz
Schnittlauch, geschnitten

Eier in eine Schüssel schlagen. Mit einer Gabel kurz verschlagen, das Eiweiß soll sich mit dem Dotter nicht völlig verbinden und in der Struktur noch erkennbar sein. Salzen. In einer Pfanne (Teflon) Butter aufschäumen, fast bräunen lassen, Eier eingießen, zart anstocken lassen, mit einer Gabel kreuzweise die Eier durcheinanderziehen, bis diese zu stocken beginnen. Auf Teller anrichten, mit Schnittlauch bestreuen.

GARUNGSDAUER: ca. 2–3 Minuten

RÜHREIER

ZUTATEN FÜR 4 PORTIONEN
12 Eier
1 dl Schlagobers
50 g Butter
Salz
Schnittlauch

Eier und Obers gut verschlagen, salzen. Butter in Kasserolle zergehen lassen, Eiermasse einfließen lassen. Mit Kochlöffel ständig rühren, bis eine musähnliche Masse entsteht. Auf Teller anrichten, auf Wunsch mit Schnittlauch bestreuen.

MEIN TIP: Rühren Sie die Eier über Dampf in einem Chromstahl-Schneekessel, so brennen diese nicht an.

BAUERNOMELETTE

ZUTATEN FÜR 4 PORTIONEN
12 Eier
40 g Schmalz
40 g Butterschmalz
200 g Erdäpfel, speckig, gekocht
100 g Frühstücksspeck
80 g Zwiebeln
Salz
Petersilie, gehackt oder Schnittlauch

Eier gut mit Schneerute verschlagen, salzen. Erdäpfel, Speck und Zwiebeln gesondert in ca. 5 mm große Würfel schneiden. Schmalz in flacher Pfanne erhitzen, Speck anrösten, Zwiebeln beigeben, glasig werden lassen, Erdäpfel hinzufügen, braun rösten, salzen. (Die Omeletten in vier Gängen produzieren, möglichst zwei Pfannen verwenden.) Etwas Butterschmalz in flacher Omelettenpfanne erhitzen, ein Viertel der Eier einfließen lassen, ein Viertel der Erdäpfel-Speck-Masse beifügen. Mit einer Gabel rühren, die Pfanne dabei leicht kreisförmig schwingen. Pfanne am Stiel anheben, Omelette mittels Palette leicht einschlagen. Von der Gegenseite her ebenfalls einschlagen, auf Teller stürzen. Den Vorgang noch dreimal wiederholen. Die Omeletten sollen innen noch cremig sein. Mit Schnittlauch oder Petersilie bestreuen.

GARUNGSDAUER: ca. 3 Minuten pro Omelette
BEILAGENEMPFEHLUNG: Blattsalate

EIEROMELETTE *(Foto Seite 81)*

ZUTATEN FÜR 4 PORTIONEN
12 Eier
60 g Butter

Salz
Petersilie oder Schnittlauch

Die Omeletten werden in getrennten Arbeitsgängen zubereitet. Eier gemeinsam mit Schneebesen gut verschlagen, salzen. 20 g Butter in flacher Pfanne erhitzen, ein Viertel der Masse einfließen lassen. Mit einer Gabel ständig rühren, die Pfanne leicht kreisförmig schwenken. Wenn die Eiermasse anstockt, die Pfanne am Stiel anheben, die Omelette mittels Palette zur Mitte zusammen schlagen, von der anderen Seite her ebenfalls zusammen schlagen. Die Omelette auf Teller oder Platte stürzen. Den Vorgang noch dreimal wiederholen. Mit Petersilie oder Schnittlauch bestreuen. Die Omelette sollte innen leicht cremig bleiben und außen möglichst faltenfrei und hell sein. Etwas beigegebenes Schlagobers macht sie lockerer. Omeletten kann man sehr variantenreich zubereiten und auf verschiedenste Weise füllen.

Variante I: Zutaten unter die rohe Eiermasse mengen (z. B. geriebenen Parmesan, Kräuter, kleingeschnittenen Schinken, Spaghetti mit Tomaten und Schinken vermischt).

Variante II: Zutaten werden vor dem Zusammenklappen auf die Omelette – spätere Innenseite – gegeben (z. B. Cremespinat, gebratene Hühnerleber, Pizzamischung).

Variante III: Die Omelette wird nach dem Stürzen oben durch Längsschnitt geöffnet, zu einem Spalt auseinandergezogen und gefüllt (z. B. mit kleingeschnittenen, geschälten, entkernten Tomaten, Erbsen, Blattspinat oder Spargelspitzen).

GARUNGSDAUER: ca. 2 Minuten pro Omelette
BEILAGENEMPFEHLUNG: Blattsalate

ZUBEREITEN VON POCHIERTEN EIER UND EIEROMELETTE

◀ *Pochierte Eier:* Essigwasser fast bis zum Sieden bringen. Eiskalte Eier in kleine Schale schlagen. Nach und nach in das Wasser gleiten lassen.

Eier mit 2 Löffeln leicht anpressen, damit diese die Façon behalten. Bei ca. 90 °C etwa 5 Minuten ziehen lassen. ▶

◀ Eier in mit Eiswürfeln versetztes Wasser legen.

Sauberes Tuch auf die Handflächen auflegen, die Eier nacheinander darauflegen und die abstehenden Eiweißteile wegschneiden. ▶

◀ *Eieromelette:* Eier leicht salzen, Butter erhitzen, Eiermasse einfließen lassen, mit der Gabel ständig umrühren.

Wenn die Eiermasse anstockt, die Pfanne am Stiel anheben. Mit der Palette von beiden Seiten zur Mitte zusammenschlagen. ▶

◀ Omelette auf vorgewärmte Teller stürzen, wenn nötig in Form bringen.

Beliebig garnieren oder von oben füllen (Längsschnitt). ▶

POCHIERTE EIER *(Verlorene Eier)*

(Foto Seite 105)

ZUTATEN FÜR 4 PORTIONEN
8 Eier, gut gekühlt und absolut
frisch

1 l Wasser
¼ l Gärungsessig, 7,5%ig

Wasser und Essig in passendem Topf fast zum Sieden bringen. Eiskalte, frische Eier gesondert in kleine Schälchen schlagen. Eier nach und nach in das Wasser gleiten lassen. Mit 2 Löffeln das Eiweiß an den Eidotter pressen. Eier ca. 5 Minuten bei etwa 90 °C ziehen lassen, Eier sollen innen cremig sein, im eiskalten Wasser abspülen. Die abstehenden Eiweißteile wegschneiden (façonnieren). Warm sofort weiterverarbeiten, oder – sofern kalt verwendet – in eiskaltem Wasser abfrischen, aus dem Wasser heben, leicht salzen.
Verwendung: Pochierte Eier werden auf Toast zum Frühstück gereicht, eignen sich aber auch hervorragend als Vorspeise oder Suppeneinlage für klare, gebundene und kalte Suppen.

GARUNGSDAUER: ca. 5 Minuten
MEIN TIP: Frische Eier erkennt man an dem steifen Eiweißmantel, der den Dotter umgibt. Das Pochierwasser darf nicht gesalzen werden (Löcherbildung!) und sollte tief genug sein, damit sich das Eiweiß im Hinuntergleiten um den Dotter hüllt.

Gemüse

GEKOCHTER WEISSER SPARGEL

(Foto Seite 108)

ZUTATEN FÜR 4 PORTIONEN
1 kg Spargel, weiß
(Solospargel, 1. Güteklasse)

2 Semmeln
Salz
Kristallzucker

Spargel vom Kopf weg sorgfältig schälen und holzige Teile wegschneiden. Reichlich Salzwasser zum Sieden bringen. Semmeln und Prise Zucker beigeben (das Brot nimmt die Bitterstoffe) und Spargel vorsichtig einlegen. Nasse, reine

Serviette darauflegen, damit der Spargel vom Wasser bedeckt bleibt. Aufkochen, vom Herd nehmen, ziehen lassen.

GARUNGSDAUER: richtet sich nach der Stärke des Spargels (im Regelfall ca. 20–30 Minuten)
BEILAGENEMPFEHLUNG: bei warmem Spargel – Brösel mit flüssiger Butter, Sauce hollandaise, Sauce mousseline, Krensauce; bei kaltem Spargel – Krensauce, Sauce vinaigrette
MEIN TIP: Entgegen anderslautenden Angaben habe ich die Erfahrung gemacht, daß der Spargel, auf diese Weise (oder im Spargeltopf) gekocht, kernig weich wird, also schön bißfest bleibt. Äußerst empfehlenswert ist auch jene Methode, den Spargel, nachdem er in das Wasser eingelegt wurde, mit einem Pergamentpapier zu bedecken und darauf 100 g weiche Butter zu legen. Die zerlaufende Butter schließt hermetisch ab und aromatisiert den Spargel hervorragend.

GRÜNER SPARGEL

ZUTATEN FÜR 4 PORTIONEN
800 g grüner Spargel
Salz

Grüner Spargel wird nicht geschält! Lediglich holzige Teile abtrennen. Salzwasser zum Sieden bringen, Spargel einlegen, einmal aufkochen und sofort aus dem Wasser heben. In Eiswasser abfrischen oder sofort heiß servieren.
Verwendung: Grüner Spargel wird warm oder kalt gereicht, dient aber in erster Linie als Garnitur für Vorspeisensalate, Fisch oder Fleisch.

GARUNGSDAUER: ca. 3 Minuten
BEILAGENEMPFEHLUNG: Beigaben und Saucen wie bei weißem Spargel

Zubereiten von weißem Spargel

 ◄ Spargel vom Kopf weg mit einem Spargelschäler sorgfältig von oben nach unten schälen.

Die Hand stützend unter den Spargel halten, damit er nicht bricht. ►

 ◄ Die Spargelstangen nach Stärke ordnen und mit einem Messer kürzen (die holzigen Teile wegschneiden).

Die gekürzten Spargelstangen bündeln und mit einem Spagat fixieren. ►

 ◄ *Methode I:* Salzwasser zum Sieden bringen, Weißbrot und Prise Zucker beigeben. Den Spargel vorsichtig einlegen. Serviette darauflegen, aufkochen, ziehen lassen.

Spargel mit einer Schaufel aus dem Wasser heben, den Spagat entfernen, anrichten. ►

 ◄ *Methode II:* Den Spargel in den Korb eines Spargeltopfes stehend einordnen.

Salzwasser zum Kochen bringen, Zucker, Semmel und den Spargelkorb hinein geben. Mit Wasser zugedeckt aufkochen. Nach halber Kochzeit Wasser auffüllen. ►

GEFÜLLTE MELANZANI

ZUTATEN FÜR 4 PORTIONEN
4 Melanzani, à 150–200 g
150 g Faschiertes, gemischt,
oder Lammfaschiertes
100 g Reis, gedünstet
2 EL Öl
50 g Zwiebeln

Salz
Pfeffer
Knoblauch, gepreßt
1 EL Petersilie, gehackt
80 g Hartkäse, gerieben, zum
Bestreuen
Fett zum Bestreichen

Melanzani waschen, der Länge nach halbieren, Schnittfläche kreuzweise einschneiden. Melanzani mit Schnittfläche auf ein befettetes Backblech legen, im Backrohr braten, bis das Fruchtfleisch weich ist. Melanzani aushöhlen, Fruchtfleisch fein hacken, kleingeschnittene Zwiebeln in Öl rösten, überkühlen lassen. Faschiertes, Reis, Melanzanifruchtfleisch, Gewürze und Zwiebeln vermischen. Masse in die ausgehöhlten Melanzani füllen, mit Käse bestreuen und im vorgeheizten Backrohr garen.

BACKROHRTEMPERATUR: ca. 220 °C
GARUNGSDAUER: ca. 35 Minuten
BEILAGENEMPFEHLUNG: Tomaten- oder Fleischsauce

BROCCOLIPUDDING *(Flan)*

ZUTATEN FÜR 8 PORTIONEN
500 g Broccoli, gekocht
4 Eier

Salz
Pfeffer, aus der Mühle
Butter zum Ausstreichen

Gekochte Broccoli sehr fein pürieren. Nach und nach Eier mit Mixstab oder Standmixer untermengen, würzen. Dariolformen (kleine Förmchen) gut mit Butter ausstreichen und Masse ¾ hoch einfüllen. Förmchen in Wasserbad stellen, zugedeckt bei ca. 90 °C Wassertemperatur am Herd pochieren. Stürzen.

GARUNGSDAUER: 15–20 Minuten

GEBACKENE ZUCCHINI MIT SCHINKEN-KÄSE-FÜLLE

ZUTATEN FÜR 4 PORTIONEN
500 g Zucchini, mittlere Größe
100 g Butterkäse
60 g Rohschinken (oder
Preßschinken)
Salz

Pfeffer, schwarz, aus der Mühle
Thymian
2 Eier
Mehl, glatt
Semmelbrösel
Öl zum Backen

Zucchini waschen, Enden abschneiden, der Länge nach halbieren und mittels Pariser Ausstecher (oder kleinem Löffel) leicht aushöhlen, würzen. Käse reiben (oder in kleine Würfel schneiden), Rohschinken ebenfalls kleinwürfelig schneiden, beides vermengen, mit Pfeffer und Thymian würzen. In jeweils eine Zucchinihälfte pressen und erhaben einfüllen, mit der passenden Gegenseite verschließen. In Mehl, Ei und Semmelbröseln panieren, schwimmend im heißen Öl langsam beidseitig braun backen. Aus dem Öl heben, abtropfen lassen, im Ganzen oder geschnitten auftragen.
Verwendung: als Hauptspeise oder Garnitur zu Lamm oder Rindsfilet

GARUNGSDAUER: ca. 6 Minuten
BEILAGENEMPFEHLUNG: Sauce tartare, Cocktailsauce, Blatt- oder naturbelassene Gemüsesalate
MEIN TIP: Versuchen Sie zur Abwechslung auch einmal folgende Variante: Zucchini in ca. 12 mm dicke Scheiben schneiden, aushöhlen, füllen, panieren, backen, halbieren. Auch als Cocktailbissen geeignet.

KARFIOL MIT BUTTER UND BRÖSELN

ZUTATEN FÜR 4 PORTIONEN
2 Karfiolrosen, mittlere Größe
120 g Butter

80 g Semmelbrösel
Salz

Karfiol von Blättern befreien, Strunk kürzen, ohne daß sich Röschen ablösen. 30 Minuten in kaltes Salzwasser legen. Mit kaltem Salzwasser bedecken, zum Kochen bringen, schwach wallend kernig kochen (Nadelprobe). Butter schmelzen,

Brösel darin hellbraun rösten, salzen. Karfiol aus dem Sud heben, abtropfen lassen. Mit Butterbröseln übergießen.

GARUNGSDAUER: ca. 12 Minuten
MEIN TIP: Zwei hartgekochte, feingehackte Eier unter die Bröselbutter gemengt, machen das Gericht etwas attraktiver. Will man Karfiol gratinieren, so kocht man ihn vorerst (wie oben angeführt) und überbäckt ihn anschließend mit Sauce Mornay (s. S. 91).

GEKOCHTE ARTISCHOCKEN
(Foto Seite 112)

ZUTATEN FÜR 4 PORTIONEN

4 Artischocken
Salz
Zitronensaft
Prise Zucker

½ *Lorbeerblatt*
4 *Pfefferkörner*
2 *EL Olivenöl*
4 *Zitronenscheiben, dünn*

Jeweils Stiel abschneiden oder abbrechen. Außenblätter entfernen und Frucht oben um ein Viertel kürzen, Unterseite mit Zitronensaft einreiben und mit einer dünnen Zitronenscheibe bedecken. Kreuzweise mit Spagat binden. Salzwasser mit Prise Zucker, Zitronensaft, Gewürzen und Öl versetzen, Artischocken darin kochen. Aus dem Sud heben, Zitronenscheiben, Innenblätter und Heu (im Inneren der Frucht) entfernen. Warm oder kalt servieren.

GARUNGSDAUER: ca. 20 Minuten
BEILAGENEMPFEHLUNG: bei warmen Artischocken – Sauce hollandaise; bei kalten Artischocken – Sauce vinaigrette, Mayonnaisesauce

Zubereiten von Artischocken und Artischockenböden »Romanaise«

◀ *Artischocken:* Den Stiel am Ansatz abbrechen oder abschneiden. Außenblätter entfernen.

Frucht oben um etwa ein Viertel kürzen. Unterseite mit Zitronensaft einreiben. ▶

◀ Oberseite mit Zitronenscheiben belegen und kreuzweise mit Spagat binden.

Zitronen-Salz-Wasser mit Prise Zucker, Gewürzen und Öl versetzen. Artischocken darin ca. 20 Minuten kochen. ▶

◀ *Artischockenböden »Romanaise«:* Von den Artischocken Stiel, Blätter und Heu entfernen.

Die Artischockenböden rund zuschneiden und mit Zitronensaft einreiben. ▶

◀ Artischockenböden im Sud ca. 15 Minuten (je nach Größe) kochen.

Champignon-Tomaten-Farce zubereiten und die Böden damit füllen. ▶

ARTISCHOCKENBÖDEN „ROMANAISE"

ZUTATEN FÜR 4 PORTIONEN
8 Artischocken
8 EL Olivenöl
160 g Zwiebeln
200 g Champignons
20 g Tomatenmark
120 g Tomaten, geschält, entkernt
2 Knoblauchzehen
⅛ l Rindsuppe
Salz
Zitronensaft
Oregano
Rosmarin
Petersilie, gehackt
ca. 1 l Wasser zum Kochen

Wasser, Salz, Zitronensaft und 3 EL Öl gemeinsam aufkochen. Von den Artischocken Stiel, Blätter und Heu entfernen. Die Böden rund schneiden, mit Zitronensaft einreiben und im Sud ca. 15 Minuten (je nach Größe) kochen. Zwiebeln und Champignons gesondert fein hacken. 5 EL Öl erhitzen, Zwiebeln glasig anlaufen lassen. Champignons beigeben, durchrösten, Tomatenmark, kleingewürfelte Tomaten, Petersilie, gepreßten Knoblauch, Suppe und Gewürze unterrühren. Artischockenböden aus dem Sud heben und mit der heißen Champignon-Tomaten-Farce füllen.
Verwendung: als Vorspeise oder Beilage zu Kalb-, Rind- und Lammfleischgerichten

GARUNGSDAUER: ca. 25 Minuten

PALATSCHINKEN MIT PIZZAFÜLLE

ZUTATEN FÜR 4 PORTIONEN
8 Palatschinken (s. S. 328)
1 dl Pelati (geschälte Tomaten)
aus der Dose
40 g Zwiebeln
3 EL Olivenöl
120 g Schinken
100 g Mozzarella
8 Sardellenstreifen
12 Oliven, schwarz, entkernt
40 g Parmesan, gerieben
Salz
Pfeffer, schwarz, aus der Mühle
Oregano
Fett zum Ausstreichen
Parmesan zum Bestreuen

Öl erhitzen, feingeschnittene Zwiebeln glasig anlaufen lassen. Gehackte Pelati beigeben, mit Salz, Pfeffer und Oregano würzen. Reduzierend (nicht zugedeckt) kochen, mit Schneerute gut verrühren. Palatschinken mit der Tomatenmasse bestreichen, mit Mozzarellawürfeln, Schinkenstreifen, Oliven sowie Sardellen belegen, mit Parmesan und Oregano bestreuen. Einrollen. In gefettete Auflaufform geben, mit Alufolie bedecken und im vorgeheizten Backrohr backen. Mit Parmesan bestreuen.

BACKROHRTEMPERATUR: 250 °C
GARUNGSDAUER: ca. 5 Minuten
BEILAGENEMPFEHLUNG: italienische Blattsalate

SPINATPALATSCHINKEN

ZUTATEN FÜR 4 PORTIONEN
8 Palatschinken (s. S. 328)
320 g Blattspinat, blanchiert
240 g Tomaten, geschält,
entkernt
80 g Zwiebeln

50 g Butter
Salz
Pfeffer, schwarz, aus der Mühle
20 g Butter, nußbraun
4 EL Parmesan, gerieben

Tomaten und Zwiebeln gesondert kleinwürfelig schneiden. Butter schmelzen, Zwiebeln glasig anlaufen lassen. Tomaten beigeben, kurz andünsten, ausgedrückten Blattspinat beigeben, erhitzen, würzen, braune Butter untermengen. Heiße Palatschinken mit Spinatmasse füllen und mit Parmesan bestreuen.

SCHINKENFLECKERLN

ZUTATEN FÜR 4 PORTIONEN
150 g Fleckerln, ungekocht
250 g Schinken oder gekochtes
Selchfleisch
4 Eidotter
4 Eiklar
1 Ei
¼ l Sauerrahm

¼ l Schlagobers
60 g Brösel von entrindetem
Weißbrot
Salz
Pfeffer, weiß
Butter zum Ausstreichen
Semmelbrösel zum Ausstreuen

Fleckerln in reichlich Salzwasser kochen, abseihen, kalt schwemmen. Schinken kleinwürfelig schneiden. Eidotter, Ei, Sauerrahm und Obers verrühren, würzen, mit Schinken und Fleckerln abrühren. Weißbrotbrösel einmengen. Eiklar zu Schnee schlagen, diesen unter die Schinkenfleckerln heben, nochmals würzen. Auflaufform mit Butter ausstreichen, mit Bröseln ausstreuen, Masse einfüllen und im vorgeheizten Backrohr goldbraun backen.

BACKROHRTEMPERATUR: 200 °C
BACKDAUER: 35 Minuten

ERDÄPFELAUFLAUF

ZUTATEN FÜR 4 PORTIONEN
400 g Erdäpfel, speckig, in der
Schale gekocht
3 Tomaten
100 g Emmentaler, gerieben
3 Eier, hartgekocht
100 g Wurst (Dürre)

80 g Zwiebeln
3 EL Öl
⅛ l Béchamelsauce (s. S. 91)
1 Eidotter
Salz, Pfeffer, schwarz
Majoran
Butter zum Ausstreichen

Erdäpfel schälen, in dünne Scheiben schneiden, würzen. Eier und Tomaten gesondert in Scheiben schneiden, würzen. Wurst in kleine Würfel, Zwiebeln in feine Streifen schneiden. Béchamelsauce mit Eidotter verrühren. Zwiebeln in heißem Öl licht rösten, Erdäpfel beigeben, anbraten, würzen. Wurst gesondert in heißem Öl anbraten. Auflaufform mit Butter ausstreichen. Zuerst eine Schicht Erdäpfel, dann geriebenen Käse, anschließend Tomaten, Käse, Eier, Wurst, Käse und abschließend Erdäpfel einfüllen. Masse leicht anpressen, mit Béchamelsauce bestreichen, nochmals mit Käse bestreuen und im vorgeheizten Backrohr braun backen.

BACKROHRTEMPERATUR: 220 °C
BACKDAUER: ca. 25 Minuten

HECHTSTRUDEL (Foto Seite 82)

ZUTATEN FÜR 4 PORTIONEN
300 g Hecht- oder Zanderfilet,
ohne Haut
¼ l Schlagobers
1 Eiklar
70 g Zwiebeln oder Schalotten
160 g Champignons
1 EL Petersilie, gehackt

3 EL Butterschmalz oder Öl
1 EL Dillspitzen, gehackt
Salz
Pfeffer, weiß, aus der Mühle
Butter zum Bestreichen
Strudelteig (s. S. 324) oder
tiefgekühlt

Fischfilet klein schneiden und gut gekühlt in einem Blitzschneider unter ständiger Beigabe von eiskaltem Obers zu einer glatten Farce verarbeiten. Die Farce eventuell passieren. Eiklar, Dille und Gewürze beigeben. Zwiebeln klein hacken, in heißem Schmalz glasig anschwitzen. Champignons waschen, fein hacken, mit Zwiebeln trocken rösten, würzen, Petersilie untermengen. Strudelteig ausziehen, Ränder abtrennen, mit Butter beträufeln. Pilzgemisch auf den Teig streichen. Farce mittels Spritzsack (ohne Tülle) auftragen, verstreichen. Strudel straff einrollen, Enden abdrehen. Auf gebuttertes Backblech legen, mit flüssiger Butter bestreichen. Im vorgeheizten Backrohr goldbraun backen.

BACKROHRTEMPERATUR: 220 °C
BACKDAUER: ca. 20 Minuten
BEILAGENEMPFEHLUNG: Dillsauce oder Sauce von Krebsen, Hummer etc.
MEIN TIP: Hechtstrudel läßt sich – ebenso wie andere Strudelspezialitäten – auch mit Butter- oder Blätterteig zubereiten. Der Vorteil dieser Variante ist, daß man den Strudel auch als kalte Vorspeise reichen kann. In diesem Fall empfehle ich, den Strudel mit einer Einlage von Lachs- oder Lachsforellenfilet aufzuwerten. Dazu passen Dillgurken mit Rahm.

KRAUTSTRUDEL

ZUTATEN FÜR 4 PORTIONEN
1¼ kg Weißkraut, ohne Strunk
80 g Zwiebeln, feingeschnitten
80 g Frühstücksspeck
4 EL Schmalz oder Öl
¼ l Rindsuppe
Salz

Pfeffer, schwarz, aus der Mühle
Kümmel, ganz
Kristallzucker
Strudelteig (s. S. 324) oder
tiefgekühlt
Butter zum Bestreichen

Fett erhitzen, kleingeschnittenen Speck darin anrösten, Zwiebeln und Zucker beigeben, bräunen. Kraut fein hobeln, einsalzen, hinzufügen, mit Pfeffer und Kümmel würzen, mit Suppe untergießen. Ca. 30 Minuten kernig dünsten, überkühlen lassen. Strudelteig ausziehen. Teig mit flüssiger Butter einstreichen. Kraut auf die Hälfte des Teiges verteilen, straff einrollen, Enden verschließen. Strudel auf gebuttertes Backblech legen, nochmals mit Butter bestreichen, im vorgeheizten Backrohr goldbraun backen.
Verwendung: als Beilage zu Schweinskoteletts, Jungschweinskarree oder Schweinsjungfer

BACKROHRTEMPERATUR: 220 °C
BACKDAUER: ca. 15 Minuten

SPINAT-CHAMPIGNON-STRUDEL

ZUTATEN FÜR 4 PORTIONEN
400 g Blattspinat, frisch oder
tiefgekühlt, blanchiert
400 g Champignons
60 g Zwiebeln, geschnitten
40 g Butter

Salz
Knoblauch
Pfeffer, schwarz, aus der Mühle
Butter zum Bestreichen
Strudelteig (s. S. 324) oder
tiefgekühlt

Butter erhitzen, Zwiebeln licht anrösten. Champignons waschen, trocknen, in feine Scheiben schneiden, mit Zwiebeln kurz anrösten, würzen. Blattspinat würzen, mit den Pilzen vermischen. Strudelteig ausziehen, Ränder abschneiden, mit Butter beträufeln, ⅔ des Teiges mit Spinatmasse bedecken, Teig straff einrollen, Enden verschließen. Auf ein mit Butter bestrichenes Backblech legen, nochmals mit Butter bestreichen, im vorgeheizten Backrohr goldbraun backen.
Verwendung: als Beilage zu Kalbfleisch-, Lamm- und Schweinefleischgerichten

BACKROHRTEMPERATUR: 220 °C
BACKDAUER: ca. 15 Minuten

ZWIEBEL-LAUCH-KUCHEN

ZUTATEN FÜR 14 PORTIONEN
Teig:
140 g Mehl, glatt
90 g Butter
2 cl Schlagobers
Salz
½ Ei

Belag:
130 g Lauch (das Weiße)
100 g Zwiebeln

100 g Frühstücksspeck
20 g Fett
Salz
Pfeffer

Eiguß:
2 Eier
1 dl Schlagobers
7 cl Milch
Salz
Muskatnuß

Teig: Mehl, Butter, versprudeltes Ei, Obers und Salz zu einem Mürbteig verkneten (nicht zu lange kneten, da sonst der Teig die Haftung verliert). Teig zugedeckt 30 Minuten kühl lagern. Teig auf ca. 29 cm ∅ (größer als die Springform) ausrollen, die Form damit auslegen. (Der Kuchen wird nur ca. 2–3 cm hoch.)
Belag: Speck und Zwiebeln gesondert in kleine Würfel, Lauch in feine Streifen schneiden. Fett in einer Kasserolle er-

hitzen, Speck glasig anlaufen lassen, Zwiebeln und Lauch beigeben, 5 Minuten bei schwacher Hitze dämpfen, würzen, kalt stellen.

Fertigstellung: Eier, Milch, Obers, Salz und Muskat mit der Schneerute verrühren. Speck-Lauch-Gemisch in der ausgelegten Form verteilen, mit dem Eiguß übergießen und in das vorgeheizte Backrohr stellen (unterste Schiene). Backen, aus dem Rohr nehmen, 5 Minuten rasten lassen, aus der Springform lösen. Heiß oder lauwarm auftragen.

BACKROHRTEMPERATUR: 220 °C
BACKDAUER: ca. 25 Minuten
MEIN TIP: Quiche Lorraine wird wie Zwiebel-Lauch-Kuchen erzeugt, allerdings mit abgeänderter Füllung: 150 g nudelig geschnittener, angebratener Frühstücksspeck, 100 g nudelig geschnittene, angebratene Zwiebeln, 120 g geriebener Hartkäse. Füllen und backen wie Zwiebel-Lauch-Kuchen.

ZIEGEN- ODER SCHAFKÄSE IN STRUDELTEIG

ZUTATEN FÜR 10 STÜCK
ca. 100 g Strudelteig (s. S. 324)
300 g Ziegen- oder Schafkäse
Rosmarin
Oregano
Olivenöl
Pfeffer, schwarz, aus der Mühle

Käse in kleine Stücke à 30 g schneiden. Teig in 10 Stücke teilen, mit Olivenöl einstreichen. Käse mit Rosmarin, Oregano und Pfeffer würzen, in den Teig einrollen, die Enden abdrücken. Teig außen mit Öl einstreichen, mit Rosmarin bestreuen und im vorgeheizten Backrohr braun backen.

BACKROHRTEMPERATUR: ca. 240 °C
BACKDAUER: ca. 12 Minuten

STEINPILZE À LA CRÈME *(Foto Seite 87)*

ZUTATEN FÜR 4 PORTIONEN
800 g Steinpilze, geputzt,
möglichst klein, wurmfrei
100 g Butter
120 g Zwiebeln, feingeschnitten
¼ l Schlagobers

8 cl Sauerrahm
Salz
Pfeffer, weiß, aus der Mühle
etwas Zitronensaft
1 KL Petersilie, gehackt

Steinpilze mehrmals waschen, abtrocknen. In feine Scheiben schneiden, Butter erhitzen, Zwiebeln farblos anschwitzen. Pilze beigeben, würzen, kurz andünsten, Schlagobers darübergießen, reduzierend (ohne zuzudecken) garen. Die Pilze sollen kernig bleiben, das Obers reduziert sich zu einer sämigen Sauce. Zitronensaft, Petersilie und Sauerrahm unterrühren. Nochmals nachwürzen, kurz aufkochen, anrichten.
Verwendung: als Vorspeise, Zwischengericht oder Beilage zu Kalbsmedaillons, Rehrücken oder Filets

GARUNGSDAUER: ca. 5 Minuten
BEILAGENEMPFEHLUNG: Servietten- oder Semmelknödel, Spiegeleier, Petersilerdäpfel
MEIN TIP: Meist genügt es, die Pilze beim Stiel mittels Messer gründlich zu putzen und mit einem trockenen Tuch abzureiben.

STEINPILZE IN RAHMSAUCE

ZUTATEN FÜR 4 PORTIONEN
800 g Steinpilze, geputzt, klein,
wurmlos
100 g Butter
120 g Zwiebeln, feingeschnitten
⅜ l Sauerrahm

⅛ l Schlagobers
15 g Mehl, glatt
2 EL Petersilie, gehackt
Salz
Pfeffer, weiß, aus der Mühle
Saft von ½ Zitrone

Pilze mehrmals gründlich waschen oder abwischen, in feine Scheiben schneiden. Butter schmelzen, Zwiebeln glasig anlaufen lassen, Pilze beigeben, salzen, pfeffern, kurz andünsten. Mit Obers angießen, dünsten. Sauerrahm mit Mehl gut verrühren (Schneerute), den Pilzen unterrühren, kurz durchkochen. Konsistenz eventuell mit zusätzlichem Obers korrigieren. Nochmals nachwürzen. Mit Petersilie und Zitronensaft vollenden.

GARUNGSDAUER: ca. 5 Minuten
BEILAGENEMPFEHLUNG: Semmel- oder Servietten-knödel, Petersilerdäpfel, Spiegeleier

EIERSCHWAMMERL À LA CRÈME

ZUTATEN FÜR 4 PORTIONEN
800 g Eierschwammerl, geputzt
60 g Butter
80 g Zwiebeln, feingeschnitten
200 g Sauerrahm
4 cl Schlagobers

10 g Mehl
2 EL Petersilie, gehackt
Saft von ½ Zitrone
Salz
Pfeffer, weiß, gemahlen

Schwammerl putzen, waschen, je nach Größe ganz belassen oder schneiden. Butter in Kasserolle erhitzen, Zwiebeln kurz darin anschwitzen, Schwammerl salzen, pfeffern, beigeben und durchrühren. Zugedeckt ca. 10 Minuten dünsten, danach überschüssige Flüssigkeit abgießen. Obers beigeben, nicht mehr zudecken, (reduzierend) kochen. Sauerrahm mit Mehl verrühren, unter die Schwammerl mengen, mit Petersilie, Zitronensaft, Salz und Pfeffer vollenden. Ca. 3 Minuten kochen lassen.
Verwendung: als Hauptgericht oder als Beilage zu Kalbsmedaillons, Reh etc.

GARUNGSDAUER: ca. 15 Minuten
BEILAGENEMPFEHLUNG: siehe Steinpilze

SCHWAMMERLGULASCH

ZUTATEN FÜR 4 PORTIONEN
800 g Eierschwammerl, geputzt
60 g Fett
100 g Zwiebeln, feingeschnitten
1/16 l Sauerrahm

10 g Paprikapulver, edelsüß
1 KL Mehl, glatt
Salz
Pfeffer, weiß, gemahlen
1 KL Essig

Schwammerl waschen, je nach Größe ganz belassen oder schneiden. Fett in Kasserolle erhitzen, Zwiebeln goldbraun rösten, Paprikapulver beigeben, durchrühren, sofort mit Essig ablöschen. Eierschwammerl hinzufügen, salzen, pfeffern, durchrühren und zugedeckt ca. 10 Minuten weichdünsten. Sollten die Schwammerl zuviel Flüssigkeit ziehen, diese zum Teil abgießen. Sauerrahm mit Mehl verrühren, unter die Schwammerl mengen, nochmals 3 Minuten kochen lassen.

GARUNGSDAUER: ca. 15 Minuten
BEILAGENEMPFEHLUNG: Petersilerdäpfel, Semmel- oder Serviettenknödel

DUXELLES *(Pilzfarce)*

ZUTATEN FÜR 4 ESSLÖFFEL
120 g Champignons, geputzt
70 g Schalotten oder Zwiebeln
1 EL Petersilie, gehackt

3 EL Pflanzenöl
Salz
Pfeffer, weiß, aus der Mühle

Öl in flacher Kasserolle erhitzen, feingehackte Schalotten (Zwiebeln) farblos anschwitzen, sehr fein gehackte Champignons beigeben und so lange rösten, bis die Flüssigkeit verdunstet ist. Mit Petersilie, Salz und Pfeffer abschmecken. *Verwendung:* als Einlage für Saucen, für Fisch- und Fleischgerichte (z. B. Lungenbraten Wellington); ist im fertigen Zustand einige Tage lagerfähig (Kühlschrank)

GARUNGSDAUER: ca. 6 Minuten

GRENADIERMARSCH

ZUTATEN FÜR 4 PORTIONEN
*400 g Erdäpfel, speckig, in der
Schale gekocht, geschält
300 g Fleckerln, gekocht
200 g Wurst oder Leberkäse
100 g Rauchspeck*

*80 g Zwiebeln
Salz
Pfeffer, schwarz, aus der Mühle
Majoran
1 TL Petersilie, gehackt
60 g Butterschmalz*

Wurst und Speck würfelig, Zwiebeln in Scheiben, Erdäpfel in messerrückendicke Scheiben schneiden. Schmalz in einer Pfanne erhitzen, Speck und Wurst darin rösten, Zwiebeln beigeben, weiterrösten. Erdäpfel untermengen und unter Wenden bräunen. Teigwaren daruntermischen, würzen. Mit Petersilie bestreut servieren.

BEILAGENEMPFEHLUNG: Häuptel-, Vogerl- oder Endiviensalat

EIERNOCKERLN

ZUTATEN FÜR 4 PORTIONEN
*800 g Nockerln (s. S. 238)
60 g Butterschmalz*

*8 Eier
Salz*

Butterschmalz in passender Pfanne erhitzen. Nockerln unter oftmaligem Wenden erhitzen, salzen. Eier verschlagen, salzen, über die Nockerln gießen, anziehen lassen, durchrühren. Leicht bräunen und mit grünem Salat auftragen.

GERÖSTETE KNÖDEL MIT EI

ZUTATEN FÜR 4 PORTIONEN
800 g Semmel- oder
Serviettenknödel (s. S. 239, 240)
8 Eier

60 g Butterschmalz
1 EL Schnittlauch, geschnitten
Salz

Knödel halbieren, in ca. 4 mm dicke Scheiben schneiden. Schmalz in passender Pfanne erhitzen. Knödel darin braun rösten. Eier verschlagen, salzen, darübergießen, anziehen lassen, wenden, bräunen. Anrichten, mit Schnittlauch bestreuen. Mit Häuptel- oder Gurkensalat auftragen.

GRAMMELSCHMARREN

ZUTATEN FÜR 4 PORTIONEN
600 g Erdäpfel, speckig,
gekocht, geschält
70 g Grammeln

100 g Zwiebeln
60 g Schmalz
Salz

Erdäpfel in gröbere Scheiben, Zwiebeln feinwürfelig schneiden. Schmalz in Pfanne erhitzen, Zwiebeln darin anrösten, Erdäpfel beigeben, anrösten, öfter wenden. Mit der Backschaufel die Scheiben etwas zerkleinern. Heiße Grammeln unterrühren, weiterrösten und salzen.
Verwendung: Beilage zu Siedefleisch, Zunge oder mit Salat aufgetragen als einfache Mahlzeit

TIROLER GRÖSTEL

ZUTATEN FÜR 4 PORTIONEN
700 g Erdäpfel, speckig, in der
Schale gekocht, geschält
80 g Zwiebeln
300 g Rindfleisch, gekocht
(Bratenreste)

1 TL Petersilie, gehackt
60 g Butterschmalz
Salz
Pfeffer, schwarz, aus der Mühle
Majoran

Erdäpfel in messerrückendicke Scheiben, Rindfleisch grobnudelig, Zwiebeln nudelig schneiden. Schmalz in einer Pfanne erhitzen, Zwiebeln darin lichtbraun rösten, Erdäpfel beigeben, unter Wenden rösten, mit Rindfleisch weiterrösten. (Je knuspriger das Gericht ist, um so köstlicher schmeckt es.) Würzen, anrichten, mit Petersilie bestreuen.

BEILAGENEMPFEHLUNG: Endivien-, Häuptel-, Gurken- oder Krautsalat

BLUNZENGRÖSTEL

ZUTATEN FÜR 4 PORTIONEN
500 g Blutwurst
500 g Erdäpfel, speckig, in der Schale gekocht, geschält

100 g Zwiebeln
80 g Schweineschmalz
Salz
Pfeffer, schwarz, aus der Mühle
Majoran

Erdäpfel in messerrückendicke Scheiben, enthäutete Blutwurst in Scheiben und Zwiebeln feinwürfelig schneiden. Zwiebeln in wenig Schmalz licht anschwitzen. Erdäpfel beigeben, rösten, mit Salz, Pfeffer und Majoran würzen. Erdäpfel aus der Pfanne heben, warm stellen. Restliches Schmalz erhitzen, Blutwurst sehr knusprig braten, Erdäpfel wieder untermengen.

BEILAGENEMPFEHLUNG: Krautsalat

ERDÄPFELGULASCH

ZUTATEN FÜR 4 PORTIONEN
800 g Erdäpfel, mehlig, roh, geschält
20 g Paprikapulver, edelsüß
200 g Zwiebeln
4 EL Schmalz oder Öl

2 Knoblauchzehen, gepreßt
300 g Wurst (Dürre, Extra)
¼ l Suppe oder Wasser
1 TL Essig
Salz, Pfeffer, schwarz
Majoran

Zwiebeln fein, Wurst würfelig schneiden, Erdäpfel vierteln. Fett erhitzen, Zwiebeln darin goldbraun rösten. Paprikapulver beigeben, durchrühren, sofort mit Essig ablöschen. Mit Wasser oder Suppe aufgießen, Erdäpfel, Knoblauch und Gewürze beimengen und unter oftmaligem Rühren garen, bis der Saft durch die Kartoffelstärke cremig wird und die Erdäpfel weich sind. Wurst einige Minuten mitkochen.

GARUNGSDAUER: ca. 20 Minuten

MAJORANERDÄPFEL

ZUTATEN FÜR 4 PORTIONEN
*600 g Erdäpfel, speckig, in der
Schale gekocht, geschält
2 EL Schmalz oder Öl
20 g Mehl, glatt
½ l Suppe
1 EL Essig*

*150 g Essiggurken
200 g Wurst (Dürre, Extra)
Salz
Pfeffer, weiß
Majoran
etwas Knoblauch*

Erdäpfel, Gurken gesondert in messerrückendicke Scheiben, Wurst in Scheiben oder Würfel schneiden. Fett erhitzen, Mehl unterrühren, braun rösten, mit heißer Suppe aufgießen und gut (ohne Knötchenbildung) verrühren (Schneerute). 10 Minuten kochen lassen, Erdäpfel beigeben, abermals 10 Minuten kochen und Wurst sowie Gurken beimengen. Essig, Gewürze beifügen, einige Minuten weiterkochen.

GARUNGSDAUER: ca. 20 Minuten
MEIN TIP: Verfeinern Sie das Gericht noch mit 2 EL Sauerrahm.

LINSENEINTOPF

ZUTATEN FÜR 6 PORTIONEN
*500 g Trockenlinsen oder
Linsen aus der Dose (2 Dosen)
2 EL Öl
20 g Mehl, glatt
1 TL Tomatenmark
50 g Zwiebeln
50 g Frühstücksspeck
½ l Rindsuppe oder Linsensud*

*400 g Wurst (Dürre,
Frankfurter, Knackwurst)
Salz
Pfeffer, schwarz, aus der Mühle
1 Thymianstrauß
½ Lorbeerblatt
Essig
Sardellenpaste*

Getrocknete Linsen einige Stunden in kaltem Wasser einweichen, Wasser abschütten, mit ca. 2 Liter Salzwasser zum Kochen bringen, Thymian und Lorbeerblatt beigeben. Gemeinsam kernig kochen. Abseihen, Sud eventuell als Aufgußflüssigkeit bereithalten. Öl erhitzen, Mehl unter ständigem Rühren dunkelbraun rösten, Tomatenmark schnell einrühren, weiterrösten, mit heißem Sud oder Suppe aufgießen, sehr gut verrühren (Schneerute). Speck und Zwiebeln gesondert feinwürfelig schneiden. In dieser Reihenfolge rösten und gemeinsam mit den Linsen in die Einmach geben. Wurst würfelig oder in Scheiben schneiden, ebenfalls einmengen und einige Minuten gut durchkochen. Mit Salz, Pfeffer, Essig und Sardellenpaste pikant abschmecken.

GARUNGSDAUER: ca. 15 Minuten
MEIN TIP: Mit Suppe verdünnt kann das Gericht auch als Suppe gereicht werden.

TOPFENHALUŠKA

ZUTATEN FÜR 4 PORTIONEN
350 g Nudelteig II (s. S. 131)
oder fertige breite Nudeln
250 g Topfen (Bröseltopfen),
trocken

120 g Speck, geräuchert
1 dl Sauerrahm
Salz
Pfeffer, schwarz, aus der Mühle

Nudelteig in ungleich große Flecken reißen oder schneiden. In Salzwasser kochen, abseihen, kalt schwemmen. Speck in kleine Würfel schneiden, in Pfanne lichtbraun rösten. Speckwürfel aus der Pfanne heben, warm stellen. Teigflecken im verbliebenen Schmalz erwärmen, würzen und Rahm unterrühren. Topfen darüberbröseln, durchschwingen, würzen, anrichten. Mit heißen Speckwürfeln bestreuen.

BEILAGENEMPFEHLUNG: Häuptelsalat

SCHINKEN-KÄSE-SPÄTZLE

ZUTATEN FÜR 4 PORTIONEN
600 g Spätzle (weiß oder
Spinatspätzle, s. S. 238), gekocht
200 g Schinken
50 g Butterschmalz

120 g Hart- oder Butterkäse,
gerieben
Salz
Petersilie, gehackt
Butter zum Ausstreichen

Butterschmalz erhitzen, in feine Streifen geschnittenen Schinken darin kurz anrösten. Spätzle beigeben und unter kräftigem Schwingen erwärmen. Salz sowie Petersilie untermengen. Spätzle in eine gebutterte Auflaufform einfüllen, dicht mit geriebenem Käse bestreuen und bei extremer Oberhitze bräunend überbacken.

GARUNGSDAUER: 4–8 Minuten

KRAUTFLECKERLN

ZUTATEN FÜR 4 PORTIONEN
200 g Fleckerln
600 g Weißkraut
150 g Zwiebeln
60 g Kristallzucker

8 EL Öl oder Schmalz
Salz
Pfeffer, schwarz, aus der Mühle
etwas Suppe oder Wasser

Fleckerln in reichlich Salzwasser kernig kochen, abseihen, mit kaltem Wasser schwemmen, abtropfen lassen. Öl oder Schmalz erhitzen, Zucker darin dunkel karamelisieren lassen, feingeschnittene Zwiebeln beigeben, durchrösten. Kraut in ca. 1 cm große Quadrate schneiden, ebenfalls mitrösten, mit etwas Suppe oder Wasser untergießen, mit Salz und Pfeffer würzen, kernig dünsten (ca. 30 Minuten), dabei trocken halten. Fleckerln nochmals erhitzen, salzen, pfeffern, mit dem Kraut vermengen.

GARUNGSDAUER: ca. 40 Minuten
BEILAGENEMPFEHLUNG: Häuptelsalat

SPECK-LAUCH-SPÄTZLE

ZUTATEN FÜR 4 PORTIONEN
600 g Spätzle (s. S. 238), gekocht
400 g Sauerrahm
120 g Lauch

120 g Frühstücksspeck
50 g Schmalz
Salz
Pfeffer, schwarz, aus der Mühle

Lauch in feine Scheiben, Speck in kleine Würfel schneiden. Speck in heißem Schmalz anrösten, Lauch beigeben, rösten, fertig gekochte Spätzle unterrühren, erwärmen. Rahm beimengen und gewürzt anrichten.

GARUNGSDAUER: 4–8 Minuten
BEILAGENEMPFEHLUNG: Blatt-, Tomaten- oder Gurkensalat
MEIN TIP: Wer es deftiger bevorzugt, sollte die Spätzle in eine gebutterte Auflaufschüssel geben, mit 80 g geriebenem Käse bestreuen und anschließend im heißen Backrohr goldbraun überbacken.

GRAMMELKNÖDEL

ZUTATEN FÜR 8 STÜCK
Erdäpfelknödelteig (s. S. 241)
200 g Grammeln
80 g Zwiebeln, geschnitten
3 EL Schmalz oder Öl

Salz
Pfeffer
Majoran
Knoblauch, gepreßt

Fett erhitzen, Zwiebeln darin goldbraun rösten. Grammeln etwas hacken, Zwiebeln und Gewürze daruntermengen. 8 Kugeln formen und diese eventuell im Tiefkühlfach anfrosten. Teig zu Rolle formen, in 8 Teile schneiden. Teigstücke flach drücken oder mit dem Nudelholz anrollen. Grammelkugeln daraufsetzen, mit Teig umhüllen. In siedendem Salzwasser 6 Minuten zart wallend kochen, 6 Minuten ziehen lassen.

GARUNGSDAUER: 12 Minuten
BEILAGENEMPFEHLUNG: Sauerkraut, kalter oder warmer Krautsalat

WURSTDAMPFKNÖDEL

ZUTATEN FÜR 6 STÜCK
200 g Semmelwürfel oder
Knödelbrot
150 g Wurst (Dürre)
30 g Zwiebeln
2 Eier

2 dl Milch
30 g Schmalz
Petersilie, gehackt
Salz
Majoran

Wurst in ca. 6 mm große Würfel schneiden, in heißem Fett rösten, feingeschnittene Zwiebeln mitrösten. Eier und Milch verschlagen, salzen, unter die Semmelwürfel geben und durchmischen. Wurst, Zwiebeln, Petersilie und Majoran untermengen, 10 Minuten ziehen lassen. Aus der Masse größere Knödel formen, in einen Siebeinsatz geben, etwas Wasser untergießen und zugedeckt dämpfen.

GARUNGSDAUER: 15 Minuten
BEILAGENEMPFEHLUNG: Blatt-, Gurken-, Tomaten- und Krautsalat oder Sauerkraut

HASCHEEKNÖDEL *(Fleischknödel)*

ZUTATEN FÜR 8 STÜCK
Erdäpfelknödelteig (s. S. 241)
250 g Rindfleisch (gekocht)
oder Bratenreste
40 g Zwiebeln
2 EL Schmalz oder Öl

1 Ei
Salz
Pfeffer
Majoran
Knoblauch, gepreßt
Petersilie, gehackt

Fett erhitzen und feingeschnittene Zwiebeln darin goldgelb rösten. Fleisch grob faschieren, mit Zwiebeln, Ei; Petersilie und Gewürzen vermengen. 8 Kugeln formen (eventuell im Tiefkühlfach leicht anfrosten), Teig zu Rolle formen, in 8 Teile schneiden. Teigkugeln flach drücken oder mit Nudelholz anrollen, Hascheekugeln daraufsetzen, mit Teig umhüllen und verschließen. In siedendem Salzwasser 6 Minuten zart wallend kochen, 6 Minuten ziehen lassen.

GARUNGSDAUER: 12 Minuten
BEILAGENEMPFEHLUNG: Endivien-, Chinakohl- oder Krautsalat (warm oder kalt), Sauerkraut
MEIN TIP: Für Blunzenknödel (Blutwurstknödel) verwendet man statt Bratenresten enthäutete geröstete Blutwurst, wobei sich in diesem Fall das Faschieren erübrigt.

Nudelgerichte

NUDELTEIG I

ZUTATEN FÜR 10 PORTIONEN
1 kg Mehl, glatt (Typ 480)
29 Eidotter

3 Eier
6 EL Olivenöl
Salz

Alle Zutaten gemeinsam zu einem geschmeidigen Teig verkneten und ½ Stunde zugedeckt rasten lassen. Ausrollen und beliebig schneiden. Werden die Nudeln ungetrocknet, also frisch, gekocht, beträgt die Kochzeit je nach Stärke ca. 1–2 Minuten. Getrocknete Nudeln, die monatelang haltbar sind, müssen je nach Stärke 6–7 Minuten gekocht werden.

MEIN TIP: Was die Mengenangabe der Eidotter betrifft, so handelt es sich um keinen Druckfehler. Das Rezept stimmt – und das Resultat sind hervorragende Nudeln (speziell Taglierini), vorausgesetzt, der Teig wird wirklich dünn ausgerollt. Dazu bedient man sich kleiner italienischer Teigroll- und Schneidemaschinen, die (auch preiswert) im Fachhandel zu erwerben sind.

NUDELTEIG II

ZUTATEN FÜR 8–10
PORTIONEN
½ kg Mehl, glatt (Typ 480)
½ kg Mehl, griffig

10 Eier
2 EL Olivenöl
Salz

Alle Zutaten gemeinsam zu einem geschmeidigen Teig verkneten. Weiterbehandlung wie Nudelteig „Drei Husaren".

Färben von Nudeln: Das Färben von Nudelteig erfolgt durch Beigabe von Gemüsepüree, Safran, Sepiatinte etc., also auf natürliche Weise. Die Intensität der Färbung entsteht durch den Grad der Beigabenmenge.
Grün: Spinat (Babyspinat, tiefgekühlt)
Rot: Rote-Rüben-Saft oder Tomatenpüree
Gelb: Saft von Safranfäden
Schwarz: Sepiatinte
Braun: Kakaopulver
Außerdem kann man noch diverse Kräuter in den Teig einarbeiten.

MEIN TIP: Dies ist ein sehr universelles und vielseitig einsetzbares Nudelrezept. Einerseits geeignet für Täschchen, Ravioli und Lasagneblätter, lassen sich andererseits daraus auch alle Formen geschnittener Nudeln erzeugen. Zum Trocknen verwendet man am besten engmaschige Trockengitter.

HERSTELLEN VON HAUSGEMACHTEN NUDELN

◀ Mehl auf geeigneter Unterlage aufhäufen, Eier, Öl und Salz in die Mitte geben, mit der Gabel vermengen.

Auf einer bemehlten Unterlage mit den Händen zu einem glatten Teig verarbeiten. ▶

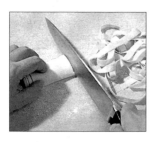

◀ Auf bemehlter Unterlage (oder Tuch) zugedeckt (Klarsichtfolie oder sauberes Tuch) ca. $^1/_2$ Stunde rasten lassen.

Auf bemehlter Unterlage den Teig mit einem Nudelholz gleichmäßig dünn ausrollen. ▶

◀ Ausgerollten, leicht angetrockneten Teig bemehlen, zur Rolle einschlagen, mit Messer in beliebig breite Bandnudeln schneiden.

Ausgerollten, leicht angetrockneten Teig bemehlen, mehrere Bahnen übereinanderlegen, zu Fleckerln schneiden. ▶

◀ Nudelmaschinen walzen und schneiden den Teig ohne große Mühe.

Diverse Formen von hausgemachten Nudeln und gefüllten Nudeltäschchen. ▶

KÄRNTNER KASNUDELN *(Foto Seite 88)*

ZUTATEN FÜR
6–8 PORTIONEN
Nudelteig:
400 g Weizenmehl, glatt
½ Ei
ca. 1,5 dl Wasser
Salz
1 EL Olivenöl
Ei zum Bestreichen

Fülle:
500 g Topfen (Bröseltopfen)

130 g Semmelwürfel
70 g Butter
2 dl Milch
50 g Zwiebeln, feingehackt
100 g Erdäpfel, gekocht, geschält
2 EL Minzblätter, gehackt
2 EL Kerbel, gehackt
Salz
Pfeffer, weiß, aus der Mühle
80 g Butter zum Begießen oder
150 g Butter-Brösel

Mehl, Ei, Wasser, Öl und Salz zu einem glatten Nudelteig verkneten, 20 Minuten rasten lassen, dünn ausrollen. Zwiebeln in Butter licht rösten. Semmelwürfel und Topfen mit Milch begießen, leicht vermengen, Zwiebeln beigeben. Erdäpfel passieren, mit Gewürzen und Kräutern der Topfenmasse beigeben, durchrühren. Ca. 40 g schwere Kugeln formen. Die Kugeln in ausreichendem Abstand nebeneinander am unteren Ende auf den Teig legen, an den Rändern mit verschlagenem Ei bestreichen. Den Teig von unten nach oben darüberklappen, rundum fest anpressen. Mit einem runden Ausstecher ca. 6 cm große halbmondförmige Täschchen ausstechen. Ränder fest andrücken und wellenartig abdichten („krendeln"). In siedendem Wasser kochen, aus dem Wasser heben, abtropfen lassen und mit brauner Butter begießen oder mit Butter-Bröseln bestreuen.

GARUNGSDAUER: ca. 15 Minuten
BEILAGENEMPFEHLUNG: Blattsalate

SCHLUTZKRAPFEN

ZUTATEN FÜR
6–8 PORTIONEN
Nudelteig II (s. S. 131) oder
Kasnudel-Teig (s. S. 133)
300 g Topfen
300 g Blattspinat, blanchiert

Salz
Pfeffer, schwarz, aus der Mühle
Knoblauch, gepreßt
30 g Parmesan, gerieben
60 g Butter zum Begießen

Blattspinat fein hacken, mit Topfen, Knoblauch und Gewürzen vermengen. Teig dünn ausrollen, mit rundem Ausstecher Kreise mit 5 cm Ø ausstechen. Fülle in die Mitte setzen, Rand mit Wasser bestreichen, zusammenfalten und mit Hilfe einer Gabel abdrücken. In siedendem Salzwasser kochen, aus dem Wasser heben, abtropfen lassen, anrichten. Mit brauner Butter begießen und mit Parmesan bestreuen.

GARUNGSDAUER: ca. 4 Minuten

BLUNZENTASCHERLN

ZUTATEN FÜR 4 PORTIONEN
250 g Nudelteig II (s. S. 131)
oder Kasnudel-Teig (s. S. 133)

200 g Blunzenbrät
(vom Fleischhauer) oder
Blutwurstinneres (s. Tip)
1 Ei zum Bestreichen
30 g Butter

Nudelteig dünn ausrollen, in etwa 4 cm breite Streifen schneiden. Alle 4 cm ein Häufchen Blunzenbrät einsetzen, Ränder mit Ei bestreichen, Nudelteigstreifen darüberlegen, an den Rändern anpressen, abtrennen, mit einer Gabel rundum abdrücken. In siedendem Salzwasser kochen. Mit gebräunter Butter beträufeln oder darin schwenken.

GARUNGSDAUER: 4 Minuten
BEILAGENEMPFEHLUNG: Sauer- oder Weißkraut
MEIN TIP: Man kann auch fertige Blutwurst verwenden. In diesem Fall enthäutete Blutwurst klein schneiden, in wenig Butterschmalz anrösten, Tascherln damit füllen.

BANDNUDELN IN GORGONZOLASAUCE MIT WALNÜSSEN

ZUTATEN FÜR 4 PORTIONEN
*280 g Bandnudeln (Nudelteig I
oder II, s. S. 130/131)
oder Fertigware
¼ l Schlagobers*

*120 g Gorgonzola (Österzola)
80 g Walnüsse
Salz
Pfeffer, aus der Mühle*

Bandnudeln in reichlich Salzwasser kochen, abseihen, abschwemmen, abtropfen. Obers und passierten Gorgonzola vermischen und bis zu sämiger Konsistenz kochen. Bandnudeln und Walnüsse unter Erwärmen mit der Sauce vermengen; würzen.

MEIN TIP: Das Gericht schmeckt sowohl als Hauptspeise als auch als Beilage, beispielsweise zu Kalbsmedaillons, hervorragend.

SPAGHETTI MIT TOMATEN UND BASILIKUM

ZUTATEN FÜR 4 PORTIONEN
*400 g Spaghetti
400 g Tomaten, geschält (oder
Pelati aus der Dose)
1 EL Basilikum, gehackt*

*4 EL Olivenöl
Salz
Pfeffer, schwarz, aus der Mühle
4 cl Tomatensaft
Parmesan zum Bestreuen*

Tomaten in kleine Würfel schneiden, würzen, in 3 EL Olivenöl andünsten und Tomatensaft beigeben. Etwa 6 Minuten dünsten lassen. Spaghetti in Salzwasser al dente (bißfest) kochen, abseihen, abtropfen lassen, mit Tomatenragout vermengen. Basilikum und Pfeffer einrühren. Etwas kaltes Olivenöl darunterziehen, anrichten. Mit Parmesan bestreuen.

WURZELKARPFEN *(Foto Seite 145)*

ZUTATEN FÜR 4 PORTIONEN
1 kg Karpfenfilet
150 g Zwiebeln
200 g Karotten, Sellerie, gelbe
Rüben
20 g Butter
Salz ·

8 Pfefferkörner
1 Lorbeerblatt
etwas Thymian
Essig
ca. 1 l Wasser
Petersilie, gehackt

Wasser, halbe Zwiebelmenge (grob geschnitten), Gewürze und Essig gemeinsam aufkochen. Karpfenstücke an der Hautseite mehrmals leicht einschneiden (ziselieren), in den Sud legen und knapp unter dem Siedepunkt ziehen lassen. Wurzelwerk schälen, in feine, ca. 5 cm lange Streifen sowie restliche Zwiebeln in Ringe schneiden. In Butter leicht andünsten, mit Karpfensud bedecken, knackig garen. Karpfen aus dem Sud heben, anrichten, Wurzelstreifen erhaben auf die Stücke gruppieren und mit gehackter Petersilie bestreuen.

GARUNGSDAUER: ca. 15 Minuten
BEILAGENEMPFEHLUNG: ·Salzerdäpfel

ZANDERFILET AUF TOMATENRAGOUT

ZUTATEN FÜR 4 PORTIONEN
600 g Zanderfilet (Fogosch)
80 g Zwiebeln
300 g Tomaten, entkernt
4 cl Weißwein, trocken

1 EL Basilikum, gehackt
Salz, Pfeffer, Rosmarin
1 Ei, etwas Mehl
30 g Butter
30 g Butterschmalz

Zanderfilet an der Hautseite mehrmals kurz hintereinander zart einschneiden. In 4 oder 8 Stücke teilen, kräftig beidseitig salzen und pfeffern. In Mehl wenden, mit verschlagenem Ei zart bestreichen, mit Rosmarin bestreuen. Tomaten und Zwiebeln gesondert in kleine Würfel schneiden. Butter erhitzen, Zwiebeln licht anlaufen lassen, mit Weißwein ablöschen,

FILETIEREN UND PRÄPARIEREN VON RUNDFISCHEN

◀ Kopf schräg hinter den Kiemen, von beiden Seiten zur Mitte geschnitten, abtrennen.

Den Fisch mittels Längsschnitt entlang der Rückenkarkasse zu filetieren beginnen. ▶

◀ Die erste Hälfte völlig von der Karkasse abtrennen.

Die zweite Hälfte mit der Hautseite nach unten flach auflegen. Die Karkasse vom Fischfilet – von der Kopfseite beginnend – heraustrennen. ▶

◀ Filet mit Hautseite nach unten flach auflegen. Beim Schwanz beginnend das Filet von der Haut abziehen. Dies erfolgt mit flachgestelltem Filetmesser.

Bauchlappen wegschneiden, das Filet façonnieren. ▶

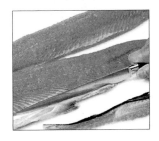

◀ Mit einer Fischpinzette die senkrechten Quergräten ziehen.

Das Fischfilet in beliebig große Stücke schneiden. ▶

einreduzieren (nicht zugedeckt kochen). Tomaten beigeben, mit Salz und Pfeffer würzen, kurz dünsten, Basilikum untermengen. Butterschmalz in flacher Pfanne erhitzen, Zander mit der Hautseite nach oben langsam braten, wenden, fertigbraten. Tomatenragout auf Teller anrichten, die Fischstücke darauflegen.

GARUNGSDAUER: ca. 8 Minuten
BEILAGENEMPFEHLUNG: Polentataler, Dampferdäpfel

WELS IN KRENSAUCE

ZUTATEN FÜR 4 PORTIONEN
750 g Welsfilet (Waller)
2 dl Schlagobers
1 dl Weißwein, trocken
⅛ l Wasser
10 g Butter
10 g Mehl, glatt
2 EL Kren, frisch gerissen
50 g Zwiebeln
Salz
5 Pfefferkörner

Wasser, Salz, Weißwein, feingeschnittene Zwiebeln und Pfefferkörner gemeinsam 5 Minuten kochen. Welsfilet in 4 oder 8 Stücke teilen, in passendem Geschirr mit dem Sud übergießen. Bei ca. 80 °C etwa 15 Minuten (je nach Stärke des Fisches) ziehen lassen. Fisch aus dem Sud heben, Sud abseihen, beiseite stellen. Butter schmelzen, Mehl kurz anschwitzen, mit heißem Sud und Obers aufgießen, 10 Minuten kochen lassen, Kren unterrühren, passieren. Wels in der Sauce kurz erhitzen.

GARUNGSDAUER: ca. 15 Minuten
BEILAGENEMPFEHLUNG: Petersilerdäpfel, gekochte Wurzelstreifen
MEIN TIP: Die Zubereitung mit Krensauce ist auch für Zander oder Karpfen passend. Man kann die Fische jedoch auch gebraten mit Krensauce servieren, wobei die Sauce in diesem Fall von einer Weißweinsauce (s. S. 91/93) abgeleitet wird.

GEFÜLLTE FORELLE IN DER FOLIE GEBRATEN

ZUTATEN FÜR 4 PORTIONEN
4 Forellen je 250 g,
ausgenommen
160 g Hechtfarce (s. S. 53)
50 g Pinienkerne, geröstet

1 KL Dillspitzen, gehackt
Butter zum Bestreichen
Salz
Zitronensaft

Forellen filetieren oder vom Fischhändler filetieren lassen. Kleine Gräten mit Pinzette ziehen, Filets mit Salz und Zitronensaft würzen. Innenfläche von je einem Filet mit Farce bestreichen, Gegenstücke aufsetzen. Jede „Forelle" straff in gebutterte Alufolie einschlagen, im vorgeheizten Backrohr am Blech garen, wobei sie gewendet werden müssen. „Forelle" aus der Folie drehen, die Haut abziehen, mit Garungssaft begießen, mit Pinienkernen und Dillspitzen bestreuen.

BACKROHRTEMPERATUR: ca. 220 °C
GARUNGSDAUER: ca. 20 Minuten
BEILAGENEMPFEHLUNG: Petersilerdäpfel, Sauce hollandaise oder Weißweinsauce, Blattsalate

HECHTNOCKERLN

ZUTATEN FÜR 4 PORTIONEN
600 g Hechtfarce (s. S. 53)
Salzwasser zum Pochieren

Dill- oder Krebsensauce zum
Garnieren

Hechtfarce mittels nasser Innenhand und in Wasser getauchtem Suppenlöffel zu Nockerln formen. Reichlich Salzwasser auf ca. 90 °C erhitzen. Nockerln einlegen, ziehen lassen, wenden. Aus dem Wasser heben, anrichten, mit Dill- oder Krebsensauce überziehen.

GARUNGSDAUER: je nach Größe 8–10 Minuten
MEIN TIP: Noch raffinierter schmeckt das Gericht, wenn Sie die Nockerln mit Sauce hollandaise überziehen und bei extremer Oberhitze überbacken. Sollen Hechtnockerln als kalte Vorspeise serviert werden, so läßt man sie erkalten und richtet sie auf Dillrahm an.

FILETIEREN UND FÜLLEN VON SEEZUNGEN

◀ Seezunge beim Schwanzansatz leicht einschneiden, mit einem kleinen Messer zum Körper hin etwas anschaben.

Die Haut flach bis über den Kopf ziehen. Diesen Vorgang an der zweiten Seite wiederholen. ▶

◀ Die Innereien aus der Bauchhöhle entfernen.

Den Kopf schräg abtrennen, flossenähnliche Seitenteile mittels Schere abtrennen. ▶

◀ Für Filets schneidet man die Seezunge mit einem Filetmesser entlang des Rückgrats ein und löst die vier Filets beidseitig ab.

Filets mit der ehemaligen Hautseite nach oben würzen, mit Fischfarce bestreichen. ▶

◀ Die Filets zu Rollen formen. In ein passendes Geschirr gehackte Schalotten und Fond geben, Röllchen einsetzen und pochieren.

Röllchen aus dem Sud heben, eventuell halbieren. ▶

GEBRATENE FORELLE *(Müllerin-Art)*

ZUTATEN FÜR 4 PORTIONEN
4 Forellen, je 250–300 g,
ausgenommen
60 g Butterschmalz
100 g Butter

2 EL Petersilie, gehackt
Saft von 1 Zitrone
Salz
etwas Mehl

Forellen innen und außen salzen, in Mehl wenden, gut abstauben. In passender Pfanne Butterschmalz erhitzen, Forellen beidseitig knusprig braten, aus der Pfanne heben. Bratfett abgießen, Butter aufschäumen lassen und Zitronensaft beigeben. Forellen mit Petersilie bestreuen und mit Butter übergießen.

GARUNGSDAUER: ca. 10–15 Minuten (je nach Größe)
BEILAGENEMPFEHLUNG: Salzerdäpfel, Blattsalate
MEIN TIP: Nach demselben Rezept lassen sich auch Reinanken oder Saiblinge zubereiten, wobei man diese noch mit in Butter gerösteten Mandeln bestreuen kann.

LACHS MIT HECHTSOUFFLÉ IN BLÄTTERTEIG

ZUTATEN FÜR 4 PORTIONEN
400 g Lachsfilet, ohne Haut
300 g Hechtfarce (s. S. 53)
150 g Duxelles
(Champignonfarce, s. S. 122)

200 g Blätterteig, frisch oder tiefgekühlt
Salz
Pfeffer, weiß, aus der Mühle
1 Eidotter zum Bestreichen
Butter zum Bestreichen

Lachsfilet kräftig würzen. Blätterteig messerrückendick rechteckig ausrollen. Auf den Teig (unteres Ende der Längsseite) – der Größe des Lachsfilets entsprechend – etwas Hechtfarce dünn auftragen. Lachsfilet daraufpressen. Auf das Lachsfilet die Champignonfarce auftragen. Hechtfarce in Spritzsack mit glatter Tülle füllen und den Lachs mit gespritzten Längsstreifen völlig bedecken, verstreichen. Den kurzen Teil des Teiges hochziehen, an die Farce andrücken, mit Ei bestreichen. Restlichen Teig über den Lachs klappen, anpressen, Enden verschließen. Mit Eidotter bestreichen. Auf leicht befettetes Backblech oder Trennpapier legen. Im vorgeheizten Backrohr 10 Minuten bei starker, 8 Minuten bei verminderter Hitze backen. Einige Minuten warm ziehen lassen. Vorsichtig in ca. 14 mm starke Tranchen schneiden.

BACKROHRTEMPERATUR: 1) 230 °C; 2) 150 °C
GARUNGSDAUER: ca. 18 Minuten (Nadelprobe)
BEILAGENEMPFEHLUNG: Weißweinsauce mit Kräutern kombiniert, Sauerampfer-, Hummer- oder Schnittlauchsauce; grüner Spargel, eventuell Dampferdäpfel

Salzwasserfische

SEEZUNGE NACH MÜLLERIN-ART
(*à la Meunière*)

ZUTATEN FÜR 4 PORTIONEN

4 Seezungen je ca. 350 g, im Ganzen
60 g Butterschmalz
100 g Butter
2 EL Petersilie, gehackt
1 Ei
Saft von 1 Zitrone
Salz
Mehl

Seezungen von Kopf, Haut und Eingeweiden befreien (oder vom Fischhändler ausnehmen lassen). Mit Salz und Zitronensaft einreiben, in Mehl wenden, gut abstauben, mit verschlagenem Ei dünn einstreichen. In passender Pfanne (Teflonfischpfanne, oval) Butterschmalz erhitzen, Seezungen langsam darin bräunen, mit Hilfe einer Backschaufel vorsichtig wenden, fertig braten. Seezungen anrichten, Butter in Pfanne aufschäumen lassen, Zitronensaft beifügen, Seezungen mit Petersilie bestreuen, mit Butter übergießen.

GARUNGSDAUER: ca. 10 Minuten
BEILAGENEMPFEHLUNG: Dampferdäpfel, Blatt-, Gurken- oder Tomatensalat
MEIN TIP: Wer über eine Teflonpfanne verfügt, kann den Eianstrich, der das Kleben an der Pfanne verhindert, weglassen. Seezungen können aber auch mit Sardellen, Pinienkernen oder Mandelsplittern gebraten werden. Diese Zubereitungsarten gelten in gleicher Weise für Forellen, Saibling, Aal, Rotzunge, Scholle etc.

SEEZUNGENRÖLLCHEN *(Foto Seite 140)*

ZUTATEN FÜR 4 PORTIONEN
3 Seezungen je 350 g (oder
12 Filets)
360 g Hechtfarce (s. S. 53)
1 EL Dillspitzen, gehackt

⅛ l Weißwein, trocken
etwas Wasser
60 g Schalotten oder Zwiebeln
Salz
Butter zum Ausstreichen

Seezungen enthäuten, Kopf abtrennen, filetieren. Filets mit Hautseite nach oben auf einer Folie nebeneinander auflegen. Beidseitig zart salzen. Fischfarce mit Dillspitzen verrühren. Filets gleichmäßig mit Fischfarce bestreichen, einzeln einrollen. Bratenpfanne mit Butter ausstreichen, geschnittene Schalotten einstreuen, Wein-Wasser-Salz-Gemisch zugießen. Seezungenröllchen in knappen Abständen einsetzen. Mit gebutterter Alufolie bedecken und im vorgeheizten Backrohr zart pochieren. Fertiggegart aus dem Fond heben. Fond zur Saucengewinnung verwenden.

BACKROHRTEMPERATUR: ca. 180 °C
GARUNGSDAUER: ca. 18 Minuten
BEILAGENEMPFEHLUNG: Weißwein- oder Hummersauce, Wild- oder Pinienreis, grüner Spargel, Tomatenragout
MEIN TIP: Man kann die Filets auch eng nebeneinander auf eine gebutterte Alufolie legen, mit Farce bestreichen, einrollen, die Enden zudrehen und schwimmend in Fond oder Salzwasser pochieren.

POCHIERTER STEINBUTT *(Foto Seite 146)*

ZUTATEN FÜR 4 PORTIONEN
1 Steinbutt, ca. 2 kg
2 l Court-bouillon (Fischsud,
(s. S. 86)

Kopf und Flossen wegschneiden, Eingeweide entfernen, gründlich kalt schwemmen. Steinbutt, je nach Größe, im Ganzen oder halbiert pochieren. Fischsud erhitzen, Steinbutt einlegen und knapp unter dem Siedepunkt (ca. 85 °C) ziehen lassen. Mit dem Sud zu Tisch bringen, aus dem Sud heben, Haut abziehen, Filets von der Karkasse ablösen.

GARUNGSDAUER: ca. 15–20 Minuten, je nach Stärke des Fisches
BEILAGENEMPFEHLUNG: Sauce hollandaise, zerlassene Butter, Dampferdäpfel, Blattspinat, grüner Spargel, geschmolzene Tomaten
MEIN TIP: Diese Zubereitungsart gilt auch für Heilbutt.

GEKOCHTE KREBSE *(Foto Seite 149)*

ZUTATEN FÜR 4 PORTIONEN
2 kg Flußkrebse, möglichst groß
Dille
Salz
Kümmel

Salzwasser mit reichlich Dille oder Dillstengeln sowie Kümmel zum Kochen bringen. Lebende Krebse einlegen (sie sind in Sekundenbruchteilen getötet), Sud zur Seite ziehen, 3 Minuten ziehen lassen. Die Krebse werden bei Tisch ausgelöst, weshalb eine Fingerbowle gereicht werden sollte.

GARUNGSDAUER: ca. 3 Minuten, je nach Größe
MEIN TIP: Ein klassisches Wiener Gericht sind Krebsschwänze in Dillsauce, wofür die Schwänze ausgelöst und in 3 dl Dillsauce serviert werden. Dazu reicht man Reis. Die übriggebliebenen Karkassen (Krebskörper) und ausgelösten Schwänze sollten für Krebssuppe verwendet werden.

Wurzelkarpfen (s. S. 136)

Pochierter Steinbutt (s. S. 144)

Rindfleischgerichte

GEKOCHTER TAFELSPITZ (Foto Seite 150)

ZUTATEN FÜR 8–10
PORTIONEN
1 Tafelspitz ca. 2½–3 kg
300 g Wurzelwerk (Sellerie,
gelbe Rüben, Karotten,
Petersilwurzel)
200 g Zwiebeln in der Schale
½ Lauch

15 Pfefferkörner
Salz
etwas Liebstöckel
ca. 4,5 l Wasser
1 kg Rindsknochen
Meersalz aus der Mühle
4 EL Schnittlauch, geschnitten

Zwiebeln halbieren, in Pfanne an der Schnittfläche sehr dunkel, fast schwarz braten. Wurzelwerk waschen, schälen. Tafelspitz und Knochen warm waschen. Wasser zum Kochen bringen, Tafelspitz, Knochen und Pfefferkörner in das Wasser geben, schwach wallend kochen. 1 Stunde vor Garungsende Wurzelwerk, Lauch, Liebstöckel und Zwiebeln beigeben. Schaum ständig abschöpfen. Fertig gegartes Fleisch aus der Suppe heben. Suppe würzen, durch ein feines Sieb oder Tuch (Etamin) seihen. Fleisch in fingerdicke Tranchen schneiden (gegen den Faserlauf), mit Suppe begießen. Mit Meersalz und Schnittlauch bestreuen. Empfehlenswert ist auch, Rindermarkscheiben kurz in heißer Suppe zu pochieren und mit Salz und Pfeffer gewürzt auf (oder mit) gebähtem Schwarzbrot als Beilage zu reichen.

GARUNGSDAUER: 3–4 Stunden
BEILAGENEMPFEHLUNG: Dillkürbis, Dillfisolen, Wiener Kohl, Cremespinat, Kochsalat mit Erbsen, eingemachter Kohlrabi, Tomatensauce, Apfel-, Semmel- oder Oberskren, Schnittlauchsauce, Erdäpfelschmarren, Stürz-, Röst- oder Bouillonerdäpfel
MEIN TIP: Auf dieselbe Art lassen sich Hieferscherzel, Hieferschwanzel, mageres oder fettes Meisel, Kruspelspitz, weißes, schwarzes oder Schulterscherzel, Kavalierspitz, Tafelstück oder Beinfleisch zubereiten. Im Restaurant „Hietzinger Bräu" servieren wir das Siedefleisch (mit Markscheiben) in der Suppe.

GEBEIZTER RINDSBRATEN

ZUTATEN FÜR 4 PORTIONEN
1 kg Rindsgustostück
Öl zum Anbraten

Marinade:
¼ l Weinessig
¾ l Wasser
1 TL Salz
150 g Suppengrün (Karotte,
Lauch, Sellerie, gelbe Rübe)
100 g Zwiebeln
3 Pfefferkörner

2 Lorbeerblätter
2 Gewürznelken
6 Wacholderbeeren

Für die Sauce:
¼ l Sauerrahm
1 dl Rotwein
20 g Mehl, glatt
Salz
Prise Zucker
80 g Rosinen

Zwiebeln und geschältes Suppengrün grobwürfelig schneiden. Alle Zutaten der Marinade gemeinsam aufkochen und überkühlt über das Fleisch (bedeckend) gießen. Im Kühlschrank 2–3 Tage marinieren lassen. Fleisch aus der Marinade heben, mit Krepp abtupfen. In heißem Öl allseitig bräunen. Mit ½ l Marinade und Rotwein ablöschen, würzen, zugedeckt garen. Fallweise etwas Wasser zugießen. Braten aus der Sauce heben. Sauerrahm mit Mehl glattrühren, etwas Wasser beigeben, unter die Sauce rühren. Durchkochen, Sauce passieren (mixen). Rosinen mit der Sauce aufkochen. Fleisch tranchieren, mit Sauce übergießen.

GARUNGSDAUER ca. 2½ Stunden
BEILAGENEMPFEHLUNG: Erdäpfelknödel, Schupfnudeln, Serviettenknödel
MEIN TIP: Das Beizen von Rindfleisch oder Wild ist unberechtigterweise etwas aus der Mode gekommen. Gerade dieser vorbereitende Zubereitungsprozeß gibt dem Braten eine sehr pikante und eigenständige Geschmacksnote.

Auslösen von gekochten Krebsen
(Rezept s. S. 144)

◀ Den Schwanz mit einer leichten Drehung vom Körper trennen.

Den Schwanzpanzer seitlich ablösen . Eventuell den Panzer seitlich mit einer Schere abschneiden. ▶

◀ Die Schwänze an der Oberseite in der Mitte mit leichtem Einschnitt öffnen.

Den Darm mit den Fingerspitzen vorsichtig abziehen. ▶

◀ Die Scheren oberhalb der Bizeps abtrennen (brechen).

Den kleinen Teil des Greifers vorsichtig abbrechen, ohne das darunter befindliche Fleisch mitabzutrennen. ▶

◀ Mit einem kleinen, scharfen Messer den Grat vom verbliebenen Scherenteil abtrennen.

Das Scherenfleisch vorsichtig herausziehen. Den Kopfteil säubern und zerkleinert für Suppe oder Sauce verwenden. ▶

Tafelspitz in Rindsuppe mit Markscheiben (s. S. 147)

ENGLISCHES ROASTBEEF

ZUTATEN FÜR 8 PORTIONEN
1¾ kg Beiried, abgelegen,
pariert (zugeputzt)
4 EL Öl
1 EL Mustardpowder,
angerührt, oder Estragonsenf

Salz
Pfeffer, schwarz, aus der Mühle
Suppe oder Wasser
40 g Butterstückchen, kalt

Dicke Rückensehne ablösen, schwächere Sehne in kurzen Abständen einschneiden oder völlig entfernen. Roastbeef mit Salz, Pfeffer kräftig würzen. Innenseite (wo ursprünglich die Knochen waren) mit Senf einreiben und einige Zeit beizen lassen. Öl in Bratenpfanne erhitzen. Roastbeef beidseitig rasant bräunen, in das vorgeheizte Backrohr schieben und bei mäßiger Hitze sehr langsam braten, dabei öfter mit Bratensatz übergießen. Nach 30 Minuten Hitze nochmals reduzieren. Fertiges Roastbeef aus der Pfanne heben, Bratensatz mit Suppe oder Wasser ablöschen, durchkochen, mit kalten Butterstückchen aufschlagen, abseihen. Roastbeef in dünne Scheiben schneiden, Saft gesondert reichen.

BACKROHRTEMPERATUR: ca. 180 °C fallend
GARUNGSDAUER: Richtzeit ca. 60–90 Minuten
BEILAGENEMPFEHLUNG: Brat- oder Zwiebelerdäpfel, Erdäpfelgratin, gefüllte Tomaten, Kohlsprossen, Fisolen, Broccoli, grüner Spargel
MEIN TIP: Problemlos ist das Braten, wenn Sie ein Bratenthermometer verwenden. Zu rasant gebratenes Roastbeef bekommt einen dicken, grauen Rand und wird nicht so weich wie langsam gebratenes. Das fertig gebratene Fleisch 15 Minuten an warmem Ort rasten lassen.

GESPICKTER RINDSLUNGENBRATEN

ZUTATEN FÜR 6 PORTIONEN
1¼ kg Rindslungenbraten,
pariert (zugeputzt)
200 g Spickspeck
3 EL Öl

40 g Butter, kalt
Salz
Pfeffer, schwarz, aus der Mühle
2 dl Fond, braun, oder Suppe

Lungenbraten mit dünnen Speckstreifen mittels Spicknadel längs der Faser spicken. Fleisch mit Salz und Pfeffer würzen. Lungenbraten in heißem Fett allseitig rasant bräunen. In viereckiger Bratenpfanne oder auf Backblech in das vorgeheizte Backrohr geben. Während des Bratens mit dem Bratensatz öfter begießen. Mit Fingerdruck den Garungsprozeß überwachen; Nadelprobe machen oder Bratenthermometer verwenden. Fleisch aus der Wanne heben, 20 Minuten warm rasten lassen, überschüssiges Fett aus der Pfanne gießen. Bratenrückstand mit Fond oder Suppe lösen, durchkochen, kalte Butterstücke einrühren, abseihen. Fleisch tranchieren.

BACKROHRTEMPERATUR: 200 °C fallend
GARUNGSDAUER: 50 Minuten (ca. 30 Minuten braten, 20 Minuten warm rasten)
BEILAGENEMPFEHLUNG: siehe Filet Wellington
MEIN TIP: Wie alle warmen Zubereitungsarten von Rindslungenbraten eignet sich auch diese zur Herstellung eines köstlichen kalten Gerichtes, wozu man Saucen (etwa Cocktailsauce oder Sauce tartare), Mixed pickles oder gefülltes Gemüse (Tomaten, Fenchel) reicht.

BEEFSTEAK

ZUTATEN FÜR 4 PORTIONEN
*4 Steaks vom
Rindslungenbraten
(Mittelstück), pariert (geputzt),
abgelegen, à ca. 180 g, ca. 3 cm
hoch (eventuell mit Spagat
umwickeln, damit die Steaks
ihre Façon behalten)*

*4 EL Öl
Salz
Pfeffer, schwarz, aus der Mühle
1 dl Fond, braun, oder Suppe
30 g Butter, kalt*

Steaks beidseitig würzen. Öl in Pfanne erhitzen, Steaks einlegen, langsam bräunen, wenden, fertigbraten. Aus der Pfanne heben, überschüssiges Fett abgießen, Bratrückstand mit Fond oder Suppe ablöschen, reduzierend (nicht zugedeckt) kochen. Abseihen, kalte Butter mit kreisender Bewegung mit der Pfanne einmontieren (einrühren). Steaks anrichten, Saft gesondert reichen oder das Steak damit umgießen.
Das Steak nur einmal wenden, es verliert sonst die schöne Farbe und kann Wasser ziehen. Fleisch nicht mit Gabel anstechen!

GARUNGSDAUER: richtet sich nach dem Garungswunsch: medium, rare etc.
BEILAGENEMPFEHLUNG: Kräuterbutter, Sauce béarnaise, engl. Gemüse, Grill- oder gefüllte Tomaten, gefüllte Zucchini, gefüllte Kohlrabi, gedämpfter Kochsalat, Erdäpfelgratin, Pommes frites, Braterdäpfel, Zwiebelerdäpfel
MEIN TIP: Wenn die Steaks sehr dick sind, ist es empfehlenswert, sie an der Seite rundum anzubraten. Rumpsteaks lassen sich genauso zubereiten, man verwendet dafür jedoch Scheiben vom Beiried und verringert die Garungszeit.

BEEFSTEAK MIT MARKKRUSTE

ZUTATEN FÜR 4 PORTIONEN
600 g Rindsfilet
(Lungenbraten), abgelegen,
pariert (zugeputzt)
3 EL Öl
120 g Rindermarkscheiben
100 g Duxelles
(Champignonfarce, s. S. 122)
Salz
Pfeffer, schwarz, aus der Mühle

Kruste:
70 g Butter
60 g Weißbrotbrösel, ohne
Rinde (Mie de pain)
1 KL Petersilie, gehackt
1 Eidotter
etwas Mehl
Salz
Pfeffer, weiß
Thymian

Rindsfilet in 4 Teile schneiden, würzen, in wenig heißem Öl beidseitig braun braten (nur einmal wenden). Garung erfolgt nach Wunsch (rare, medium etc.). Aus der Pfanne heben, mit heißer Duxelles bedecken, warme Markscheiben darauflegen. Krustenmasse vierteilen, zu flachen Fladen formen und diese auf die Markscheiben legen. Bei extremer Oberhitze (Grill) im Backrohr braun überkrusten.

Kruste: Handweiche Butter schaumig rühren, Eidotter, wenig Mehl, Petersilie und Gewürze untermengen, Weißbrotbrösel einkneten.

GARUNGSDAUER: richtet sich nach gewünschtem Garungsgrad und Stärke des Fleisches

BEILAGENEMPFEHLUNG: Rotwein- oder Schalottensauce, Zwiebelerdäpfel, Erdäpfellaibchen, engl. Gemüse

MEIN TIP: Statt mit Markscheiben können Rindsfiletstücke auch mit geröstetem Hirn, Blattspinat, Mangold oder Weinbergschnecken belegt werden. Als Gratriniersauce verwendet man eine würzige Sauce béarnaise. Überbacken wird stets mit extremer Oberhitze im Backrohr oder mit einem Spezialgerät (Salamander).

RINDSFILET IN BLÄTTERTEIG

(Foto Seite 158)

ZUTATEN FÜR 4 PORTIONEN

*4 Steaks vom
Rindslungenbraten (Filet),
pariert (zugeputzt), à 130 g
400 g Blätterteig tiefgekühlt*

*120 g Duxelles
(Champignonfarce, s. S. 229)
3 EL Öl
Salz
Pfeffer, schwarz, aus der Mühle
1 Ei, verschlagen*

Steaks salzen und pfeffern. Öl in flacher Pfanne erhitzen, Steaks sehr kräftig an beiden Seiten anbraten. Aus der Pfanne heben, auf ein Gitter legen, erkalten lassen. Teig ca. 2–3 mm dick ausrollen, vierteln. Steaks mit Duxelles bestreichen, auf die Teigstücke legen, Teig einschlagen, Enden verschließen und mit Ei bestreichen. Auf Trennpapier und Backblech legen, im vorgeheizten Backrohr zuerst 10 Minuten kräftig anbacken, danach bei stark reduzierter Hitze warm ziehen lassen. Steaks im Ganzen oder halbiert auftragen, dazu Saft (s. Beefsteak) reichen.

BACKROHRTEMPERATUR: anfangs 250 °C, dann stark reduziert (offenes Backrohr)
GARUNGSDAUER: ca. 18 Minuten
MEIN TIP: Gourmets werden folgende Abwandlung bevorzugen: Ein Stück Gänseleber auf das Steak legen, mit Duxelles bedecken, dann in den Teig schlagen und wie oben beschrieben backen.

PFEFFERSTEAK

ZUTATEN FÜR 4 PORTIONEN
*4 Steaks vom
Rindslungenbraten (Filet),
pariert (zugeputzt), à 180 g
4 EL Öl
20 g Butter, kalt*

*Spritzer Cognac
2 EL Pfeffer, grün
4 cl Schlagobers
Salz
Pfeffer, schwarz, aus der Mühle
4 cl Fond, braun, oder Suppe*

Steaks beidseitig mit Salz und Pfeffer würzen. Öl in flacher
Pfanne erhitzen, Steaks anbraten, nach ca. 2–3 Minuten wenden, je nach gewünschtem Garungsgrad fertigbraten. Steaks
aus der Pfanne heben. Überschüssiges Fett abgießen, Bratensatz mit Cognac löschen, mit Fond oder Suppe aufgießen,
aufkochen, Obers beigeben. Reduzierend (nicht zugedeckt)
kochen, abseihen. Gut geschwemmten grünen Pfeffer hinzufügen. In die kochende Sauce eiskalte Butterstücke einrühren, Steaks mit Sauce überziehen.

BEILAGENEMPFEHLUNG: Erdäpfelkroketten, Spritzerdäpfel, Erdäpfelgratin, Fisolen, Kohlsprossen, gefüllte
Tomaten, Fenchel

BŒUF STROGANOFF *(Foto Seite 157)*

ZUTATEN FÜR 4 PORTIONEN
*600 g Lungenbratenspitzen
vom Rind (Filet), pariert
(zugeputzt)
120 g Champignons
80 g Zwiebeln
100 g Gewürzgurken
1 dl Sauerrahm*

*10 g Mehl, glatt
6 EL Öl
Salz
Pfeffer, schwarz, aus der Mühle
etwas Paprikapulver
2 dl Fond, braun, oder Suppe
Zitronensaft*

Lungenbraten in ca. 1 cm dicke Streifen schneiden. Zwiebeln
fein hacken, Champignons in Scheiben, Gurken in feine
Streifen schneiden. Fleisch mit Salz und Pfeffer würzen. Öl
in flacher Pfanne erhitzen. Fleisch rasant an allen Seiten ca.
2–3 Minuten bräunen, es darf jedoch nicht durchgebraten
sein, aus der Pfanne heben und warm stellen. Zwiebeln im
verbliebenen Fett anschwitzen, Champignons mit Salz und

Boeuf Stroganoff (s. S. 156)

Rindsfilet in Blätterteig (s. S. 155)

Zitronensaft würzen, beigeben, durchrösten. Mit Fond oder Suppe ablöschen, aufkochen. Sauerrahm und Paprika mit Mehl glatt verrühren, zügig in die Sauce einmengen, Gurken beigeben, kurz durchkochen. Filetspitzen untermengen, nicht nochmals aufkochen, servieren.

GARUNGSDAUER: ca. 10 Minuten
BEILAGENEMPFEHLUNG: Reis, Spätzle, Erdäpfel-kroketten, Erdäpfelpüree, Rote-Rüben- oder Blattsalat

ZWIEBELROSTBRATEN

ZUTATEN FÜR 4 PORTIONEN
700 g Rostbratenried oder Beiried
500 g Zwiebeln
60 g Fett
20 g Butter, kalt

1,5 dl Wasser, Suppe oder brauner Fond zum Aufgießen
Salz
Pfeffer, schwarz, aus der Mühle
Mehl zum Stauben
Öl zum Backen

Zwiebeln in feine Ringe schneiden (Maschine oder Hobel), in reichlich heißem Öl unter ständigem Rühren (Gabel) hellbraun backen, mit Schaum- oder Gitterlöffel herausheben, mit Löffel das Öl von den Zwiebeln abdrücken, auf Kreppapier locker aufbreiten. Man muß beachten, daß die Zwiebeln, nachdem sie aus dem Fett genommen werden, noch nachbräunen. Rostbratenried in vier Scheiben schneiden, Ränder einschneiden, zart plattieren (dünn klopfen), beidseitig mit Salz und Pfeffer würzen. Eine Seite mit Mehl bestauben, anpressen. In flacher Pfanne Fett erhitzen, Rostbraten mit Mehlseite nach unten einlegen, braun braten, wenden, ebenfalls bräunen. Rostbraten aus der Pfanne nehmen, überschüssiges Fett abgießen. Bratrückstand mit Wasser, Suppe oder braunem Fond ablöschen, gut durchkochen, Butterstücke unterrühren, Saft eventuell seihen. Rostbraten nochmals in den Saft legen und warm einige Minuten ziehen lassen. Rostbraten anrichten, mit Saft übergießen, obenauf knusprige, leicht gesalzene Röstzwiebeln drapieren.

GARUNGSDAUER: ca. 3 Minuten
BEILAGENEMPFEHLUNG: Braterdäpfel, Salzgurke
MEIN TIP: Kenner bevorzugen die Rostbratenried, wer jedoch lieber mageres Fleisch hat, wähle Beiried oder Rindslungenbraten (Filetrostbraten).

GEDÜNSTETER ZWIEBELROSTBRATEN

ZUTATEN FÜR 4 PORTIONEN
800 g Rostbratenried oder Beiried
200 g Zwiebeln
8 EL Öl

1 KL Mehl
4 dl Suppe oder Wasser
Salz
Pfeffer
Estragonsenf

Rostbratenried in 4 Scheiben schneiden, plattieren (klopfen), Ränder einschneiden. Salzen, pfeffern, an einer Seite mit Senf bestreichen und gut einreiben. Zwiebeln in feine Streifen schneiden. Öl erhitzen, Rostbraten mit Senfseite nach unten einlegen, braun anbraten, wenden, aus der Kasserolle heben. Im verbliebenen Fett Zwiebeln bräunen, mit Mehl bestauben, durchrösten. Mit Suppe oder Wasser aufgießen, würzen, Rostbraten zugedeckt weichdünsten.

GARUNGSDAUER: ca. 1½ Stunden
BEILAGENEMPFEHLUNG: Schupfnudeln

ESTERHÁZY-ROSTBRATEN

ZUTATEN FÜR 4 PORTIONEN
800 g Rostbratenried oder Beiried
200 g Wurzeln (Karotten, Sellerie, gelbe Rüben)
4 EL Öl
20 g Butter
100 g Zwiebeln
8 Kapern

⅛ l Sauerrahm
4 dl Suppe oder Wasser
20 g Mehl, glatt
Salz
Pfeffer, schwarz, aus der Mühle
Estragonsenf
Zitronenschale, gerieben
Petersilie, gehackt

Rostbratenried in 4 Scheiben schneiden, dünnklopfen, Ränder einschneiden. Salzen, pfeffern, mit Senf bestreichen. In heißem Fett beidseitig braun anbraten, aus der Kasserolle heben. Nudelig geschnittene Zwiebeln licht rösten, mit Wasser oder Suppe aufgießen, verrühren, aufkochen und Rostbraten einlegen. Gehackte Kapern und Zitronenschale hinzufügen. Zugedeckt am Herd, im Rohr oder im Schnellkochtopf dünsten. Geschälte Wurzeln in feine, lange Streifen schneiden (ca. 2 mm), in heißer Butter andünsten und 10 Minuten vor

Garungsende zu den Rostbraten geben. Gemeinsam weichdünsten. Fleisch aus der Sauce heben; Sauerrahm mit Mehl verrühren, unter die Sauce mengen, einige Minuten verkochen lassen. Mit Wurzelsauce bedecken und mit Petersilie bestreuen.

GARUNGSDAUER: ca. 1½ Stunden
BEILAGENEMPFEHLUNG: Erdäpfelkroketten, Tarhonya, Serviettenknödel, Häuptel-, Tomaten- oder Gurkensalat
MEIN TIP: Man kann die Wurzelstreifen auch gesondert in Suppe oder Salzwasser kochen, in Butter schwenken und auf die angerichteten Rostbraten verteilen.

ROSTBRATEN IN DER FOLIE

ZUTATEN FÜR 4 PORTIONEN
600 g Rostbratenried oder Rindsfilet (Lungenbraten)
80 g Champignons
80 g Zwiebeln
160 g Paprikaschoten, grün und rot
3 EL Öl
Salz
Pfeffer
Knoblauch
Petersilie, gehackt
etwas Weißwein
⅛ l Suppe oder Wasser
50 g Butter zum Bestreichen und Montieren des Saftes
Mehl zum Bestauben

Fleisch in 4 Teile schneiden und plattieren (klopfen). Salzen, pfeffern, mit gepreßtem Knoblauch bestreichen, eine Seite in Mehl wenden und dieses anpressen. In flacher Pfanne Öl erhitzen; Rostbraten mit bemehlter Seite nach unten schnell bräunend braten, wenden, zweite Seite bräunen, aus der Pfanne heben. Bratrückstand mit Suppe oder Wasser lösen, aufkochen und kalte Butter einrühren. Gewaschene Champignons in Scheiben, Zwiebeln sowie Paprika in dünne Streifen schneiden, miteinander vermischen, mit Salz, Knoblauch und Pfeffer würzen. 4 Alufolien (ca. 20 cm × 20 cm groß) mit Butter bestreichen. Je einen Rostbraten in die Mitte setzen, Paprikagemisch erhaben daraufhäufen, mit Weißwein bespritzen und mit Petersilie bestreuen. Die Folien verschließen, auf ein Backblech setzen und im vorgeheizten Backrohr 20 Minuten garen (Hitze dabei reduzieren). Rostbraten in der Folie zu Tisch bringen, dort öffnen, aus der Folie heben und mit Saft umgießen.

BACKROHRTEMPERATUR: 220 °C fallend
GARUNGSDAUER: 35 Minuten
BEILAGENEMPFEHLUNG: Petersilerdäpfel
MEIN TIP: Fleisch oder Fisch in der Folie zu braten erweist sich in vielerlei Hinsicht als ideale Garungsmethode. Zum einen ist sie speziell für Diätgerichte geeignet; zum anderen ist sie ideal, wenn Sie mehrere Gäste erwarten, da die Gerichte schon im voraus vorbereitet werden können.

RINDSGULASCH *(Wiener Saftgulasch)*

ZUTATEN FÜR 4 PORTIONEN
900 g Rindswadschinken,
pariert (zugeputzt)
900 g Zwiebeln
1 dl Öl
1 EL Tomatenmark
½ l Wasser

3–4 EL Paprikapulver, edelsüß
2 Knoblauchzehen, gepreßt
Salz
Kümmelpulver
Majoran
Zitronenschale, feingehackt
Essig

Zwiebeln fein schneiden, in heißem Öl braun rösten, Paprikapulver untermengen, kurz durchrühren, mit Spritzer Essig und etwas Wasser ablöschen. Etwa ½ l Wasser beigeben, Zwiebeln weichdünsten und passieren. Fleisch in dicke Scheiben schneiden. Zwiebeln in passendem Topf gemeinsam mit Fleischstücken, Tomatenmark, gepreßtem Knoblauch und anderen Gewürzen zugedeckt am Herd oder im Backrohr schwach wallend dünsten. Die Flüssigkeit bei Bedarf mit Wasser korrigieren. Das Fleisch soll kernig weich sein, da es im heißen Saft noch nachgart. Das Wiener Saftgulasch sollte am Schluß etwas rotes Fett, den sogenannten Spiegel, an der Oberfläche aufweisen.

GARUNGSDAUER: ca. 2–3 Stunden
BEILAGENEMPFEHLUNG: Salzerdäpfel, Semmel- oder Serviettenknödel
MEIN TIP: Um einen molligeren Saft zu bekommen, kann das Gulasch leicht mit glattem Mehl gestaubt werden. Dazu verteilt man das Mehl auf der Oberfläche des Gerichtes und rührt es dann rasch unter. Hier besteht die

Gefahr der Knotenbildung, weshalb eine gewisse Routine vonnöten ist. Unkomplizierter ist es, Mehl mit kaltem Wasser knotenfrei zu versprudeln und dann in den kochenden Saft zu rühren.

RINDSROULADEN

ZUTATEN FÜR 4 PORTIONEN
4 Rindsschnitzel
(Ortschwanzel, Schale) à 160 g
50 g Karotte
50 g gelbe Rübe
80 g Frühstücksspeck
50 g Essiggurken
100 g Zwiebeln
8 Kapern

4 EL Öl
20 g Mehl, glatt
⅛ l Sauerrahm
4 dl Wasser oder Suppe
Salz
Pfeffer, schwarz, aus der Mühle
Estragonsenf
Mehl zum Bestauben

Rindsschnitzel klopfen, Ränder einschneiden, salzen, pfeffern, mit Senf bestreichen. Wurzeln schälen und ebenso wie Speck und Gurken in 4 mm dicke Streifen schneiden. Diese auf die Rindsschnitzel legen, zu Rouladen einrollen, mit Zahnstochern, Spagat oder Rouladenklammern fixieren. Rouladen mit Mehl bestauben. Öl erhitzen, Rouladen allseitig braun anbraten, aus der Kasserolle heben. Nudelig geschnittene Zwiebeln licht anrösten, Mehl einmengen, rösten, mit Suppe oder Wasser aufgießen, glattrühren. Rouladen sowie gehackte Kapern beigeben, zugedeckt am Herd, im Rohr oder im Schnellkochtopf dünsten. Rouladen aus der Sauce heben, Sauerrahm und, wenn nötig, noch etwas Mehl einrühren, aufkochen, passieren. Mit Senf abschmecken. Rouladen von Zahnstochern (Spagat/Klammern) befreien.

GARUNGSDAUER: ca. 1½ Stunden
BEILAGENEMPFEHLUNG: Erdäpfelpüree, Teigwaren, Häuptel-, Gurken- oder Tomatensalat
MEIN TIP: Durch die Verwendung von Crème fraîche statt Sauerrahm (in diesem Fall weniger Mehl) wird die Sauce noch schmackhafter.

GEDÜNSTETER OCHSENSCHLEPP

ZUTATEN FÜR 4 PORTIONEN
2 kg Ochsenschlepp (dicker
Teil), in Scheiben geschnitten
80 g Zwiebeln
120 g Wurzelwerk (Karotte,
Sellerie, Petersilwurzel)
70 g Tomatenmark
⅛ l Rotwein
1 l Suppe oder Wasser

5 EL Öl
1 Lorbeerblatt
1 Thymiansträußchen
Salz
Pfeffer, schwarz, gemahlen
8 Pfefferkörner
1 KL Stärkemehl
4 cl Rotwein zum Binden der
Sauce

Ochsenschlepp bei den Gelenken durchschneiden. Öl erhitzen, Ochsenschlepp salzen, pfeffern und auf beiden Seiten sehr braun anbraten. Aus der Kasserolle heben. Geschältes Wurzelwerk in grobe Würfel schneiden, ebenso die Zwiebeln; im verbliebenen Öl braun rösten, Tomatenmark beigeben, weiterrösten. Mit Rotwein ablöschen, reduzieren (nicht zugedeckt kochen) lassen. Mit Suppe oder Wasser auffüllen, Ochsenschleppscheiben und restliche Gewürze beigeben. Zugedeckt auf dem Herd oder im Backrohr dünsten lassen. Wenn nötig, verdampfende Flüssigkeit ergänzen. Wenn das Fleisch weich ist (es läßt sich dann leicht vom Knochen lösen), aus der Sauce heben. Rotwein und Stärke verrühren, zügig unter die Sauce mengen. Sauce einige Minuten kochen, dann durch sehr feines Sieb passieren (Wurzeln nicht durch das Sieb drücken), abschmecken. Die Ochsenschwanzscheiben nochmals darin erwärmen.

GARUNGSDAUER: 3–3½ Stunden
BEILAGENEMPFEHLUNG: Teigwaren, Semmel- oder Serviettenknödel, Erdäpfelkroketten, glacierte Karotten, Kohlrabi, Kohlsprossen, Champignons, Schalotten
MEIN TIP: Dies ist nur ein Grundrezept; man kann den Ochsenschlepp auch ebenso in Rahmsauce, Kapernsauce oder wie Esterházy-Rostbraten gedünstet auftragen.

ZWIEBELRAGOUT

ZUTATEN FÜR 4 PORTIONEN
900 g Rindfleisch von der
Schulter
300 g Zwiebeln
6 EL Öl
20 g Mehl
1 EL Tomatenmark

⅛ l Rotwein
4 dl Suppe oder Wasser
Salz
Pfeffer
1 Lorbeerblatt
Thymian
6 Pfefferkörner

Lorbeerblatt, Thymian und Pfefferkörner in ein Leinentüchlein einbinden. Rindfleisch in Würfel schneiden. Mit Salz und Pfeffer würzen. Öl in Kasserolle erhitzen, Fleisch darin braun anbraten, aus der Kasserolle heben. Zwiebeln in Scheiben schneiden, im verbliebenen Fett braun rösten. Tomatenmark beigeben, rösten, Mehl einstauben, mit Rotwein ablöschen und Suppe oder Wasser zugießen. Gewürze untermengen. Fleisch beigeben und zugedeckt langsam (eventuell im Backrohr) dünsten. Gewürzsäckchen entfernen.

GARUNGSDAUER: ca. 1½ Stunden
BEILAGENEMPFEHLUNG: Serviettenknödel, Schupfnudeln, Nockerln, Teigwaren, Erdäpfelnockerln

Kalbfleischgerichte

GEFÜLLTE KALBSBRUST (Foto Seite 177)

ZUTATEN FÜR 10 PORTIONEN
3½ kg Kalbsbrust, ohne
Rippen, untergriffen
Kalbsknochen von der Brust,
feingehackt
400 g Weißbrot, entrindet
½ l Milch
120 g Butter
7 Eier

100 g Brösel von entrindetem
Weißbrot
20 g Petersilie, gehackt
Salz
Pfeffer, weiß
Muskatnuß, gerieben
Öl zum Braten
Mehl zum Stauben

Brust vom Fleischhauer zum Füllen vorbereiten lassen. Brot in Milch einweichen, gut ausdrücken, passieren. Butter schaumig rühren, verschlagene Eier langsam unter die Butter mengen. Passiertes Weißbrot, Brösel, Petersilie und Gewürze zugeben. Masse in die taschenförmige Öffnung der Brust

165

einfüllen, dabei stets nach hinten drücken. Öffnung mit Spagat vernähen.

In passende Pfanne gehackte Knochen und etwas Öl geben. Brust kräftig salzen, mit Öl bestreichen und mit der schönen Seite nach oben auf die Knochenunterlage legen, langsam braten. Während des Bratens öfter etwas Wasser eingießen. Braten ständig übergießen (bei zu starker Bräunung mit Alufolie bedecken). Fertigen Braten aus der Pfanne heben. Knochen rösten, mit wenig Mehl bestauben, rösten, mit Wasser ablöschen. Einige Minuten auf richtige Konsistenz kochen, abseihen. Brust in fingerbreite Tranchen schneiden (eventuell mit dem Elektromesser).

BACKROHRTEMPERATUR: 200 °C fallend
GARUNGSDAUER: 3–4 Stunden
BEILAGENEMPFEHLUNG: Petersilerdäpfel, Häuptel-, Gurken- oder Tomatensalat
MEIN TIP: Die Fülle wird durch Hinzufügen von Erbsen oder Champignons noch schmackhafter.

GLACIERTES KALBSFRICANDEAU
(Kalbsnuß)

ZUTATEN FÜR 6 PORTIONEN
1½ kg Kalbsfricandeau oder Kalbsnuß (Schlußbraten)
4 EL Öl
Salz

Pfeffer, weiß, aus der Mühle
500 g feingehackte Kalbsknochen (wenn möglich)
3 dl Wasser zum Ablöschen
½ TL Mehl, glatt

Deckhäute nicht entfernen, da das Fleisch sonst austrocknet und nicht glacierfähig ist. Knochen in viereckige Bratenpfanne flächendeckend einordnen. Fleisch beidseitig kräftig würzen, mit der schönen Seite nach unten auf die Knochen legen, mit Öl übergießen. Im vorgeheizten Backrohr unter ständigem Begießen braten. Fallweise etwas Wasser unter das Fleisch gießen, jedoch niemals darüber. Nach ca. 45 Minuten wenden. Der Saft bräunt sich im Laufe des Bratvorgangs, wird glasig, und der ständig übergossene Braten erhält durch die Struktur der feinen Häute eine glasig glänzende Farbe. Fertigen Braten aus der Pfanne heben. Mehl über die Knochen stauben, durchrösten, mit Wasser ablöschen. Bodensatz mit einer Backschaufel lösen, reduzierend kochen, abseihen. Den Braten in fingerdicke Tranchen schneiden. Anrichten, mit Saft umkränzen.

> BACKROHRTEMPERATUR: ca. 220 °C fallend
> GARUNGSDAUER: 1½–2½ Stunden
> BEILAGENEMPFEHLUNG: Reis, zarte Gemüse

KALBSGULASCH

<small>ZUTATEN FÜR 4 PORTIONEN</small>
1 kg Kalbsvögerl oder -schulter
200 g Zwiebeln
4 EL Öl
4 dl Wasser

⅛ l Sauerrahm
20 g Paprikapulver, edelsüß
20 g Mehl
Salz, Zitronensaft und -schale

Ausgelöstes Kalbfleisch in etwa 3 bis 4 cm große Würfel, Zwiebeln kleinwürfelig schneiden. Öl erhitzen, Zwiebeln hellbraun rösten, Paprikapulver beigeben, schnell durchrühren, sofort mit etwas kaltem Wasser ablöschen (Bittergeschmack). Kalbfleisch untermengen, andünsten, salzen. Mit Wasser aufgießen, wenig Zitronenschale und -saft beigeben. Fleisch zugedeckt kernig weichdünsten (am besten im Backrohr). Fleisch aus dem Saft heben, Sauerrahm und Mehl sehr gut versprudeln und in den kochenden Saft zügig einrühren. Einige Minuten verkochen lassen, würzen, passieren (mixen). Fleisch wieder in den Saft geben, nochmals erwärmen.

> GARUNGSDAUER: ca. 1½ Stunden
> BEILAGENEMPFEHLUNG: Nockerln
> MEIN TIP: Kalbsgulasch kann auf Vorrat produziert werden, da es bei guter Kühlung problemlos eine Woche lagerfähig ist.

EINGEMACHTES KALBFLEISCH
(Kalbsfrikassee)

ZUTATEN FÜR 4 PORTIONEN
800 g Kalbsschulter, ausgelöst
150 g Karotten, gelbe Rüben,
Sellerieknolle
50 g Erbsen
½ Karfiolrose, klein

100 g Champignons
20 g Butter
20 g Mehl
⅛ l Schlagobers
Salz, Pfefferkörner, Zitronensaft
Muskatnuß, Petersilie

Kalbfleisch in ca. 3 cm große Würfel schneiden, mit kaltem Wasser knapp bedecken, geschältes Wurzelwerk, wenig Salz und Pfefferkörner beigeben. Zugedeckt schwach wallend kochen, bis die Wurzeln weich sind. Wurzeln in 1 cm große Würfel schneiden. Fleisch weich kochen, aus dem Sud heben. Karfiolröschen, Erbsen, geviertelte Champignons im Sud weich kochen, abseihen. Butter schmelzen, Mehl anschwitzen, mit 3 dl Sud (Fond) aufgießen, sehr gut verrühren, Obers zugießen. Kurz durchkochen, mixen oder passieren. Fleisch und Gemüse in die Sauce geben, würzen, anrichten, mit gehackter Petersilie bestreuen.

GARUNGSDAUER: ca. 1½ Stunden
BEILAGENEMPFEHLUNG: Butterreis, Blattsalat, Bröselknöderl
MEIN TIP: Das Gericht kann insofern abgewandelt werden, als man noch zusätzlich andere Gemüsesorten (etwa Spargel oder Kohlrabi) hinzufügt oder aber mit Hilfe von Eidotter und Schlagobers die Sauce legiert (nicht mehr kochen!). Nach demselben Rezept bereiten Sie eingemachtes Kaninchen zu.

REISFLEISCH

ZUTATEN FÜR 4 PORTIONEN
600 g Kalbsschulter, ausgelöst
150 g Langkornreis
80 g Zwiebeln, geschnitten
5 EL Öl
20 g Paprikapulver, edelsüß
1¼ l Suppe oder Wasser

Salz
Pfeffer, weiß
Knoblauch, gepreßt
10 g Mehl
¹⁄₁₆ l Sauerrahm
Mehl zum Stauben
Käse, gerieben

Fleisch in ca. 2 cm große Würfel schneiden, salzen, pfeffern und mit Mehl bestauben. Öl erhitzen, Fleisch darin allseitig anbraten, aus der Kasserolle heben. Zwiebeln im verbliebenen Fett glasig anschwitzen, mit Paprika bestauben, durchrühren, sofort mit Suppe ablöschen. Fleisch und Knoblauch beigeben, zugedeckt dünsten lassen. Nach 50 Minuten ¼ l Saft abschöpfen, dem Fleisch Reis untermengen, durchrühren und weitere 25 Minuten, am besten im Backrohr, dünsten lassen. Sauerrahm mit Mehl verrühren, in den Saft mengen und aufkochen lassen. Reisfleisch in eine nasse Suppentasse (oder Schöpfer) pressen, auf Teller stürzen und mit Saft umgießen. Mit geriebenem Käse bestreuen.

GARUNGSDAUER: ca. 80 Minuten
BEILAGENEMPFEHLUNG: Blatt- und Gemüsesalate

WIENER SCHNITZEL *(Foto Seite 178)*

ZUTATEN FÜR 4 PORTIONEN
600 g Kalbsfricandeau oder
Schale (Kaiserteil), pariert
(zugeputzt)
2 Eier
Salz

Mehl, glatt
Semmelbrösel
Öl oder Butterschmalz

Garnierung:
Zitronenspalten
Krauspetersilie

Kalbfleisch je nach Produktwahl mit Einfach- bzw. Klappschnitt portionieren (4 Schnitzel). Ränder leicht einschneiden, Schnitzel mit Klarsichtfolie bedecken und zart plattieren (klopfen). Die Stärke der Schnitzel ist individuell auf den persönlichen Geschmack abgestimmt, mißt jedoch im Normalfall ca. 6 mm. Schnitzel beidseitig gleichmäßig salzen, Eier mit Gabel verschlagen (nicht mixen). Schnitzel in Mehl beidseitig wenden, durch Eier ziehen und danach in Semmel-

169

bröseln wenden (Brösel zart andrücken). Schnitzel leicht abschütteln. Reichlich Fett (Tiefe etwa 2–3 cm) in passender Pfanne erhitzen. Schnitzel in heißes Fett einlegen. Unter wiederholtem Schwingen der Pfanne die Schnitzel bräunen, mittels Fleischgabel vorsichtig wenden, fertigbacken und mit Backschaufel aus der Pfanne heben. Schnitzel abtropfen lassen, mit Küchenkrepp das überschüssige Fett abtupfen.

GARUNGSDAUER: ca. 3–5 Minuten, je nach Stärke
BEILAGENEMPFEHLUNG: Erdäpfel-, Gurken-, Tomaten-, Mayonnaise- oder Blattsalat, Petersilerdäpfel

CORDON BLEU

ZUTATEN FÜR 4 PORTIONEN
4 Kalbsschnitzel (Schale)
à 150 g
80 g Preßschinken
120 g Käse (Edamer,
Emmentaler, Butterkäse)

2 Eier
Mehl
Semmelbrösel
Fett zum Backen
Salz

Schnitzel plattieren, Ränder leicht einschneiden, salzen. Schinken in 4, Käse in 8 dünne Scheiben schneiden. Schnitzel zur Hälfte mit je einer Käsescheibe belegen (auf der rechten Seite, aber nicht bis zum Rand). Schinkenscheibe darauflegen und nochmals mit Käse bedecken. Die frei gebliebene Schnitzelhälfte darüberklappen. Die Ränder nun mit dem Plattiereisen (Schnitzelklopfer) zart klopfend verschließen. Vorsichtig wie Wiener Schnitzel panieren. Fett (ca. 3 cm tief) erhitzen, Cordon bleu einlegen und auf jeder Seite ca. 3 Minuten goldbraun backen. Mit Backschaufel aus dem Fett heben, mit Küchenkrepp abtupfen.

GARUNGSDAUER: ca. 6 Minuten
BEILAGENEMPFEHLUNG: Erdäpfel-, Gurken-, Tomaten-, Mayonnaise- oder Blattsalat, Petersilerdäpfel

NATURSCHNITZEL

ZUTATEN FÜR 4 PORTIONEN
*600 g Kalbsschale oder
-fricandeau, pariert (zugeputzt)
3 EL Öl oder Butterschmalz
30 g Butter, kalt
Mehl*

*Salz
1,5–2 dl Wasser, brauner Fond
oder Suppe*

*Garnierung:
Zitronenspalten*

Schnitzel per Faltschnitt (oder bei Schale auch in einem Stück) portionieren (4 Schnitzel), an den Rändern leicht einschneiden. Mit Klarsichtfolie bedecken und zart mit dem Fleischklopfer plattieren (klopfen). Die Innenseite des Faltschnittes ist die „schöne" Seite. Schnitzel beidseitig salzen und mit der „schönen" Seite in Mehl tauchen, abschütteln, mit der Hand andrücken. In flacher Schnitzelpfanne Fett erhitzen, Schnitzel mit der bemehlten Seite nach unten einlegen. Goldbraun braten, wenden, auf dieser Seite ebenfalls bräunen. Schnitzel aus der Pfanne heben, überschüssiges Fett abgießen. Mit Wasser, Suppe oder braunem Fond aufgießen, etwas kochend reduzieren. Schnitzel mit der „schönen" Seite nach unten einlegen, kalte Butterflocken beigeben. Den Saft nun aromatisieren und „montieren", indem man die Pfanne kreisartig schwenkt, jedoch den Saft nicht mehr aufkochen läßt. 2–3 Minuten warm ruhen lassen. Die Schnitzel mehrmals wenden, anrichten, mit Saft übergießen.

GARUNGSDAUER: ca. 6 Minuten
BEILAGENEMPFEHLUNG: Reis, Risipisi, Erbsen, Karotten, engl. Gemüse
MEIN TIP: Besonders gut und schön werden die Schnitzel, wenn man diese noch einige Minuten warm im Saft liegen läßt.

KAISERSCHNITZEL

ZUTATEN FÜR 4 PORTIONEN
4 Kalbsschnitzel (Schale)
à 150 g
3 EL Öl oder Butterschmalz
20 g Kapern, gehackt
8 cl Schlagobers
8 cl Suppe oder brauner
Kalbsfond

3 EL Sauerrahm
Salz
Zitronensaft
Petersilie, gehackt
Zitronenschale, gerieben
1 TL Mehl, glatt
Mehl zum Bestauben

Schnitzel plattieren, Ränder einschneiden, salzen, eine Seite in Mehl tauchen. Gut abschütteln. Fett in flacher Pfanne erhitzen, Schnitzel mit bemehlter Seite nach unten einlegen, beidseitig braun braten, aus der Pfanne heben. Mehl einstauben, durchrühren, mit Suppe oder Fond ablöschen. Obers beigeben, einige Minuten kochen, seihen. Kapern, Zitronenschale und -saft sowie gehackte Petersilie untermengen, Schnitzel in die Sauce legen. Sauerrahm einrühren und unter mehrmaligem Wenden einige Minuten warm ziehen lassen.

GARUNGSDAUER: ca. 6 Minuten
BEILAGENEMPFEHLUNG: Erbsen- oder Schinkenreis, Blattsalat

Schweinefleischgerichte

GLACIERTES SCHWEINSKARREE
(*Schweinsbraten*)

ZUTATEN FÜR
6–8 PORTIONEN
2 kg Schweinskarree, Rückgrat
ausgehackt
5 EL Schweineschmalz oder Öl

Salz
Kümmel
Knoblauch, gepreßt
400 g Karreeknochen, gehackt
1 KL Mehl, glatt

Schweinskarree mit Salz, Knoblauch und Kümmel kräftig einreiben. Schmalz oder Öl in Bratenpfanne erhitzen, Knochen beigeben. Karree mit Außenseite nach unten auf die Knochen legen und ins Backrohr schieben. Von Zeit zu Zeit etwas Wasser untergießen. Braten öfter mit Bratensaft übergießen, nach halber Bratzeit wenden. Oberseite knusprig braun braten. Karree aus der Pfanne heben, warm stellen. Knochen rösten, bis das Wasser verdunstet ist. Etwas Mehl einstreuen, rösten, mit Wasser aufgießen. So lange kochen, bis richtige Konsistenz erreicht ist. Saft abseihen, Braten tranchieren.

BACKROHRTEMPERATUR: 220 °C fallend
GARUNGSDAUER: ca. 2 Stunden
BEILAGENEMPFEHLUNG: Reis, Semmel- oder Serviettenknödel, Sauerkraut, warmer Krautsalat, Gurkensalat

SCHWEINSRÜCKENFILET MIT DÖRRZWETSCHKENFÜLLE

ZUTATEN FÜR 6 PORTIONEN
800 g Schweinsrückenfilet, ausgelöst
80 g Faschiertes, gemischt
100 g Äpfel, geschält, entkernt (wenn möglich Boskop)
100 g Dörrzwetschken, ohne Stein
80 g Ochsenzunge, geräuchert, gekocht, geschält
¼ Semmel, eingeweicht
1 Ei
Salz
Pfeffer, schwarz, aus der Mühle
Majoran
3 EL Schweineschmalz oder Öl

Schweinsrückenfilet in der Mitte mit einem dünnen Messer fast durchstechen und zu einer geräumigen Tasche erweitern. Fleisch innen und außen salzen. Faschiertes, eingeweichte, faschierte Semmel, Ei sowie alle Gewürze vermischen. Äpfel und Zunge in grobe Würfel schneiden. Zwetschken, Zunge, Äpfel und Faschiertes vermengen, in die Öffnung des Filets füllen. Fleisch an der Öffnung vernähen (Spagat). Gefüllten Braten mit Fett bestreichen, in Bratenpfanne in das vorgeheizte Backrohr stellen. Öfter übergießen, einmal wenden. Aus der Pfanne heben. Den Bratensatz mit etwas Wasser lösen, reduzierend kochen, seihen. Fleisch tranchieren.

BACKROHRTEMPERATUR: 220 °C fallend
GARUNGSDAUER: ca. 70 Minuten
BEILAGENEMPFEHLUNG: Reis, englisches Gemüse, Spritzerdäpfel
MEIN TIP: Die Fülle kann wahlweise variiert werden, indem man etwa Pistazien oder Pinienkerne untermengt. Auch Kletzen (Dörrbirnen) wären eine passende Einlage. Kann zum kalten Buffet gereicht werden.

GEBRATENE SCHWEINSSTELZE

Zutaten für 4 Portionen
2 hintere Stelzen
Salz
Kümmel

Knoblauch, gepreßt
3 EL Schweineschmalz oder Öl
½ kg Schweinsknochen, nach
Möglichkeit

Salz-Kümmel-Wasser aufkochen, gewaschene Stelzen einlegen und ca. 30 Minuten kochen. Stelzen aus dem Sud heben. Schwarten quer zur Fleischfaser einschneiden (schröpfen). Pfanne mit Schmalz ausstreichen, eventuell kleingehackte Schweinsknochen einlegen. Stelzen mit Salz, Kümmel und gepreßtem Knoblauch kräftig einreiben, in der Pfanne unter wiederholtem Begießen und einmaligem Wenden braten.

BACKROHRTEMPERATUR: 220 °C fallend
GARUNGSDAUER: ca. 2–2½ Stunden
BEILAGENEMPFEHLUNG: Sauerkraut, warmer Krautsalat, Servietten- oder Semmelknödel
MEIN TIP: Ausgezeichnet geraten Stelzen am Spieß gebraten, wobei auch hier das Ankochen und Schröpfen notwendig ist.

GLACIERTER BEINSCHINKEN

Zutaten für 8 Portionen
3½ kg Beinschinken
(Spanferkel), gegart (!)

2 EL Kristallzucker oder
3 EL Ahornsirup

Schwarte des Schinkens vorsichtig ablösen. Fettschicht darf nicht verletzt werden! Schlußknochen auslösen oder bereits vom Fleischhauer auslösen lassen. Oberseite mit Zucker bestreuen oder mit Sirup bestreichen. Schinken auf Gitterrost legen, unterhalb die Fettauffangtasse (mit Wasser gefüllt) bereitstellen. Beides in das sehr stark erhitzte Backrohr einsetzen. Die Färbung entsteht in der ersten halben Stunde. Hitze auf 90 °C reduzieren, nicht übergießen. Schinken bei Tisch tranchieren.

BACKROHRTEMPERATUR: 250 °C, nach ca. 20 Minuten 90 °C

GARUNGSDAUER: ca. 2½ Stunden
BEILAGENEMPFEHLUNG: Erdäpfelpüree, Selleriepü-
ree, Zuckererbsen, Erbsenschoten, Broccoli, Madeirasauce, Blattsalate
MEIN TIP: Wird der Schinken an der Oberseite mit Gewürznelken in kurzen Abständen gespickt, so sieht das
Gericht noch attraktiver aus und schmeckt hervorragend.

BEINSCHINKEN IN BROTTEIG

ZUTATEN FÜR
8–10 PORTIONEN
*1 Spanferkel- oder
Jungschweinsschinken, ca.
3½ kg*

*3½ kg Mischbrotteig (beim
Bäcker erhältlich)
Wasser zum Bestreichen*

Schinken von Schwarte und Schlußknochen befreien. Teig
ausrollen und Schinken darin einwickeln (einschlagen). Der
Verschluß des Teiges soll an der Unterseite sein. Mit kaltem
Wasser bestreichen. Im vorgeheizten Backrohr backen; öfter
mit Wasser bestreichen. Temperatur laufend reduzieren, die
letzte Stunde nur mehr warm ziehen lassen. Kruste mit Säge-
messer anritzen, mit glattem Messer tranchieren.

BACKROHRTEMPERATUR: 240 °C fallend
GARUNGSDAUER: ca. 3½ Stunden
BEILAGENEMPFEHLUNG: Sauerkraut
MEIN TIP: Dieses typische Ostergericht kann auch – mit
Kren und harten Eiern garniert – als kalte Speise gereicht
werden. Ist kein Beinschinken erhältlich, so kann Teilsa-
mes (oder Rollschinken) verwendet werden.

SCHWEINSJUNGFER IN KOHL

ZUTATEN FÜR 4 PORTIONEN
*400 g Schweinsjungfer
(Lungenbraten), pariert
(zugeputzt), Mittelstücke
100 g Schweinefleisch
(Fleischabschnitte), sehnenfrei
½ Weißbrotscheibe
1 Ei*

*150 g Duxelles (s. S. 122)
8 Kohlblätter
Salz
Pfeffer, schwarz, aus der Mühle
Knoblauch, gepreßt
Schweinsnetz
Öl zum Braten*

Fleisch salzen, pfeffern, mit Knoblauch einreiben. In wenig heißem Öl allseitig braun anbraten, auf Rost legen und überkühlen lassen. Fleischabschnitte mit eingeweichtem Weißbrot fein faschieren oder im Blitzschneider zu Farce verarbeiten. Duxelles, Ei und Faschiertes gut abrühren. Kohlblätter in siedendem Salzwasser kurz knackig überkochen und sofort in kaltes Wasser legen, abfrischen, abtrocknen, dicke Adern herausschneiden. Kräftig salzen und pfeffern. Gewässertes Netz trocken auflegen, in passende Stücke teilen und jeweils im Zentrum ganz wenig Farce aufstreichen. Kohlblätter auflegen, mit Farce bedecken. Schweinsjungfern daraufgeben, straff einrollen, Enden abdrehen (schneiden). Außen zart würzen. Wenig Öl in flacher Pfanne erhitzen, Jungfern allseitig braun anbraten, im vorgeheizten Backrohr unter wiederholtem Wenden fertigbraten. Das Fleisch soll innen zartrosa bleiben. Aus der Pfanne heben, einige Minuten warm rasten lassen, aufschneiden. Bratensatz mit Wasser lösen, reduzierend kochen, abseihen.

BACKROHRTEMPERATUR: ca. 220 °C fallend
GARUNGSDAUER: ca. 35 Minuten
BEILAGENEMPFEHLUNG: Zwiebel- oder Petersilerdäpfel, Reis, engl. Gemüse

Gefüllte Kalbsbrust (s. S. 165)

Wiener Schnitzel (s. S. 169)

SCHWEINSKOTELETT MIT BIER-KÜMMEL-SAUCE

ZUTATEN FÜR 4 PORTIONEN
4 Schweinskoteletts à 220 g
3 EL Schweineschmalz oder Öl
6 cl Bier
1 KL Mehl, glatt

15 cl Suppe oder brauner Fond
Salz
Knoblauch, gepreßt
Kümmel, ungemahlen
30 g Butter zum Montieren
Mehl zum Bestauben

Koteletts an den Rändern leicht einschneiden, zart plattieren (klopfen), salzen, mit gepreßtem Knoblauch einreiben, mit Kümmel kräftig bestreuen. Einseitig in Mehl tauchen, gut abschütteln. Fett in Pfanne erhitzen, Koteletts mit der bemehlten Seite nach unten einlegen, braun braten, wenden, Hitze reduzieren. Koteletts aus der Pfanne heben, Mehl einstauben, kurz bräunen, mit Bier ablöschen, verrühren. Bratensatz lösen, Fond oder Suppe zugießen, etwas Kümmel einstreuen, durchkochen, abseihen. Kalte Butterstücke mit schwingender Bewegung einrühren (montieren). Koteletts in die Sauce einlegen, mehrmals wenden, nicht kochen! Einige Minuten lauwarm ruhen lassen. Anrichten, mit Sauce überziehen.

GARUNGSDAUER: ca. 5 Minuten, 3 Minuten rasten
BEILAGENEMPFEHLUNG: Zwiebelerdäpfel, Kohlsprossen, Hopfensprossen, Fisolen, Bohnen
MEIN TIP: Die Schweinskoteletts werden aromatischer, wenn man sie vorher einige Stunden mit Kümmel, Knoblauch und etwas Öl mariniert. Dies gilt auch, wenn man sie am Rost brät.

BAUERNKOTELETT *(Foto Seite 187)*

ZUTATEN FÜR 4 PORTIONEN

4 Schweinskoteletts à 220 g
300 g Erdäpfel, speckig, roh
80 g Zwiebeln
100 g Champignons
100 g Frühstücksspeck
Salz

Kümmel
Knoblauch
¼ l Suppe
5 EL Schweineschmalz oder Öl
Mehl zum Bestauben
Petersilie, gehackt

Schweinskoteletts zart plattieren (klopfen), Ränder leicht einschneiden, würzen, in Mehl wenden. 3 EL Fett in Pfanne erhitzen, Schweinskoteletts beidseitig braun anbraten, mit Suppe ablöschen. In Kasserolle geben, zugedeckt dünsten (ca. 30 Minuten). Speck, Zwiebeln und Erdäpfel gesondert in grobe Würfel schneiden. Champignons sechsteln. Restliches Fett erhitzen, Speck anrösten, Zwiebeln beigeben, glasig anschwitzen. Erdäpfel und Champignons untermengen, würzen, durchschwingen. Zu den Schweinskoteletts geben. Flüssigkeit korrigieren. Zusammen noch etwa 13 Minuten dünsten. Anrichten, mit gehackter Petersilie bestreuen.

GARUNGSDAUER: ca. 45 Minuten
BEILAGENEMPFEHLUNG: Blatt- oder Gurkensalat

SCHWEINSFILET MIT BUTTERKÄSE ÜBERBACKEN

ZUTATEN FÜR 4 PORTIONEN

600 g Schweinslungenbraten oder Schlegelteile (8 Filets)
160 g Butterkäse (8 Scheiben)
120 g Schinken (8 Scheiben)
2 EL Butterschmalz oder Öl
30 g Butter zum Montieren

Mehl, glatt
1,5 dl Suppe, Wasser oder brauner Fond
Salz
Kümmel
Butter zum Bestreichen

Fleisch zart und nicht zu dünn plattieren (klopfen). Salzen, mit einer Seite in Mehl tauchen, gut abschütteln. Fett erhitzen, Fleisch mit der bemehlten Seite nach unten einlegen, braun braten, wenden, ebenfalls bräunen, aber nicht durchbraten. Fleisch auf ein gebuttertes Backblech legen. Auf jedes Filet je eine Schinkenscheibe legen, mit Käse bedecken, mit

Kümmel bestreuen. Bei extremer Oberhitze überbacken, bis der Käse schmilzt. Bratensatz mit Mehl bestauben, kurz bräunend durchrösten, mit Wasser, Suppe oder Fond aufgießen, durchkochen, seihen. Kalte Butterstücke einrühren. Saft auf Teller oder Platte gießen, Filets daraufsetzen.

GARUNGSDAUER: inkl. Überbacken ca. 8 Minuten
BEILAGENEMPFEHLUNG: Blattspinat, Spinatstrudel, Kohlsprossen, Bäcker- oder Zwiebelerdäpfel, Erdäpfellaibchen
MEIN TIP: Der Schinken-Käse-Belag paßt auch hervorragend zu Kalbsfilets, die allerdings nicht mit Kümmel gewürzt werden.

SZEGEDINER GULASCH

ZUTATEN FÜR 4 PORTIONEN
¾ kg Schweinsschulter, ausgelöst
4 EL Schweineschmalz oder Öl
80 g Zwiebeln
15 g Paprikapulver, edelsüß
½ kg Sauerkraut (gewässert)
Salz
Pfeffer, schwarz
Knoblauch, gepreßt
Kümmel
Lorbeerblatt
10 g Mehl, glatt
⅛ l Sauerrahm
¾ l Suppe oder Wasser

Schweinsschulter in ca. 3 cm große Würfel schneiden. Kleingeschnittene Zwiebeln in Schmalz (Öl) anlaufen lassen, Paprika einstreuen, sofort mit etwas Wasser ablöschen. Fleisch salzen, beigeben, Wasser oder Suppe untergießen. Zugedeckt 45 Minuten dünsten. Sauerkraut, Kümmel, Pfeffer, Lorbeerblatt sowie Knoblauch hinzufügen, gemeinsam garen. Nach Bedarf Flüssigkeit ergänzen. Mehl mit Sauerrahm versprudeln, zügig unter das Krautfleisch rühren. Lorbeerblatt entfernen.

GARUNGSDAUER: 80–90 Minuten
BEILAGENEMPFEHLUNG: Salz- oder Kümmelerdäpfel

STEIRISCHES WURZELFLEISCH
(*Krenfleisch*)

ZUTATEN FÜR 4 PORTIONEN
1 kg Schweinefleisch
(Bauchfleisch oder Schulter),
ohne Knochen
300 g Wurzelwerk (Karotten,
gelbe Rüben, Sellerieknolle)
100 g Zwiebeln
1 Lorbeerblatt

10 Pfefferkörner
2 Knoblauchzehen
Thymianstrauß
½ l Wasser
Salz
Essig
Krenwurzel zum Reiben
Petersilie, gehackt

Schweinefleisch waschen, in grobe Stücke (Würfel) teilen. Gewürze in ein Leinensäckchen einbinden. Wurzelwerk schälen, in grobe Streifen, Zwiebeln in halbierte Scheiben schneiden. Fleisch mit Gewürzen, Essig und Wasser in passendem Topf zustellen. Wenn das Fleisch fast gegart ist, Wurzelwerk und Zwiebeln beigeben. Flüssigkeit bei Bedarf ergänzen. Gemeinsam weichkochen. Gewürzsäckchen entfernen. Das Gericht in einer Schüssel mit etwas Suppe auftragen. Mit gerissenem Kren und Petersilie bestreuen.

GARUNGSDAUER: 80–90 Minuten
BEILAGENEMPFEHLUNG: Salz- oder Kümmelerdäpfel
MEIN TIP: Geviertelte speckige Erdäpfel, die während der letzten 20 Minuten mitgekocht werden, machen das Gericht noch nahrhafter.

LAMMKEULE MIT KRÄUTERN GEBRATEN

ZUTATEN FÜR 4 PORTIONEN
1 Lammkeule
4 EL Olivenöl
Salz
Pfeffer, schwarz, aus der Mühle

Thymian
Knoblauch
Rosmarin
¼ l Suppe oder brauner
Lammfond

Keule leicht parieren (zuputzen), Schlußknochen auslösen. Keule mit Öl einstreichen, mit frischen oder getrockneten Kräutern einreiben. Einige Stunden ziehen lassen, salzen, pfeffern. Keule in Bratenpfanne geben, etwas Wasser untergießen, ungeschälten, zerdrückten Knoblauch beigeben. Bei forcierter (starker) Hitze im vorgeheizten Backrohr braten. Öfter begießen, nach 30 Minuten wenden, bräunen, Hitze reduzieren. Fleisch soll innen rosa bleiben (Nadelprobe). Keule aus der Pfanne heben, Bratensatz kurz rösten, mit Suppe oder Fond aufgießen, reduzierend auf gewünschte Konsistenz kochen, seihen. Fleisch in Tranchen schneiden.

BACKROHRTEMPERATUR: 220 °C fallend
GARUNGSDAUER: ca. 1 Stunde
BEILAGENEMPFEHLUNG: Gratin- oder Zwiebelerdäpfel, Fisolen, Fenchel, gefüllte Tomaten oder Kohlrabi, Kohlsprossen
MEIN TIP: Wird die Keule vor dem Braten ausgelöst und gebunden, so läßt sie sich leichter tranchieren.

GESCHMORTE LAMMSCHULTER

ZUTATEN FÜR 4 PORTIONEN
1 kg Lammschulter, ausgelöst
4 EL Olivenöl
300 g Karotten, geschält
200 g Schalotten (oder
Zwiebeln)
150 g Frühstücksspeck
400 g Erdäpfel, speckig, roh,
geschält

Salz
Pfeffer
Knoblauch
Thymian
Rosmarin
Suppe oder Wasser zum
Untergießen

Lammschulter kräftig mit Gewürzen einreiben, mit Spagat straff binden. Öl in viereckiger Bratenpfanne erhitzen, Schulter einlegen, in das vorgeheizte Backrohr schieben und unter ständigem Übergießen braten. Von Zeit zu Zeit etwas Suppe oder Wasser untergießen. Schalotten schälen, Karotten in grobe Würfel, Speck in 5 mm große Würfel schneiden. Erdäpfel vierteln oder achteln. Den Braten wenden, glacierend braten, wenden. Nach etwa 55 Minuten Speck beigeben, braten, Schalotten, Karotten und Erdäpfel hinzufügen und gut mischen. Alles gemeinsam mit der Schulter fertiggaren, dabei ständig Suppe oder Wasser untergießen. Spagat entfernen, Schulter aufschneiden. Fleisch mit Gemüse, Erdäpfeln und Saft auftragen.

BACKROHRTEMPERATUR: ca. 200 °C
GARUNGSDAUER: ca. 1½ Stunden

LAMMRAGOUT MIT WEISSEN BOHNEN

ZUTATEN FÜR 4 PORTIONEN
900 g Lammschulter, ausgelöst
300 g Bohnen, weiß, gekocht
80 g Frühstücksspeck
100 g Zwiebeln
1 EL Tomatenmark
4 EL Olivenöl
Salz
Pfeffer, schwarz, aus der Mühle

Knoblauch, gepreßt
Rosmarin
Thymian
½ Lorbeerblatt
⅛ l Rotwein
Suppe zum Untergießen
10 g Mehl, glatt
Petersilie, gehackt

Fleisch wie für Gulasch in Würfel schneiden, mit Salz, Pfeffer und Thymian würzen. Öl in Kasserolle erhitzen, Fleisch allseitig braun anbraten, aus der Pfanne heben. Kleinwürfelig geschnittenen Speck beigeben, rösten, kleingeschnittene Zwiebeln hinzufügen, glasig sautieren, Tomatenmark mitrösten, mit Rotwein ablöschen. Fleisch und restliche Gewürze beigeben, mit Mehl bestauben, durchrühren, mit Suppe bedecken. Zugedeckt dünsten. Knapp vor Garungsende gekochte Bohnen beigeben und mitdünsten. Anrichten, mit gehackter Petersilie bestreuen.

GARUNGSDAUER: ca. 80 Minuten
BEILAGENEMPFEHLUNG: Dampferdäpfel, Minzschupfnudeln

LAMMKOTELETTS IN ERDÄPFELKRUSTE

ZUTATEN FÜR 4 PORTIONEN
12 Lammkoteletts à 60 g,
pariert (zugeputzt)
350 g Erdäpfel, speckig, roh,
geschält
2 Eier
Salz

Knoblauch, gepreßt
Thymian
Pfeffer, schwarz, aus der Mühle
Rosmarin
Öl zum Backen
Mehl

Lammkoteletts an den Rändern einschneiden, kräftig würzen, in Mehl wenden, durch verschlagenes Ei ziehen. Erdäpfel in feinste Streifen schneiden, gut ausdrücken, mit Salz, Knoblauch und Pfeffer würzen. Erdäpfelstreifen auf beiden Seiten an das Fleisch pressen. Öl 5 mm tief in eine Pfanne (Teflon) eingießen, erhitzen, Koteletts vorsichtig einlegen, langsam braten. Wenden, fertigbraten. Die Erdäpfelkruste soll knusprig und braun, das Fleisch innen rosa sein.

GARUNGSDAUER: ca. 10 Minuten
BEILAGENEMPFEHLUNG: Ratatouille, Kohlsprossen, Fenchel, Fisolen, Broccoli

LAMMKARREE IN KRÄUTERKRUSTE

ZUTATEN FÜR 4 PORTIONEN
*1 kg Lammkarree, ohne
Rückgrat
3 EL Olivenöl
Salz
Pfeffer, schwarz, aus der Mühle
Thymian
Rosmarin
Estragonsenf oder angerührtes
engl. Senfpulver*

*Kruste:
70 g Butter
60 g Weißbrot, ohne Rinde
gerieben
1 Eidotter
1 EL Kräuter, gemischt,
gehackt (Estragon, Thymian,
Minze, Petersilie)
Salz
Pfeffer, weiß
Knoblauch*

Zugeputztes Lammkarree kräftig würzen, beidseitig in wenig heißem Öl anbraten. In das vorgeheizte Backrohr stellen. Einmal wenden, öfter begießen. Gegartes Karree aus dem Rohr nehmen, 5 Minuten warm rasten lassen. Bratenrückstand mit Wasser lösen, reduzierend kochen, seihen. Rücken dünn mit Senf bestreichen und Kruste daraufpressen. Bei extremer Oberhitze kurz knusprig überbacken. Karree vorsichtig tranchieren.
Kruste: Butter schaumig rühren, Dotter, Gewürze und Kräuter untermengen. Brösel einkneten. Händisch einen langen, rechteckigen Fladen formen.

BACKROHRTEMPERATUR: 220 °C fallend
GARUNGSDAUER: inkl. Gratinieren ca. 25–30 Minuten
BEILAGENEMPFEHLUNG: Lammsaft, Gratin- oder Zwiebelerdäpfel, Ratatouille, gebratene oder gefüllte Melanzani, Fisolen, Tomaten, Fenchel, Kohlsprossen, Lauchkuchen

Bauernkotelett (s. S. 180)

PRÄPARIEREN VON INNEREIEN
(Rezepte s. S. 64, 189 ff)

Bries in kaltem Wasser gut auswässern.

In aromatisiertem Wasser pochieren.

Wiederholt Wasser wechseln, abfrischen, Häute abziehen.

Hirn in kaltes Wasser legen, Hirnhaut abziehen.

Dünne Deckhaut der Kalbsleber vorsichtig entfernen.

Kalbsherz mit Speckstreifen spicken.

Kalbsniere für Spieße in Scheiben schneiden.

Oder Kalbsniere vom Harnstrang befreien.

So streift man eine Kalbsmilz aus.

Bei Gänseleber mit Messer die Nerven herausziehen.

Gekochte Kutteln in feine Streifen schneiden.

Gekochte Zunge abfrischen, Haut abziehen.

GERÖSTETE LEBER

Z<small>UTATEN FÜR</small> 4 P<small>ORTIONEN</small>
700 g Kalbs- oder Schweins-
leber, ohne Haut und
Nervenstränge
120 g Zwiebeln
8 EL Öl

Salz
Pfeffer, schwarz, gemahlen
Majoran
Essig
eventuell Mehl zum Stauben
¼ l Suppe oder brauner Fond

Leber in messerrückendicke, ca. 4 cm lange Scheiben schneiden, kräftig würzen. Zwiebeln feinwürfelig oder in Scheiben schneiden. 4 EL Öl erhitzen, Zwiebeln lichtbraun rösten. (Wenn molliger Saft gewünscht wird, leicht mit Mehl stauben, durchrühren.) Mit Suppe oder Fond aufgießen, 4 Minuten kochen lassen. In Bratpfanne restliches Öl erhitzen, Leber beigeben, unter Rühren zart braun rösten.
Die Leber soll innen zartrosa bleiben. Leber zum Zwiebelansatz geben, heiß, aber nicht kochend durchrühren. Mit Essig pikant abschmecken. Um noch molligeren Saft zu erhalten, kann man dem Gericht noch ca. 30 g kalte Butterstücke schwenkend untermengen oder versprudelten Sauerrahm unterrühren.

GARUNGSDAUER: ca. 8 Minuten
BEILAGENEMPFEHLUNG: Reis
MEIN TIP: Geröstete Kalbs- oder Schweinsnieren (Saure Nierndln) werden nach derselben Art zubereitet, wobei die Nieren vorher kalt gewässert werden müssen. Salzen Sie Innereien immer erst im letzten Moment oder nach dem Rösten. Verfeinern kann man das Gericht, indem man geschlagenes Obers, Sauerrahm oder Crème fraîche unterrührt.

GEBACKENES HIRN

ZUTATEN FÜR 4 PORTIONEN
*700 g Kalbs- oder
Schweinshirn, enthäutet*
2 Eier
Mehl
Semmelbrösel

Salz
Pfeffer, weiß, aus der Mühle
Öl zum Backen

Garnierung:
Zitronenspalten
Krauspetersilie

Hirn rundum mit Salz und Pfeffer kräftig würzen. In 5 cm große Stücke teilen oder im Ganzen belassen. In Mehl wälzen, durch verschlagenes Ei ziehen, in Bröseln wälzen und in heißem Öl schwimmend beidseitig goldbraun und knusprig backen. (Nadelprobe – Nadel muß rein bleiben!) Mit Zitronenspalten und Krauspetersilie garniert anrichten.

> GARUNGSDAUER: ca. 12 Minuten, je nach Größe der Stücke
> BEILAGENEMPFEHLUNG: Sauce tartare, naturbelassene Blatt- und Gemüsesalate, Erdäpfel- oder Mayonnaisesalat
> MEIN TIP: Gebackenes Bries bereitet man ebenso zu, wobei das Bries allerdings vorher kurz blanchiert (überkocht) werden sollte und eine kürzere Backzeit benötigt.

GERÖSTETES HIRN MIT EI

ZUTATEN FÜR 4 PORTIONEN
*700 g Kalbs- oder
Schweinshirn, enthäutet*
60 g Butterschmalz
60 g Zwiebeln, feingeschnitten

4 Eiklar
4 Eidotter
1 EL Petersilie, gehackt
Salz
Pfeffer, weiß, aus der Mühle

Hirn grob hacken, mit Salz und Pfeffer würzen. Schmalz erhitzen, Zwiebeln hellbraun rösten, Hirn beigeben. Weiterrösten, aber ohne viel zu rühren, wenden (am besten im heißen Backrohr bei 220 °C rösten). Nach vollendeter Garung und Braunfärbung gesalzenes Eiklar unterrühren, rösten, Petersilie untermengen. In tieferen Tellern oder Schüsseln anrichten. In der Mitte eine kleine Grube bilden, jeweils ein Eidotter einsetzen, mit Petersilie bestreuen. Die Dotter werden dann bei Tisch eingerührt.

GARUNGSDAUER: ca. 10 Minuten
BEILAGENEMPFEHLUNG: Petersilerdäpfel, Blatt-, Tomaten- oder Gurkensalat
MEIN TIP: Man kann Eidotter und -klar jedoch auch gemeinsam einrühren und rösten. Allerdings kann auf die Eierzugabe auch gänzlich verzichtet werden, wodurch sich der Rohgewichtsanteil an Hirn um etwa 200 g erhöht. Geröstetes Hirn kann man auch auf getoastete Weiß- oder Schwarzbrotscheiben streichen und mit einem Spiegelei belegen. Eine andere schmackhafte Variante sind Kräuterpalatschinken, die mit Blattspinat und geröstetem Hirn gefüllt und mit Sauce hollandaise überzogen gebacken werden.

GESPICKTES RAHMHERZ

ZUTATEN FÜR 4 PORTIONEN
800 g Kalbsherz
100 g Spickspeck
80 g Zwiebeln
100 g Wurzelwerk (Karotte, Petersilwurzel, Sellerie)
4 EL Öl
1 KL Tomatenmark
5 dl Suppe oder brauner Kalbsfond

1 dl Sauerrahm
10 g Mehl
Zitronenzeste (Schale)
Salz
6 Pfefferkörner
Pfeffer, weiß, gemahlen
½ Lorbeerblatt
Petersilie, gehackt

Herz halbieren, gut waschen, abtrocknen (Küchenkrepp). Speck in dünne Streifen schneiden, das Herz spicken, mit Pfeffer und Salz würzen. Öl in Kasserolle erhitzen, Herz an allen Seiten forciert (kräftig) braun anbraten. Wurzelwerk schälen, waschen und ebenso wie Zwiebeln in 1 cm große Würfel schneiden. Herz aus der Kasserolle heben, Zwiebeln und Wurzelwerk rösten. Tomatenmark beigeben, weiterrösten und mit Suppe oder Fond aufgießen. Lorbeerblatt, Pfefferkörner sowie etwas Zitronenzeste untermengen. Herz wieder in die Kasserolle geben. Zugedeckt am Herd oder im Backrohr dünsten. Flüssigkeit nach Bedarf ergänzen. Wenn das Herz weich ist, aus der Kasserolle heben. Sauerrahm mit Mehl vermengen und zügig mit der Schneerute unter die

Sauce rühren. Einmal aufkochen, säuerlich pikant abschmecken. Sauce fein passieren, Herz in gefällige Stücke schneiden und in der Sauce ziehen lassen. Mit Petersilie bestreuen.

GARUNGSDAUER: ca. 1¾ Stunden
BEILAGENEMPFEHLUNG: Bandnudeln
MEIN TIP: Die Sauce läßt sich mit etwas gehackten Kapern, Obers und Zitronensaft noch verfeinern.

GEKOCHTER KALBSKOPF

ZUTATEN FÜR
4–6 PORTIONEN
½ Kalbskopf, ohne Hirn
(ca. 3 kg)
6 l Wasser
200 g Wurzelwerk (Karotte,
Sellerie, Petersilwurzel)

1 Lauch
150 g Zwiebeln, halbiert
1/16 l Essig
Salz
1 Lorbeerblatt
8 Pfefferkörner
1 Thymianstrauß

Kalbskopf reinigen und einige Stunden in kaltem Wasser auswässern. Mit Wasser bedecken, Essig, Gewürze, Zwiebeln, geschältes Wurzelwerk und Lauch beigeben. Aufkochen lassen, Schaum stets abschöpfen, bei Bedarf Wasser ergänzen. Wenn sich das Kalbskopffleisch bis an den Knochen leicht durchdrücken läßt, ist es gar. Kalbskopf aus dem Sud heben, in kaltes Wasser legen, Fleisch vom Kopfknochen lösen. Haut der Zunge mit den Fingern abziehen. Zuparieren (zuputzen) und in beliebig große Stücke schneiden. Den Sud stark reduzierend kochen, abseihen und dann die geschnittenen Kopfstücke darin aufkochen. Kalt gestellt (die Flüssigkeit wird zu Gelee) kann man den Kopf einige Tage bei guter Kühlung problemlos lagern. 3 kg Kalbskopf ergeben ca. 1 kg gekochten Kalbskopf ohne Knochen.

GARUNGSDAUER: ca. 2 Stunden
MEIN TIP: Wird der Kalbskopf sofort, also heiß serviert, so wird er mit – im Sud – knackig gekochtem Wurzelwerk angerichtet und obenauf mit gerissenem Kren und gehackter Petersilie bestreut.

KALBSBEUSCHEL

ZUTATEN FÜR 4 PORTIONEN
900 g Kalbslunge
½ Kalbsherz
½ Zwiebel
150 g Wurzelwerk (Sellerie,
Karotte, gelbe Rübe)
1 Lorbeerblatt
5 Pfefferkörner
Thymiansträußchen
Salz
2 l Wasser

Für die Sauce:
4 EL Öl

30 g Mehl, glatt
40 g Zwiebeln
60 g Essiggurken
20 g Kapern
1 cl Essig 7,5%ig
10 g Sardellenpaste
3 EL Sauerrahm
Senf
Salz
Pfeffer, weiß
Majoran
Zitronensaft
Zitronenschale, gerieben
Gulaschsaft (sofern vorhanden)

Beuschel ohne Luft- und Speiseröhre gut in kaltem Wasser
wässern. Die Lunge mehrmals mit der Messerspitze anstechen, damit der Sud eindringen kann. Lunge und Herz mit
Wasser, Wurzelwerk, halber Zwiebel und Gewürzen zustellen.
Zugedeckt langsam kochen, nach halber Kochzeit die Lunge
wenden. Lunge aus dem Sud heben, im kalten Wasser abkühlen. Das Herz benötigt eine längere Garungszeit, ebenfalls
im Wasser überkühlen. Den Sud seihen, reduzierend kochen.
Gut durchgekühlte Lunge und Herz zuerst in dünne Blätter,
dann in feine Streifen schneiden. Zwiebeln, Kapern und
Gurken sehr fein hacken. Öl erhitzen, Mehl darin dunkelbraun rösten, das Feingehackte beigeben, etwas rösten, mit
Sud aufgießen.
Mit einer Schneerute glattrühren, ca. eine halbe Stunde zu
einer molligen Sauce verkochen, Beuschelstreifen, Essig,
Rahm und Restgewürze beigeben. Heiß ca. 20 Minuten ziehen lassen. Anrichten und mit etwas Gulaschsaft beträufeln.

GARUNGSDAUER: ca. 1½ Stunden
BEILAGENEMPFEHLUNG: Servietten- oder Semmelknödel
MEIN TIP: Mit Beuschelsud verdünnt, kann man es auch
als Beuschelsuppe auftragen.

KALBSBRIES MIT KAPERNSAUCE

ZUTATEN FÜR 4 PORTIONEN
500 g Kalbsbries, blanchiert
12 Kapern
3 EL Butterschmalz
Salz
Pfeffer, weiß

8 cl Suppe oder brauner
Kalbsfond
30 g Butter, kalt
Petersilie
Mehl, glatt
Butter zum Anbraten

Bries in kleine Röschen teilen. Kräftig mit Salz und Pfeffer würzen, mit Mehl leicht bestäuben. Butterschmalz erhitzen, Bries rundum zart bräunend braten, innen saftig halten. Aus der Pfanne heben, etwas Butter beigeben, bräunen. Gehackte Kapern in die Pfanne geben, kurz anschwitzen, mit Suppe oder Fond aufgießen, reduzierend kochen, kalte Butterstücke einrühren. Bries anrichten, mit Kapernsaft übergießen und mit Petersilie bestreuen.

GARUNGSDAUER: ca. 4 Minuten, je nach Größe der Röschen
BEILAGENEMPFEHLUNG: Nudeln, Erdäpfel, Reis, engl. Gemüse
MEIN TIP: Je nach Geschmack kann man den Saft auch mit etwas Zitronensaft pikant abschmecken.

GEFÜLLTE NIERE IN KOHL GEWICKELT

ZUTATEN FÜR 4 PORTIONEN

2 Kalbsnieren
200 g Kalbfleisch
(Fleischabschnitte)
20 g Weißbrot
40 g Zwiebeln oder Schalotten
2 EL Öl
1 Ei
4–6 Kohlblätter

1 EL Petersilie, gehackt
Salz
Pfeffer
Majoran
etwas Natron
1 dl Suppe oder brauner Fond
30 g Butter zum Montieren
Schweinsnetz
Mehl

Nieren vom Fett befreien (händisch abziehen) und mittels Längsschnitt aufklappen. Harnstränge herausschneiden, würzen. Kalbfleisch mit eingeweichtem Weißbrot faschieren. Feingeschnittene Zwiebeln in Öl licht anrösten, überkühlen. Faschiertes, Ei, Gewürze, Petersilie und Zwiebeln gut vermengen. Kohlblätter in mit Natron versetztem kochenden Salzwasser blanchieren (kernig kochen), in Eiswasser abfrischen, abtrocknen, Rippen ausschneiden, salzen und pfeffern. Kohlblätter auf Folie in Länge der beiden Nieren auflegen. Mit Farce bestreichen, Nieren drauflegen, nochmals mit Farce bedecken, einrollen. Netz kalt wässern, abtrocknen, in notwendiger Größe aufbreiten, zart mit Farce bestreichen, Niere straff darin einrollen, mit Spagat binden. In mit Öl ausgestrichener Bratenpfanne in das vorgeheizte Rohr schieben. Forciert (kräftig) braten, nach Bräunung wenden, Temperatur drosseln. Niere aus der Pfanne nehmen. Bratrückstand mit etwas Mehl stauben, bräunen, mit Fond oder Suppe aufgießen, reduzierend kochen, seihen. Kalte Butterstücke einrühren. Spagat entfernen, Niere aufschneiden, Saft untergießen.

BACKROHRTEMPERATUR: 220 °C fallend
GARUNGSDAUER: ca. 35 Minuten
BEILAGENEMPFEHLUNG: Zwiebelerdäpfel, Erdäpfelpüree, engl. Gemüse
MEIN TIP: An Stelle von Kohlblättern können auch marinierte Weinblätter verwendet werden; der Fülle kann man Pinienkerne oder Nüsse beigeben.

KUTTELN IN WEISSWEINSAUCE

ZUTATEN FÜR 4 PORTIONEN
1½ kg Kutteln, roh (ergibt ca.
700 g geputzte, gekochte
Kutteln)
150 g Wurzelwerk, gemischt
½ Zwiebel
Salz
Lorbeerblatt, Pfefferkörner
Thymian
50 g Zwiebeln
⅛ l Weißwein

4 cl Vermouth
4 cl Sherry, dry
5 dl Schlagobers, davon
1 dl geschlagen
2 Tomaten
Pfeffer, weiß
Petersilie, gehackt
Estragon, gehackt
Saft von ½ Zitrone
Zucker

Kutteln putzen (oder bereits vom Fleischhauer putzen lassen), gut kalt waschen. Lorbeer, Pfefferkörner und Thymian
in ein Leinensäckchen binden. Kutteln, mit reichlich Wasser
bedeckt, gemeinsam mit Gewürzen, halber Zwiebel und Wurzelwerk 4 Stunden kochen. Einige Male das Wasser wechseln. Kutteln in feine Streifen schneiden. Alkoholika und
kleingeschnittene Zwiebeln ankochen, reduzieren (nicht zugedeckt kochen), Obers beigeben, abermals reduzieren. Kutteln untermengen. Die Flüssigkeit muß so lange kochend reduziert werden, bis eine sämige Sauce entsteht. Zum Schluß
geschälte, entkernte, feingewürfelte Tomaten, Gewürze und
Kräuter einrühren. Nochmals aufkochen, geschlagenes
Obers unterrühren.

GARUNGSDAUER: ca. 5 Stunden
BEILAGENEMPFEHLUNG: Petersil- oder Kerbelerd-
äpfel, Briochesoufflé

FASCHIERTES *(Grundmasse)*

ZUTATEN FÜR 6 PORTIONEN
1 kg Rind- und
Schweinefleisch, gemischt
2 Semmeln oder 4 Scheiben
Weißbrot
90 g Zwiebeln, feingeschnitten
4 EL Butterschmalz oder Öl

2 Eier
Salz
Pfeffer, schwarz, aus der Mühle
Majoran
Knoblauch, gepreßt
60 g Semmelbrösel
Petersilie, gehackt

Das Fleisch faschieren oder beim Fleischhauer faschieren lassen. Semmeln oder Weißbrot in Wasser einweichen, auspressen, ebenfalls faschieren. Zwiebeln in Fett anrösten, erkalten lassen. Faschiertes, Weißbrot, Eier, Zwiebeln, Knoblauch, Petersilie und Gewürze verrühren, Semmelbrösel untermengen. Faschiertes muß sofort verarbeitet und gegart werden. Nicht roh lagern!

MEIN TIP: Wenn das Faschierte zu trocken erscheint, etwas kaltes Wasser einkneten. Die Masse darf nicht zu lange geknetet werden, da sie sonst hart und zäh wird.

FASCHIERTE LAIBCHEN

ZUTATEN FÜR 4 PORTIONEN
700 g Faschiertes (Grundmasse,
s. oben)
8 cl Wasser, Suppe oder
brauner Fond

Fett zum Braten
30 g Butter zum Montieren
Semmelbrösel

Faschiertes in 4 oder 8 Stücke teilen, mit nasser Hand zuerst zu Kugeln, dann Laibchen formen. Mit Messer glattstreichen, façonnieren, in Semmelbröseln wenden. Fett in flacher Pfanne erhitzen, Laibchen einlegen, beidseitig langsam braun braten. Laibchen aus der Pfanne heben. Überschüssiges Fett abgießen, mit Wasser, Suppe oder Fond ablöschen, reduzierend kochen, kalte Butterstücke einrühren, seihen.

GARUNGSDAUER: ca. 8 Minuten
BEILAGENEMPFEHLUNG: Erdäpfelpüree, Röstzwiebeln, Essiggurken, Letschogemüse, Kohl, Kochsalat
MEIN TIP: Die Laibchen können auch kalt mit Erdäpfelsalat gereicht werden.

STEPHANIE-BRATEN

ZUTATEN FÜR 4 PORTIONEN
600 g Faschiertes (Grundmasse,
s. S. 197)
3 Eier, hartgekocht

3 Essiggurken
Fett zum Braten
8 cl Wasser, Suppe oder
brauner Fond
30 g Butter zum Montieren

Faschiertes zu einem Striezel verarbeiten. In Längsrichtung
mit der Hand eine grubenähnliche Vertiefung bilden. Harte
Eier schälen, an den Enden abkappen. Eier und Gurken
übereinander in die Furche legen, die Öffnung mit Faschiertem verschließen. Mit der nassen Hand oftmals ganz glattstreichen. (Dadurch bekommt der Striezel Halt und reißt
beim Braten nicht auf.) Viereckige Bratenform mit Fett ausstreichen, Striezel einlegen und im vorgeheizten Backrohr
bei oftmaligem Übergießen braun braten. Striezel aus der
Pfanne heben, überschüssiges Fett abgießen, Bratrückstand
mit Wasser, Suppe oder Fond ablöschen, reduzierend kochen, kalte Butter stückweise einrühren (montieren), seihen.
Striezel in Scheiben schneiden, mit Saft servieren.

BACKROHRTEMPERATUR: 220 °C
GARUNGSDAUER: ca. 35 Minuten
BEILAGENEMPFEHLUNG: Erdäpfelpüree, Petersilerdäpfel, Blattsalate, naturbelassene Gemüsesalate
MEIN TIP: Hüllen Sie den Striezel in ein Schweinsnetz
(Netzbraten); dann bricht das Faschierte garantiert nicht
auf und bleibt saftig. Der Braten, der übrigens auch kalt
hervorragend schmeckt, kann natürlich auch ohne Eier
und Gurken zubereitet werden.

GEFÜLLTE PAPRIKA IN TOMATENSAUCE

ZUTATEN FÜR 4 PORTIONEN

8 Paprikaschoten, grün
½ kg Schweinefleisch (fett) und Rindfleisch, faschiert
200 g Reis, gekocht
60 g Zwiebeln, sehr fein geschnitten

3 EL Öl
1 Knoblauchzehe, gepreßt
1 EL Petersilie, gehackt
Salz
Pfeffer, schwarz, aus der Mühle
Majoran
ca. 1¼ l Tomatensauce (s. S. 101)

Paprikaschoten rund um den Stiel einschneiden, diesen herausziehen, beiseite legen, weiße Samenkörner auswaschen. Faschiertes mit Reis und etwas Wasser abmengen. Zwiebeln in Fett rösten, überkühlen lassen, mit den Gewürzen, Knoblauch und Petersilie gemeinsam mit Faschiertem vermischen. Masse in Paprika einfüllen, Stiel verkehrt als Verschluß in die Öffnung drücken.

Methode I:
Tomatensauce in Kasserolle oder Bratenpfanne erhitzen, Paprika einlegen und, bei mäßiger Hitze schwach wallend, zugedeckt dünsten (Backrohr oder Herd).

Methode II:
Passendes Geschirr ausfetten, Paprika einsetzen, mit Fett bestreichen. Im Backrohr halbfertig braten, mit heißer Tomatensauce übergießen und fertigdünsten.

BACKROHRTEMPERATUR: 180 °C
GARUNGSDAUER: 40–50 Minuten
BEILAGENEMPFEHLUNG: Salzerdäpfel
MEIN TIP: Die hellen Paprikaschoten eignen sich für diese Speise am besten. Man kann der Fülle auch eine eingeweichte, passierte Semmel beigeben.

KRAUTWICKEL

ZUTATEN FÜR 4 PORTIONEN
1 Weißkrautkopf
600 g Faschiertes (Grundmasse,
s. S. 197)
8 Scheiben vom Frühstücksspeck

¼ l Suppe
¼ l Sauerrahm
Salz
Pfeffer, schwarz
Fett zum Ausstreichen

Krautkopf von Außenblättern und Strunk befreien. In reichlich siedendem Wasser kochen, bis sich die Blätter ablösen lassen, Blätter in kaltem Wasser abfrischen. Restliches Kraut feinnudelig schneiden und in gefettete feuerfeste Form geben. Krautblätter flach ausbreiten, Rippen plattieren (glätten), mit Salz und Pfeffer würzen. Faschiertes zu 8 Rollen formen, auf die Krautblätter legen, eine Längsdrehung rollen, Enden umbiegen, weiterrollen. Auf das Kraut gruppieren, mit Speckscheiben belegen, Suppe untergießen und im vorgeheizten Backrohr dünsten. Nach 25 Minuten mit Sauerrahm übergießen, ca. 10 Minuten fertiggaren.

BACKROHRTEMPERATUR: ca. 200 °C
GARUNGSDAUER: ca. 40 Minuten
BEILAGENEMPFEHLUNG: Kümmelerdäpfel
MEIN TIP: In Spezialgeschäften erhält man gesäuerte Krautköpfe, die – nach demselben Rezept zubereitet – ein köstlich-pikantes Gericht ergeben (Sarma). Verwenden Sie statt der Krautblätter zur Abwechslung einmal auch frische, blanchierte oder eingelegte Weinblätter. Der Fülle gibt man in diesem Fall etwas gedünsteten Reis bei, die Speckscheiben werden weggelassen.

BRATHUHN *(gebratene Poularde)*

ZUTATEN FÜR 4 PORTIONEN
2 Brathühner à 1½ kg oder
1 Poularde, 1¾–2 kg, bratfertig
40 g Butterschmalz

Salz
Rosmarin, nach Bedarf
Mehl, glatt
Öl zum Bestreichen

Huhn innen und außen salzen, gut einreiben, innen nach Wunsch etwas Rosmarin streuen, mit Öl bestreichen. Fett in passender Pfanne erhitzen, Huhn mit Brust seitlich nach unten einlegen, in das vorgeheizte Backrohr stellen. Häufig übergießen, aber keine Flüssigkeit zugießen; wenn beide Brusthälften gebräunt sind, wenden. Das Huhn ist gegart, wenn man es anhebt und aus dem Inneren nur mehr klare Flüssigkeit austritt. Brathuhn aus der Pfanne heben, Großteil des Fettes abschütten. Mehl im Bratrückstand bräunen, mit Wasser ablöschen und die Flüssigkeit zur gewünschten Konsistenz kochen, abseihen. Brathuhn vierteln, Poularde in acht Teile tranchieren.

BACKROHRTEMPERATUR: 220 °C
GARUNGSDAUER: 55–70 Minuten, je nach Größe
BEILAGENEMPFEHLUNG: Reis, Risipisi, Erbsen, Erbsenschoten, Champignons
MEIN TIP: Reiben Sie zwecks besserer Farbgebung das Huhn ganz zart mit Paprikapulver ein.

SUPPENHUHN MIT
HAUSMACHER-NUDELN *(Foto Seite 215)*

ZUTATEN FÜR 4 PORTIONEN
1 Huhn, ca. 1¾ kg
160 g Karotten, geschält
140 g gelbe Rüben, geschält
160 g Erbsen
80 g Suppennudeln,
hausgemacht (Nudelteig
s. S. 130/131)

1 Lauch
Salz
6 Pfefferkörner
Suppenwürze
Petersilstengel
4 EL Schnittlauch, geschnitten
ca. 1¾ l Wasser

Huhn kochfertig vorbereiten oder bereits bratfertig kaufen. Lauwarm waschen, in passenden Topf legen, mit Wasser bedecken und schwach wallend kochen. Innereien, Karotten, gelbe Rüben, Lauch, Petersilstengel, Pfefferkörner sowie Suppenwürze eine halbe Stunde vor Garungsende beigeben, schwach salzen, weichkochen. Karotten, gelbe Rüben und Innereien kleinwürfelig schneiden. Erbsen gesondert in Salzwasser kochen, abseihen. Nudelteig dünn ausrollen, mit Maschine oder händisch zu feinen Nudeln schneiden. In siedendem Salzwasser 1–2 Minuten kochen, abseihen, schwemmen. Huhn aus der Suppe heben, in 4 oder 8 Teile schneiden. Suppe seihen, Gemüse, Hühnerteile, Nudeln und Innereien in die Suppe geben. Mit Schnittlauch bestreuen, auftragen.

GARUNGSDAUER: ca. 50 Minuten
MEIN TIP: Für dieses Gericht verwendete man früher „Suppenhühner", womit man ältere, schwere Hühner mit kompaktem Fleisch und ausgeprägtem Geschmack bezeichnete. Auch heute aus Geschmacks- und Kostengründen eine gute Alternative.

EINMACHHUHN *(Frikasseehuhn)*

ZUTATEN FÜR 4 PORTIONEN
2 Hühner à ca. 1½ kg,
bratfertig
300 g Karotten, gelbe Rüben,
Sellerieknolle
100 g Erbsen
160 g Karfiolröschen
200 g Champignons

30 g Butter
30 g Mehl, glatt
¼ l Schlagobers
Salz
Pfefferkörner
Muskatnuß, gerieben
Zitronensaft
Petersilie, gehackt

Hühner in passendem Topf mit Wasser knapp bedecken. Geschältes Wurzelwerk, wenig Salz und Pfefferkörner beigeben, gemeinsam kochen, bis Wurzeln weich sind, aus dem Sud heben. Wurzeln in ca. 1 cm große Würfel schneiden. Huhn weichkochen, aus der Suppe heben, in kaltem Wasser abfrischen. Erbsen, Karfiolröschen sowie geviertelte Champignons im Sud weichkochen, abseihen. Butter schmelzen, Mehl anschwitzen, mit ⅜ l Sud aufgießen, Obers beigeben, sehr gut verrühren, durchkochen, passieren.
Huhn vierteln, von Haut-, Brust- und Schlußknochen befreien, Hühnerstücke nochmals halbieren. Huhn und Gemüse in die Sauce geben, erhitzen, würzen. Anrichten, mit gehackter Petersilie bestreuen.

GARUNGSDAUER: ca. 55 Minuten
BEILAGENEMPFEHLUNG: Bröselknöderl, Reis, Blattsalate
MEIN TIP: Man kann das Einmachhuhn auch legieren, indem man Obers und Dotter unter die Sauce rührt, allerdings nicht mehr aufkocht.

PAPRIKAHUHN

ZUTATEN FÜR 4 PORTIONEN
*2 Junghühner à ca. 1½ kg,
bratfertig
250 g Zwiebeln, feingeschnitten
1 dl Öl
40 g Paprikapulver, edelsüß
6 dl Wasser oder Suppe*

*¼ l Sauerrahm
40 g Mehl, glatt
1 TL Tomatenmark
⅛ l Schlagobers (nicht
unbedingt erforderlich)
Salz
Zitronenschale
Zitronensaft*

Die Hühner vierteln, waschen, Rückgrat und Hals wegschneiden, jedoch mitdünsten oder für Suppe verwenden.
Hühnerstücke salzen, in heißem Öl, ohne Farbe nehmen zu
lassen, anbraten, herausheben. Im Fettrückstand Zwiebeln
lichtbraun rösten, Paprikapulver einrühren, sofort mit Wasser
oder Suppe aufgießen. Tomatenmark, Zitronenschale und
Salz untermengen. Huhn zugeben, zugedeckt weichdünsten
lassen, dabei Flüssigkeit eventuell korrigieren. Hühnerstücke
herausnehmen, Mehl und Sauerrahm mit Schneerute gut verrühren, zügig in die Sauce einmengen, 5 Minuten kochen
lassen, Obers einrühren. Sauce passieren, mit etwas Zitronensaft pikant abschmecken. Hühnerstücke nochmals in die
Sauce geben und auftragen.

GARUNGSDAUER: ca. 45 Minuten
BEILAGENEMPFEHLUNG: Nockerln
MEIN TIP: Die Haut kann auch nach vollendeter Garung
abgezogen, das Fleisch im Saft nochmals erhitzt werden.

BACKHUHN

ZUTATEN FÜR 4 PORTIONEN
*2 Junghühner à ca. 1½ kg,
bratfertig
3 Eier
Mehl, glatt
Semmelbrösel*

*Salz
Öl zum Backen
2 Zitronen
1 Handvoll Petersilie, ohne
Stengel*

Hühner vierteln, Rückgrat und Hals wegschneiden. Haut
entfernen (oder Haut nach Belieben belassen). Innenseite der
Keule zum Knochen einschneiden (bäckt besser durch),
Hühner kräftig salzen. In Mehl, verschlagenem Ei und Sem-

melbröseln panieren. In tiefem Fett beidseitig langsam goldbraun backen. Aus dem Fett heben, eventuell in heißer Butter
wenden, mit Küchenkrepp abtrocknen. Petersilie im heißen
verbliebenen Fett knusprig backen, aus dem Fett heben, abtropfen, salzen. Backhühner anrichten, Petersilie obenauf
drapieren, mit Zitronenspalten garnieren. (Die Petersilie
dient nicht nur als Dekoration, sondern sollte mitgegessen
werden.)
Alternative: Backhuhn völlig auslösen und wie Schnitzel bakken.

GARUNGSDAUER: ca. 13 Minuten
BEILAGENEMPFEHLUNG: Petersilerdäpfel, Blattsalate, Mayonnaise-, Erdäpfel-, Gurken- oder Tomatensalat
MEIN TIP: Es empfiehlt sich, eventuell besonders be-
gehrte Stücke (Brust, Keule) gesondert dazuzukaufen.

POULARDENBÜGERL NACH GROSSMUTTER-ART

ZUTATEN FÜR 4 PORTIONEN
*4 Poulardenbügerl
(Masthuhnkeulen)
160 g Erdäpfel, speckig,
gekocht, geschält
100 g Zuckererbsen*

*100 g Champignons, geviertelt
100 g Frühstücksspeck
100 g Zwiebeln
8 EL Öl
Salz
Rosmarin*

Hühnerbügerl salzen, in 3 EL Öl an der Hautseite anbraten,
wenden, in das vorgeheizte Backrohr stellen und 30 Minuten
unter wiederholtem Begießen braten. Erdäpfel, Zwiebeln sowie Speck gesondert in ca. 1 cm große Würfel schneiden.
Erbsen in siedendem Salzwasser knackig kochen, abseihen,
abkühlen. Hühner aus der Pfanne heben, restliches Öl eingießen, erhitzen. Speck glasig anbraten, Zwiebeln beigeben,
weiterbraten. Erdäpfel und Champignons untermengen, im
Rohr schmoren. Salzen, mit Rosmarin bestreuen, Erbsen hinzufügen, Hühnerbügerl darauflegen und noch weitere
15 Minuten im Rohr schmoren. In der Pfanne auftragen.

BACKROHRTEMPERATUR: 220 °C fallend
GARUNGSDAUER: ca. 45 Minuten

GEBRATENE ENTE ODER GANS

ZUTATEN

1 Ente (für 2–3 Personen) oder
1 Gans (für 4–6 Personen),
bratfertig
1 EL Fett (Gänseschmalz, Öl
oder Butterschmalz)

2–3 Äpfel
Salz
Pfeffer, weiß
Majoran
Mehl zum Stauben

Kopf, Hals und Flügelspitzen abtrennen. Leber kann für Füllungen verwendet werden, Hals, Flügel und Magen für Geflügelsuppe. Geflügel von eventuell noch anhaftenden Kielen befreien, innere Fettpolster abziehen. Geflügel innen mit Salz, Pfeffer und Majoran ausreiben, nach Belieben Hohlraum mit Äpfeln füllen. Außen salzen und passende Bratenpfanne bereitstellen.

Methode I:
Öl in Pfanne erhitzen. Geflügel an den Brustseiten anbraten, auf den Rücken legen. Unter wiederholtem Begießen knusprig braten.
Gans oberhalb der Bügerl mit einer Gabel einstechen, damit überschüssiges Fett abfließen kann.

Methode II:
In Pfanne fingerhoch Wasser eingießen. Geflügel mit Brust nach unten einlegen, während des Bratens ständig übergießen. (Das Wasser verdunstet, Fett tritt aus. Die Haut wird knusprig und glasig braun.)
In beiden Fällen am Schluß Fett abschöpfen, Bratenrückstand mit Mehl stauben oder natur belassen, mit wenig Wasser aufgießen, durchkochen, abseihen. Geflügel tranchieren.

GARUNGSDAUER: Barbarieente ca. 50–60 Minuten
Ente ca. 1¾ Stunden
Gans 2½ Stunden aufwärts
BEILAGENEMPFEHLUNG: Weinkraut, Champagnerkraut, Rotkraut, Waldviertler- oder Serviettenknödel, warmer Krautsalat

GEBRATENER TRUTHAHN

ZUTATEN FÜR 6 PORTIONEN
1 Truthahn, ca. 3–3½ kg
Salz
Pfeffer, weiß
4 EL Öl

¼ l Wasser oder Suppe
Mehl
20 g Butter zum Montieren
Rosmarin, nach Belieben

Öl in Bratenpfanne erhitzen. Truthahn innen und außen kräftig würzen, binden. An den Brustseiten zuerst anbraten, dann auf den Rücken legen. Unter ständigem Begießen (mit Bratfett) langsam braten. Sollte der Braten zu stark bräunen, mit Alufolie abdecken. Der Truthahn ist fertig gegart, wenn beim Anheben desselben nur mehr klarer Saft austritt. Truthahn aus der Pfanne heben, überschüssiges Fett abgießen, Bratensatz mit Mehl bestauben, rösten, mit Suppe oder Wasser aufgießen, durchkochen, abseihen. Aufkochen, kalte Butterstücke einrühren (montieren), Truthahn tranchieren.

BACKROHRTEMPERATUR: ca. 180 °C
GARUNGSDAUER: ca. 2½ Stunden
BEILAGENEMPFEHLUNG: glacierte Kastanien, Butterreis, Bratäpfel, Kohlsprossen, glacierte Karotten, Schalotten und Chipolatawürstchen (kleine Bratwürstchen)

GANS MIT MARONIFÜLLE

ZUTATEN FÜR 4 PORTIONEN
1 Gans (jung), ca. 3½ kg,
bratfertig
300 g Semmelwürfel
(Knödelbrot)
350 g Maroni
150 g Gänseleber (von der
Gans)
¼ l Milch

4 Eier
80 g Zwiebeln
50 g Butter
1 EL Petersilblätter, gehackt
100 g Stangensellerie, geschält
Salz
Majoran
Muskatnuß, gerieben
Pfeffer, schwarz

Maroni an der bauchigen Seite einschneiden, auf ein Backblech legen, im vorgeheizten Backrohr ca. 20 Minuten bakken, noch warm schälen. Milch mit Eiern verrühren, über die Semmelwürfel gießen, vermischen, ansaugen lassen. Butter schmelzen, kleingeschnittene Zwiebeln darin anschwitzen. Gänseleber in kleine Würfel schneiden, mit Salz und Pfeffer würzen, kurz in heißer Butter anbraten. Sellerie in feine Scheiben schneiden, salzen. Maroni, Sellerie, Zwiebeln, Gänseleber sowie Petersilie unter die Semmelmasse mengen, mit Salz, Muskatnuß und Majoran würzen. Die Masse 10 Minuten ziehen lassen. Die Gans innen und außen salzen, innen mit Majoran ausreiben, Masse in den Brustraum füllen, pressen, damit die Masse eine kompakte Einheit wird. Die Gans bei Hals- und Bauchöffnung mit Spagat vernähen. In passende Bratenpfanne (viereckig) fingerhoch Wasser eingießen. Gans mit Brustseite nach unten einlegen, öfter begießen, nach halber Bratdauer wenden, Flüssigkeit ergänzen. In der Endphase soll die Flüssigkeit verdampft sein, die Haut ist braun und knusprig. Gans aus der Pfanne heben, warm rasten lassen.
Überschüssiges Fett aus der Pfanne gießen, eventuell etwas Mehl einstauben oder natur belassen. Mit Wasser ablöschen, Bratensatz lösen, reduzierend auf gewünschte Konsistenz kochen, abseihen. Die Gans längs halbieren, die Fülle vorsichtig aus dem Innenraum holen und in gefällige Scheiben schneiden. Brust-, Rippen- und Schlußknochen entfernen. Gans achteln, mit der Fülle servieren, Saft gesondert reichen.

BACKROHRTEMPERATUR: ca. 180–200 °C
GARUNGSDAUER: ca. 2½ Stunden
BEILAGENEMPFEHLUNG: Rot-, Wein- oder Champagnerkraut

MEIN TIP: Noch schmackhafter wird die Fülle, wenn Sie auch Apfel- oder Dörrpflaumenstücke und Walnüsse einmengen.

GEBRATENE GÄNSELEBER

ZUTATEN FÜR 4 PORTIONEN
400 g Gänsestopfleber, nicht zu fett, Güteklasse 3a
2 EL Butterschmalz
Salz
Pfeffer, weiß, aus der Mühle
6 cl Suppe oder brauner Geflügelfond
20 g Butter zum Montieren
Mehl

Haut der Leber mit Messerspitze abziehen, Nervenstränge – sofern möglich – ausschneiden. Leber in ca. 8–10 mm dicke Scheiben schneiden. Beidseitig salzen, pfeffern, in Mehl wenden, gut abstauben, leicht andrücken. Butterschmalz in Pfanne (Teflon) schwach erhitzen, Gänseleber beidseitig braun braten, vom Feuer nehmen, an einem warmen Ort langsam nachziehen lassen. Gänseleber aus der Pfanne heben. Überschüssiges Fett abgießen, Bratrückstand bräunen, mit Fond oder Suppe aufgießen, reduzierend kochen, abseihen, kalte Butterstücke einrühren (montieren). Gänseleber anrichten, mit Saft übergießen oder Saft gesondert reichen.

GARUNGSDAUER: ca. 4 Minuten
MEIN TIP: Gänseleber ist ein äußerst sensibles Produkt. Zum Braten eignet sich eher fettarme Leber, z. B. Güteklasse 3a, da sich fette Gänsestopfleber beim Braten meistens zersetzt. Gänseleber harmoniert besonders gut mit Madeirasauce, gebratenen Apfelscheiben, Apfelgratin, gebratenen Mangoscheiben, grünem Spargel, Erdäpfelpüree, Linsen, Pignolireis oder als Beigabe zu kleinen gebratenen Rindssteaks oder Kalbsfilet. Hühnerleber läßt sich ebenso zubereiten, wobei diese Leber vor dem Braten mehrmals mit einer Gabel angestochen werden sollte, da die Haut sonst platzt und somit zu schmerzhaften Verletzungen führen kann.

BEIZE FÜR GEDÜNSTETE WILDGERICHTE

ZUTATEN
1 l Wasser
⅛ l Rotwein
⅛ l Weinessig
250 g Wurzelwerk, geschält
(Petersilwurzel, Karotten,
Sellerieknolle, gelbe Rüben)

100 g Zwiebeln
2 Lorbeerblätter
8 Wacholderbeeren
10 Pfefferkörner
Thymian
Scheiben von 1 Orange und
½ Zitrone

Variante I (rohe Beize):
Wasser, Rotwein und Essig vermischen. Zwiebeln und Wurzelwerk in grobe Würfel schneiden, mit den Gewürzen sowie den Orangen- und Zitronenscheiben der Marinade beigeben. Wildstücke mit dieser Beize bedecken und 2–3 Tage beizen lassen. Fleisch aus der Beize heben, abtrocknen; beim Dünsten des Fleisches einen Teil der Beize zugießen.

Variante II (gekochte Beize):
Alle Zutaten gemeinsam aufkochen, 5 Minuten kochen lassen, kalt stellen. Nach dem Erkalten über die Wildstücke gießen. (Weitere Behandlung wie bei roher Beize.)

MEIN TIP: Der Beize niemals Salz beigeben, da sich sonst das Fleisch rot verfärbt!

GESPICKTER REHRÜCKEN

Zutaten für 8 Portionen
1 Rehrücken, ca. 2½ kg
100 g Spickspeck
4 EL Öl
Prise Mehl, glatt

20 g Butter, kalt
Salz
Pfeffer, schwarz, aus der Mühle
Wasser, Suppe oder Wildfond

Rehrücken sauber von Häuten befreien. Speck in 4 mm starke Streifen schneiden, Rehrücken schräg spicken, mit Salz und Pfeffer kräftig einreiben. Öl in viereckiger Pfanne erhitzen, Rehrücken mit der Fleischseite nach unten einlegen, rasch Farbe gebend anbraten, wenden. Im vorgeheizten Backrohr unter oftmaligem Begießen 10 Minuten kräftig braten, Hitze stark reduzieren, Backrohr öffnen oder den Rehrücken für einige Minuten aus dem Rohr nehmen. Etwas Suppe oder Wasser untergießen und weiterbraten, ständig übergießen. Das Fleisch sollte zartrosa sein. Den Rehrücken aus der Pfanne heben, an einem warmen Ort rasten lassen. Bratensatz völlig einreduzieren (einkochen lassen), Mehl einstauben, durchrösten, mit etwas Suppe oder Wasser aufgießen, durchkochen, durch feines Sieb seihen, aufkochen, kalte Butter einrühren. Die Filets des Rehrückens abtrennen und gegen die Spickrichtung in gleichmäßige Tranchen schneiden. Wieder auf dem Knochengerüst (Karkasse) in ursprüngliche Façon bringen. Saft gesondert reichen.

BACKROHRTEMPERATUR: 10 Minuten bei 230 °C, ca. 25 Minuten bei 100 °C
BEILAGENEMPFEHLUNG: Rotkraut, Maroni, Kohlsprossen, Pilze, gefüllte Äpfel, Preiselbeeren, Erdäpfelkroketten, Mandelerdäpfel
MEIN TIP: Entgegen anderslautenden Empfehlungen rate ich, den Spickspeck nicht in Eiswasser zu legen, da er sonst leicht reißt oder bricht. Erkalteter Rehrücken eignet sich hervorragend als Glanzpunkt eines kalten Buffets.

REHNÜSSCHEN IN PILZFARCE GEBRATEN

ZUTATEN FÜR 4 PORTIONEN
400 g Rehrücken, ausgelöst,
pariert (zugeputzt)
60 g Rehfleisch
(Fleischabschnitte) ohne Häute
und Sehnen
60 g Hühnerbrust, ausgelöst,
ohne Haut

7 cl Schlagobers
100 g Steinpilze
Schweinsnetz
Salz
Pfeffer, schwarz, aus der Mühle
Pastetengewürz (s. S. 51)
1 KL Petersilie, gehackt
Öl zum Anbraten

Rehrückenfilet in 8 Stücke teilen, leicht plattieren (klopfen), mit Salz und Pfeffer würzen. Öl in Pfanne erhitzen. Rehnüßchen beidseitig kräftig anbraten, auf ein Gitter legen, abkühlen lassen. Kleingeschnittene Hühnerbrust und die Rehabschnitte im Blitzschneider unter Zugabe von eiskaltem Obers zu feiner Farce verarbeiten, würzen, Petersilie einmengen. Steinpilze reinigen, in feine Würfel schneiden, in Öl schnell anbraten, würzen, kalt stellen. Unter die Farce mengen. Netz (gut gewässert und getrocknet) in 8 Stücke à 12 cm × 8 cm schneiden.

Ins Zentrum des Netzes eine kleine Schicht Farce streichen, Nüßchen daraufsetzen, oben und an allen Seiten abermals mit Farce bestreichen, in das Netz einhüllen. In flacher Pfanne die Nüßchen von allen Seiten anbraten, in das vorgeheizte Backrohr stellen, langsam braten, halbieren. Sauce aus Rehkarkassen erzeugen (Knochen rösten, stauben, rösten, aufgießen, abseihen). Nüßchen ca. 5 Minuten ziehen lassen, halbieren, mit Sauce anrichten.

BACKROHRTEMPERATUR: 220 °C fallend
GARUNGSDAUER: ca. 15–20 Minuten, 5 Minuten warm rasten lassen
BEILAGENEMPFEHLUNG: Maronierdäpfel, Erdäpfelkroketten, gefüllte Morcheln, Steinpilze, Rotkraut, gefüllter Apfel oder Birne, Schwammerlstrudel

GEDÜNSTETER REHSCHLEGEL MIT MARONI

ZUTATEN FÜR 4 PORTIONEN

1 kg Rehschlegel, ausgelöst
120 g Wurzelwerk (Karotte,
Sellerieknolle, Petersilwurzel)
80 g Zwiebeln
200 g Maroni
2 EL Preiselbeeren
5 EL Öl
1 TL Tomatenmark
20 g Mehl, glatt
50 g Rauchspeck oder ein Stück
Schwarte

⅛ l Rotwein
½ Orange
8 dl Suppe, Wildfond oder
Wasser
Salz
Pfeffer, schwarz, aus der Mühle
8 Pfefferkörner
½ Lorbeerblatt
Thymiansträußchen
6 Wacholderbeeren

Ausgelösten Rehschlegel mit Spagat straff binden, mit Salz und Pfeffer kräftig würzen. Maroni an der Oberseite einschneiden, auf Backblech setzen, im Rohr braten (20 Minuten), bis sie sich schälen lassen. Maroni schälen. Öl in Brattopf erhitzen, Rehschlegel an allen Seiten rasant anbraten, aus der Pfanne heben. Im selben Fett Speck anrösten, Zwiebeln und geschältes Wurzelwerk in grobe Würfel schneiden, ebenfalls rösten, Tomatenmark beigeben, kräftig weiterrösten. Mit Wasser, Suppe oder Fond ablöschen, aufkochen. Fleisch, Preiselbeeren, restliche Gewürze und gut gewaschene sowie geviertelte Orange hinzufügen. Zugedeckt (am besten im Backrohr) dünsten. Fleisch aus der Sauce heben, Bindfaden lösen. Mehl und Rotwein verrühren, in die Sauce sehr gut einrühren, verkochen. Sauce durch ein feines Sieb seihen, Maroni einmengen und ca. 15 Minuten kochen. Fleisch tranchieren, mit Sauce begießen, Maroni obenauf legen.

BACKROHRTEMPERATUR: 180 °C
GARUNGSDAUER: ca. 2½–3 Stunden
BEILAGENEMPFEHLUNG: Servietten- oder Semmelknödel, Preiselbeeren, Erdäpfelkroketten, Mandelerdäpfel, Kohlsprossen

REHRAHMTOPF MIT GRÜNEM PFEFFER

ZUTATEN FÜR 4 PORTIONEN
*800 g Rehschulter, ausgelöst,
pariert (zugeputzt)*
5 EL Öl
*100 g Wurzelwerk (Karotte,
Sellerieknolle, Petersilwurzel)*
80 g Zwiebeln
20 g Mehl, glatt
2 EL Preiselbeeren
⅛ l Rotwein

2 EL Pfeffer, grün
½ Orange
⅛ l Sauerrahm
Salz
Pfeffer, schwarz, aus der Mühle
8 Pfefferkörner
4 Wacholderbeeren
½ Lorbeerblatt
6 dl Suppe oder Wasser

Rehschulter in ca. 3 cm große Würfel schneiden, mit Salz und Pfeffer würzen. Geschältes Wurzelwerk und Zwiebeln in grobe Würfel schneiden. Rehwürfel in heißem Öl rasant bräunen, aus dem Bratentopf heben. Wurzelwerk und Zwiebeln ebenfalls bräunen, mit Rotwein ablöschen, Suppe oder Wasser zugießen, aufkochen. Fleisch, Preiselbeeren, restliche Gewürze (außer grünen Pfeffer) sowie gut gewaschene und geviertelte Orange beigeben. Zugedeckt weichdünsten (am besten im Rohr). Fleisch aus der Sauce nehmen (umstechen), Rahm und Mehl verrühren, in die Sauce gut einrühren, kurz aufkochen, fein passieren. Fleisch und grünen Pfeffer der Sauce untermengen.

BACKROHRTEMPERATUR: 200 °C
GARUNGSDAUER: ca. 80 Minuten, je nach Alter des Tieres
BEILAGENEMPFEHLUNG: Nudeln, Erdäpfelkroketten, Servietten- oder Semmelknödel, Preiselbeeren
MEIN TIP: Die Sauce gewinnt noch zusätzlich an Aroma, wenn Sie ihr Eierschwammerl oder Champignons beigeben.

Suppenhuhn mit Hausmacher-Nudeln (s. S. 202)

ZUBEREITUNG VON GEBEIZTEM HIRSCHSCHLEGEL

◀ Hirschschlegeteile mit Speck mittels Spicknadel spicken.

Aus Wurzelwerk, Zwiebeln, Gewürzen, Rotwein usw. Beize kochen. ▶

◀ Hirschschlegel mit kalter Beize übergießen und 3 Tage beizen.

Schlegel aus der Beize heben, abtrocknen, würzen und rundum anbraten. ▶

◀ Fleisch herausnehmen, Tomatenmark rösten, mit Wein löschen, Beize, Fond und Preiselbeeren beigeben.

Zugedeckte dünsten. ▶

◀ Fleisch aus der Sauce heben, Sauce mit dem Sauerrahm-Mehl-Gemisch binden, 5 Minuten kochen und abschließend passieren.

Fleisch in Tranchen schneiden und mit Sauce begießen. ▶

GEBEIZTER HIRSCHSCHLEGEL

ZUTATEN FÜR 4 PORTIONEN
1 kg Hirschschlegel, pariert
(zugeputzt)
2 EL Preiselbeeren
4 EL Öl
20 g Mehl, glatt
1 EL Tomatenmark

⅛ l Rotwein
⅛ l Sauerrahm
5 dl Suppe, Wasser oder
Wildfond
Salz
Pfeffer, schwarz, aus der Mühle
Zutaten für die Beize (s. S. 210)

Hirschschlegel nach Bedarf spicken und wie beschrieben beizen (s. S. 210). Fleisch aus der Beize heben, abtrocknen, würzen. Öl in Kasserolle erhitzen, Schlegel an allen Seiten braun anbraten, aus der Kasserolle heben. Tomatenmark beifügen, rösten, mit Rotwein ablöschen und Wasser, Suppe oder Wildfond sowie 3 dl Beize samt Wurzeln und Gewürzen beigeben. Preiselbeeren einrühren, Fleisch beigeben. Alles zugedeckt dünsten (am besten im Rohr). Wenn das Fleisch weich ist, aus dem Topf heben. Sauerrahm und Mehl vermengen, in die Sauce gut einrühren, 5 Minuten durchkochen, passieren. Fleisch tranchieren, mit Sauce begießen.

BACKROHRTEMPERATUR: 180 °C
GARUNGSDAUER: ca. 3 Stunden
BEILAGENEMPFEHLUNG: wie zu gedünstetem Rehschlegel (s. S. 213)

HIRSCHGULASCH

ZUTATEN FÜR 4 PORTIONEN
800 g Hirschschulter, ausgelöst,
pariert (zugeputzt)
150 g Speck, geräuchert
250 g Zwiebeln

6 EL Butterschmalz oder Öl
2 EL Paprikapulver, edelsüß
4 dl Wasser
⅛ l Sauerrahm
20 g Mehl, glatt
Salz

Fleisch in ca. 3 cm große Würfel, Speck und Zwiebeln gesondert in kleine Würfel schneiden. Schmalz erhitzen, Speck leicht anrösten, Zwiebeln beigeben, hellbraun rösten. Fleisch hinzufügen, mit Paprika bestreuen, durchrühren, mit Wasser untergießen, salzen. Zugedeckt dünsten, dabei Flüssigkeit eventuell ergänzen. Nach vollendeter Garung Fleisch aus dem Saft heben. Mehl mit Sauerrahm vermengen, in die Sauce gut einrühren, 10 Minuten kochen. Fleisch der Sauce wieder beigeben.

GARUNGSDAUER: 2–2½ Stunden, je nach Alter des Tieres
BEILAGENEMPFEHLUNG: Nockerln, Spätzle, Servietten- oder Semmelknödel
MEIN TIP: Rehgulasch bereiten Sie nach demselben Rezept zu.

GESPICKTER HASENLAUF IN WACHOLDERRAHMSAUCE

ZUTATEN FÜR 4 PORTIONEN
3 Hasenläufe
60 g Spickspeck
6 EL Öl
120 g Zwiebeln
130 g Wurzelwerk (Sellerie, Lauch, Karotte, gelbe Rübe)
5 cl Rotwein
60 g Preiselbeerkompott, passiert
10 g Estragonsenf

½ l Wasser, Suppe oder brauner Wildfond
⅛ l Sauerrahm
10 g Mehl, glatt
5 Wacholderbeeren
Pfefferkörner
1 Lorbeerblatt
Salz
Pfeffer, schwarz, aus der Mühle
Mehl zum Wenden

Hasenläufe von Häuten befreien, Schlußbein auslösen. Speck in 3 mm starke und 5 cm lange Streifen schneiden, Läufe in Faserrichtung damit in kurzen Abständen spicken. Mit Salz und Pfeffer würzen, in Mehl wenden. Öl in Kasserolle erhitzen, Läufe an allen Seiten braun anbraten, aus dem Topf heben. Zwiebeln und Wurzeln in grobe Würfel schneiden, im verbliebenen Fett braun anbraten, mit Rotwein ablöschen. Gewürze, Senf und Preiselbeerkompott beigeben, Läufe einlegen, mit Wasser, Suppe oder Fond aufgießen, alles gemeinsam weichdünsten. Sauce samt Wurzeln passieren. Sauerrahm mit Mehl glattrühren, unter die Sauce mengen, kurz durchkochen. Läufe in Ober- und Unterkeule teilen, in der Sauce erwärmen.

GARUNGSDAUER: ca. 2–2½ Stunden
BEILAGENEMPFEHLUNG: Bandnudeln, Kroketten,

Servietten- oder Semmelknödel, Preiselbeeren, Kohlsprossen
MEIN TIP: Nach klassischer Art wird der Hasenlauf vorher gebeizt (s. S. 210). Gespickten Hasenrücken bereiten Sie nach demselben Rezept zu.

HASENJUNGES

Zutaten für 4 Portionen
1¼ kg Hasenjunges (Schulter, Hals, Brustfleisch, Leber, Lunge und Herz)
150 g Wurzelwerk (Karotte, Sellerieknolle, gelbe Rübe)
70 g Zwiebeln, gehackt
2 EL Öl
20 g Mehl, glatt
1 EL Tomatenmark

2 EL Preiselbeeren
20 g Kristallzucker
⅛ l Rotwein
1 KL Estragonsenf
¼ Orange
1 Lorbeerblatt
6 Pfefferkörner
6 Wacholderbeeren
⅛ l Hasenblut (wenn möglich)
Salz

Das Fleisch gründlich waschen, große Stücke (Schulter) zerteilen, mit Wasser bedecken, geschnittenes Wurzelwerk und Zwiebeln sowie die Gewürze beigeben. Zugedeckt langsam gar kochen. Da die einzelnen Stücke unterschiedliche Garungszeiten haben, weiche Stücke aus dem Sud heben. Herz und Lunge in Scheiben schneiden, Brust und Schulter zerteilen. Öl erhitzen, Zucker darin karamelisieren, Mehl beigeben, braun rösten. Tomatenmark einrühren, weiterrösten. Hasensud abseihen, Einbrenn damit aufgießen, mit der Schneerute verrühren. Senf, Rotwein, Preiselbeeren und Orange beigeben, 10 Minuten kochen, passieren. Hasenblut mit der Schneerute in die nicht mehr kochende Sauce zügig einrühren. Hasenjunges in die Sauce einlegen, aber nicht mehr kochen, da sonst die Sauce gerinnt.

GARUNGSDAUER: ca. 1 Stunde
BEILAGENEMPFEHLUNG: Semmel- oder Serviettenknödel, Preiselbeeren

HASENRÜCKENFILET MIT WODKASAUCE

ZUTATEN FÜR 4 PORTIONEN

2–3 Hasenrücken
80 g Wurzelwerk (Karotte,
Sellerie, gelbe Rübe)
50 g Zwiebeln, gehackt
¼ Orange
1 TL Preiselbeeren
1/16 l Rotwein
½ TL Tomatenmark

3 cl Wodka
6 EL Öl
½ Lorbeerblatt
2 Wacholderbeeren
4 Pfefferkörner
30 g Butter, kalt
Salz
Pfeffer, schwarz, aus der Mühle
Mehl zum Stauben

Rückenfilets und Lungenbraten von den Karkassen (Knochen) ablösen und feinsäuberlich enthäuten, Knochen nußklein hacken. 3 EL Öl in flacher Kasserolle erhitzen, Knochen braun rösten, würfelig geschnittenes Wurzelwerk und Zwiebeln beigeben, weiterrösten, Tomatenmark beifügen, rösten, mit Rotwein ablöschen, ca. ½ l Wasser zugießen, alle Gewürze (außer Salz), Orange und Preiselbeeren beigeben. Fond reduzierend (nicht zugedeckt) ca. 2 Stunden kochen, fallweise Flüssigkeit ergänzen, aufsteigenden Schaum abschöpfen. Fond abseihen (feines Sieb), die verbliebene Flüssigkeit sollte ca. 1,5–2 dl betragen, salzen. Hasenfilets beidseitig salzen und pfeffern, leicht mit Mehl bestauben, anpressen. Restliches Öl in flacher Pfanne erhitzen, Filets einlegen, langsam bräunen, wenden, ebenfalls zart bräunen, aus der Pfanne heben. An einem warmen Ort ziehen lassen (sie sollen innen zartrosa sein). Verbliebenes Öl abgießen, Pfanne nochmals erhitzen, Wodka einfließen lassen, mit Fond ablöschen, aufkochen, kalte Butterstücke einrühren, abseihen. Filets in Scheiben schneiden, mit dem Saft auftragen.

GARUNGSDAUER: ca. 5 Minuten
BEILAGENEMPFEHLUNG: Erdäpfelbällchen (Maronibällchen), Erdäpfelkroketten, Mandelerdäpfel, Kohlsprossen, Rotkraut, glacierte Apfelstücke, glacierte Maroni, Preiselbeeren

ZUBEREITEN VON SEMMEL- UND SERVIETTENKNÖDELN
(Rezepte s. S. 239 f.)

Semmelknödel: In Butter geröstete Zwiebeln, Eier, Petersilie, Salz und Milch unter die Semmelwürfel mengen. Einige Minuten ziehen lassen.

Das Mehl untermengen. ▶

◀ Mit nassen Händen aus der Masse Knödel formen.

In reichlich Salzwasser aufkochen und schwach wallend ca. 12 Minuten kochen. ▶

◀ *Serviettenknödel:* Eier, Milch, Salz, Zwiebeln, Semmelwürfel und Petersilie vermengen, 1 Stunde rasten lassen.

Nasse Serviette mit flüssiger Butter bestreichen. Masse zu einer 6 cm dicken Rolle formen. Auf die Serviette legen. ▶

◀ Die Rolle in die Serviette straff einrollen. Die Enden mit Spagat abbinden, in der Mitte ebenfalls abbinden.

In reichlich kochendes Wasser einlegen und schwach wallend ca. 40 Minuten kochen. ▶

Waldviertler Knödel (s. S. 239)

KANINCHENKEULE MIT KOHLFÜLLE

ZUTATEN FÜR 4 PORTIONEN
3 Kaninchenkeulen
150 g Kaninchenfleisch, pariert
(zugeputzt)
150 g Kohlblätter, ohne Rippen
7 cl Schlagobers
¼ l Suppe

30 g Butterschmalz
20 g Butter
Salz
Pfeffer, weiß, aus der Mühle
Schweinsnetz, gewässert
20 g Butter zum Montieren

Kaninchenfleisch klein schneiden, im Blitzschneider unter Zugabe von eiskaltem Obers zu einer sämigen Farce verarbeiten, würzen. Kohlblätter in feine Streifen schneiden, in Butter andämpfen, mit etwas Suppe begießen, knackig kochen, Restsuppe abgießen, Kohl würzen. Erkalteten Kohl unter die Farce mengen. Keulen auslösen, beidseitig würzen, Farce einfüllen, Keulen schließen und in abgetrocknetes Netz hüllen. Schmalz erhitzen, Keulen anbraten, im vorgeheizten Backrohr zuerst forciert (kräftig), dann mit verminderter Hitze braten, einige Minuten warm rasten lassen. Überschüssiges Schmalz abgießen, Bratensatz mit Suppe löschen, reduzierend kochen, seihen, eiskalte Butterstücke einrühren (montieren). Keulen tranchieren.

BACKROHRTEMPERATUR: 220 °C fallend
GARUNGSDAUER: ca. 35 Minuten
BEILAGENEMPFEHLUNG: engl. Gemüse, Petersilerdäpfel

FASAN IM GANZEN GEBRATEN

ZUTATEN FÜR 4 PORTIONEN
*2 Fasane, einjährig (gerupft
und ausgenommen)*
150 g Spickspeck
Salz
Pfeffer, weiß, aus der Mühle
4 EL Öl
20 g Butter, kalt
Wasser oder Suppe
Mehl zum Stauben

Die Brust schräg spicken, innen und außen kräftig würzen, mit Öl einreiben. Öl in passender Pfanne erhitzen, Fasane mit Brustseite nach unten einlegen, im vorgeheizten Backrohr anbraten. Wenn beide Brustseiten gebräunt sind, wenden. Unter ständigem Begießen (fallweise etwas Flüssigkeit zusetzen) allseitig braun und knusprig fertigbraten. Fasane aus der Pfanne heben, überschüssiges Fett abgießen. Mehl einstauben, bräunen und mit etwas Suppe oder Wasser aufgießen. Auf sämige Konsistenz kochen, kalte Butterstücke einrühren, abseihen. Fasane tranchieren.

BACKROHRTEMPERATUR: 220 °C
GARUNGSDAUER: ca. 45–55 Minuten
BEILAGENEMPFEHLUNG: Rotkraut, Maroni, glacierte Weintrauben, Erdäpfelkroketten, Mandelbällchen

FASANENBRUST MIT GÄNSELEBERFÜLLE

ZUTATEN FÜR 4 PORTIONEN
*½ Fasanenbrüste, ausgelöst,
ohne Haut*
120 g Hühnerbrust, ausgelöst
1dl Schlagobers
180 g Gänseleber, fettarm
30 g Pistazienkerne
Salz
Pastetengewürz (s. S. 51)
Pfeffer, weiß, aus der Mühle
Cognac
2 Schweinsnetze
4 EL Öl
*Fasanenkarkassen (Knochen)
zur Safterzeugung*
Butter zum Montieren

Brüste mittels Längsschnitt aufklappen, mit Folie bedecken, zart plattieren (klopfen), beidseitig würzen. Hühnerbrust in kleine Stücke schneiden, im Blitzschneider unter ständiger Beigabe von eiskaltem Obers zu einer sämigen Farce verarbeiten, diese durch ein Sieb streichen. Mit Salz, Pfeffer, Pastetengewürz, Spritzer Cognac und gehackten Pistazien abmischen. Farce auf die Brüste verteilen und aufstreichen. Gänseleber in vier längliche Stücke teilen. Mit Salz und Pfeffer würzen, auf die bestrichenen Brüste legen, zusammenklappen, in gewässertes, getrocknetes Schweinsnetz eindrehen. Die Enden façonnieren, anpressen und außen nochmals würzen. Öl in flacher Pfanne erhitzen, Fasanenbrüste allseitig bräunen, in das vorgeheizte Backrohr geben, öfter wenden und begießen. Die letzten 10 Minuten bei stark reduzierter Hitze braten. Aus der Pfanne heben, überschüssiges Netz abtrennen. In ca. 2 cm dicke Scheiben schneiden. Aus Fasanenkarkassen Saft erzeugen (rösten, stauben, rösten, aufgießen, seihen), kalte Butter einmontieren (einrühren).

BACKROHRTEMPERATUR: 220 °C fallend
GARUNGSDAUER: ca. 25 Minuten
BEILAGENEMPFEHLUNG: Linsen, Schupfnudeln, Rotkraut, Reis, Erdäpfelpüree, Kohlsprossen, Erdäpfelkroketten, Preisel- und Moosbeeren

REBHUHN IM SPECKKLEID

ZUTATEN FÜR 4 PORTIONEN
4 Rebhühner
4 Spickspeckscheiben
à 8 cm × 10 cm
3 EL Öl

Salz
Pfeffer, weiß, aus der Mühle
Butter zum Montieren
Suppe oder Fond zum
Aufgießen

Gerupfte, ausgenommene Rebhühner innen und außen mit Salz und Pfeffer würzen. Brüste jeweils mit einer Scheibe Speck einhüllen, mit Spagat fixieren. Öl in Pfanne erhitzen, Rebhühner mit Brust seitlich nach unten einlegen, allseitig anbraten. In das vorgeheizte Backrohr geben und ca. 18 Minuten kräftig braten, Speck abheben, warm stellen. Rebhühner nun an den Brüsten ca. 7 Minuten bräunen, aus der Pfanne heben, warm stellen, überschüssiges Fett abgießen, Bratensatz mit etwas Suppe oder Fond lösen, durchkochen, seihen, kochenden Saft mit eingerührter, eiskalter Butter binden. Rebhühner vierteln, anrichten, mit Speck belegen.

BACKROHRTEMPERATUR: 220 °C
GARUNGSDAUER: ca. 25 Minuten
BEILAGENEMPFEHLUNG: Linsen, Rotkraut, Maronierdäpfel, Kohl, Erdäpfelkroketten, Preiselbeeren

BLATTSPINAT

Zutaten für 4 Portionen
1 kg Spinat, frisch
4 l Wasser
Salz

Natron
50 g Butter
Pfeffer, schwarz, gemahlen
Knoblauch, gepreßt

In großer Schüssel (oder Waschbecken) mit kaltem Wasser entstielten Spinat gut waschen, aus dem Wasser heben. Vorgang je nach Verschmutzung (Erde) einige Male (verbunden mit Wasserwechsel und Reinigung des Gefäßes) wiederholen. Wasser zum Kochen bringen, Salz, Natron und Spinat beigeben. Spinat ständig unter die Wasseroberfläche drücken, nach ca. 3–5 Minuten mit Schaum- oder Gitterlöffel aus dem Wasser heben und in reichlich Eiswasser (Eiswürfel) geben, durchrühren, eventuell kaltes Wasser nachgießen. Blattspinat abseihen, gut ausdrücken. Butter bräunen, Blattspinat beigeben, Salz, Pfeffer und Knoblauch untermengen.

GARUNGSDAUER: 3–5 Minuten
MEIN TIP: Gewürzter Blattspinat schmeckt auch in kaltem Zustand, beispielsweise als Spinatsalat, hervorragend!

CREMESPINAT

Zutaten für 4 Portionen
800 g Blattspinat, roh
20 g Butter
20 g Mehl
3 dl Rindsuppe

Salz
Pfeffer, schwarz, gemahlen
Knoblauch, gepreßt
30 g Butter, braun

Spinat kochen (siehe oben). Gut ausdrücken, fein faschieren. Butter schmelzen, Mehl kurz anschwitzen, mit heißer Suppe aufgießen, sehr gut verrühren und 5 Minuten kochen lassen. Wenn nötig (Knoten), passieren. Spinat und Einmach vermengen, aufkochen. Achtung: Verletzungsgefahr durch Spritzer! Salz, Pfeffer, Knoblauch sowie braune Butter einrühren. Konsistenz – wenn nötig – mit Suppe korrigieren.

GARUNGSDAUER: 10–15 Minuten

GEDÜNSTETER KOCHSALAT

ZUTATEN FÜR 4 PORTIONEN
800 g Kochsalat
100 g Wurzelwerk, geschält
(gelbe Rübe, Karotte, Lauch,
Sellerie)

60 g Frühstücksspeck
¼ l Rindsuppe, fett
Natron
Salz
Pfeffer, schwarz, aus der Mühle

Kochsalat von unschönen Außenblättern befreien. In reichlich kochendes, mit Natron versetztes Salzwasser geben, ca. 4 Minuten kochen. Aus dem Wasser heben, in Eiswasser abkühlen, herausheben, abtropfen, leicht pressen. Kochsalat der Länge nach halbieren, Strunk herausschneiden, leicht plattieren (klopfen), würzen. In der Mitte einschneiden und zu einem Bündel falten. Wurzelwerk und Speck ganz klein schneiden, passende Auflaufform damit ausstreuen, Kochsalat einsetzen, mit Suppe begießen und im vorgeheizten Backrohr weichdünsten.
Verwendung: als Beilage zu Rindsfilet, Entrecôte, Kalbfleisch und Lammgerichten

BACKROHRTEMPERATUR: 200 °C
GARUNGSDAUER: ca. 25 Minuten

KOCHSALAT MIT ERBSEN

ZUTATEN FÜR 4 PORTIONEN
800 g Kochsalat
100 g Erbsen, frisch oder
tiefgekühlt
20 g Butter

20 g Mehl, glatt
¼ l Rindsuppe
Salz
Pfeffer
30 g Butter, braun

Kochsalat putzen, waschen, in siedendem Salzwasser kernig kochen. Sofort in Eiswasser legen, eiskalt spülen. Aus dem Wasser heben, gut ausdrücken, fein hacken. Butter schmelzen, Mehl darin anschwitzen, mit Suppe aufgießen und sehr gut verrühren (Schneerute). Einige Minuten kochen. Erbsen in siedendem Salzwasser kochen, abseihen, mit dem Kochsalat unter die Einmach mengen. Butter bräunen, unter den Kochsalat mischen. Mit Salz und schwarzem Pfeffer würzen.
Verwendung: als Beilage zu gekochtem Rindfleisch, Zunge, Faschiertem, Augsburger oder Leberkäse

GARUNGSDAUER: ca. 10 Minuten

227

KOHLRABI IN RAHMSAUCE
(Kohlrabi à la crème)

ZUTATEN FÜR 4 PORTIONEN
800 g Kohlrabi, geschält
20 g Mehl, glatt
20 g Butter
2 dl Kohlrabisud

1 dl Sauerrahm
1 TL Petersilie, gehackt
Salz
Pfeffer, weiß, aus der Mühle
Zitronensaft

Kohlrabi (ohne holzige Teile) halbieren und in dünne Spalten schneiden. In Salzwasser kernig kochen, aus dem Sud heben, Sud beiseite stellen. Butter schmelzen, Mehl, ohne Farbe zu geben, anschwitzen, mit Kohlrabisud aufgießen, sehr gut verrühren (Schneerute). Sauerrahm unterrühren, kurz aufkochen, Kohlrabi untermengen. Gewürze, Petersilie sowie etwas Zitronensaft beigeben, eventuell mit etwas gekörnter Suppenwürze vollenden.
Verwendung: als Beilage zu gekochtem Rindfleisch, Pökelzunge oder Faschiertem

GARUNGSDAUER: ca. 10 Minuten

WIENER KOHL

ZUTATEN FÜR 6 PORTIONEN
800 g Kohl, geputzt
20 g Butter
20 g Mehl, glatt
60 g Frühstücksspeck

¼ l Rindsuppe
1 Knoblauchzehe, gepreßt
Salz
Pfeffer, schwarz, aus der Mühle

Kohl von Außenblättern und Strunk befreien, feinnudelig schneiden. Kohl in siedendem Salzwasser kochen, abseihen, abpressen. Butter schmelzen, Mehl beigeben, anschwitzen, mit heißer Suppe aufgießen und sehr gut verrühren (Schneerute). Einige Minuten kochen lassen, Kohl untermengen. Speck kleinwürfelig schneiden, anrösten, dem Kohl beigeben. Mit Knoblauch, Salz und Pfeffer vollenden, nochmals kurz aufkochen.
Verwendung: als Beilage zu gekochtem Rindfleisch, Zunge, Faschiertem, Bratwurst, Augsburger oder Leberkäse

GARUNGSDAUER: ca. 4–6 Minuten

DILLKÜRBIS

ZUTATEN FÜR 4 PORTIONEN
*½ kg Kürbis, geschält, entkernt
(= ca. 1 kg ungeschält)
80 g Zwiebeln
30 g Butter
1 EL Paprikapulver, edelsüß
1 dl Sauerrahm*

*20 g Mehl, glatt
1 KL Dillspitzen, gehackt
1 dl Rindsuppe
Essig oder Zitronensaft
Salz
Pfeffer, weiß, aus der Mühle*

Halbierten Kürbis nochmals in drei Längsteile schneiden.
Diese wiederum messerrückendick schneiden, einsalzen,
½ Stunde ziehen lassen, leicht abpressen. Zwiebeln fein
schneiden, in heißer Butter licht anschwitzen. Kürbis beigeben, mit Suppe untergießen und zugedeckt ca. 8 Minuten
dünsten. Paprika, Pfeffer und Dille einmengen. Sauerrahm
mit Mehl vermischen, in den Kürbis einrühren, nochmals
kurz aufkochen lassen. Mit etwas Zitronensaft oder Essig pikant abschmecken.
Verwendung: als Beilage zu gekochtem Rindfleisch, Faschiertem oder Augsburger

GARUNGSDAUER: ca. 10 Minuten
MEIN TIP: Für Kürbiskraut hobelt man den Kürbis in
feine Streifen, wodurch sich die Garungszeit verringert.

DILLFISOLEN

ZUTATEN FÜR 6 PORTIONEN
1 kg Fisolen, geputzt, ohne
Fäden und Enden
20 g Butter
20 g Mehl, glatt
2 dl Rindsuppe

¼ l Sauerrahm
10 g Dillspitzen, gehackt
Salz
Pfeffer, schwarz, aus der Mühle
Zitronensaft oder Essig
Natron

Fisolen in Rauten schneiden. In mit Natron versetztem, siedendem Salzwasser kochen, abseihen und eventuell abfrischen. Butter schmelzen, Mehl beigeben, anschwitzen, mit heißer Suppe aufgießen, glattrühren (Schneerute). Einige Minuten durchkochen, Rahm beigeben, aber nicht mehr kochen. Fisolen in die Einmach mengen, mit Salz, Pfeffer, Zitronensaft oder Essig und Dille vollenden. Nochmals aufkochen.

Verwendung: als Beilage zu gekochtem Rindfleisch, Zunge, Faschiertem, Augsburger oder Leberkäse

GARUNGSDAUER: ca. 6 Minuten

LETSCHO

ZUTATEN FÜR 4 PORTIONEN
400 g Paprikaschoten, entkernt
200 g Zwiebeln
250 g Tomaten, geschält,
entkernt
6 EL Öl

2 Knoblauchzehen, gepreßt
⅛ l Suppe
Salz
Pfeffer, aus der Mühle
1 EL Petersilie, gehackt

Paprikaschoten und Zwiebeln in Streifen oder grobe Würfel schneiden, Tomaten sechsteln. Öl erhitzen, Zwiebeln glasig anlaufen lassen, Paprikaschoten beigeben, kurz andünsten, mit Knoblauch, Salz und Pfeffer würzen. Mit Suppe begießen und zugedeckt dünsten. Nach 8 Minuten gewürzte Tomaten zugeben. Kurz zart weiterdünsten, abschmecken, mit Petersilie bestreuen.

Verwendung: als Beilage zu Schweinefleischgerichten, Lamm- oder Grillspezialitäten, aber auch für kaltes Buffet

GARUNGSDAUER: 10 Minuten
MEIN TIP: Mitgedünsteter, angerösteter Speck und ein Spritzer Weißwein ergeben eine andere Geschmacksnote.

GEDÜNSTETER FENCHEL

ZUTATEN FÜR 4 PORTIONEN
400 g Fenchelknolle, geputzt
100 g Wurzelwerk (Karotte,
Sellerie, gelbe Rübe), geschält

50 g Frühstücksspeck
7 dl Rindsuppe
1 TL Petersilie, gehackt

Von Fenchelknolle äußere Randschicht, Strunk und Stiele entfernen, waschen, halbieren und in längliche Scheiben schneiden. Boden einer feuerfesten Form mit kleinwürfelig geschnittenem Wurzelwerk und Speck bestreuen. Fenchel einschichten, mit Suppe bedecken und im vorgeheizten Backrohr garen. Aus der verbliebenen Suppe heben, mit Petersilie bestreuen.
Verwendung: als herbe Beilage zu Grillgerichten, Rindsfilet, Roastbeef oder Lamm

BACKROHRTEMPERATUR: 220 °C
GARUNGSDAUER: 45 Minuten

SAUERKRAUT *(Gabelkraut)*

ZUTATEN FÜR 4 PORTIONEN
600 g Sauerkraut
100 g Zwiebeln
50 g Frühstücksspeck
4 dl Rind- oder Selchsuppe

5 EL Schmalz oder Öl
Salz
1 Lorbeerblatt
5 Pfefferkörner
4 Wacholderbeeren

Sauerkraut je nach Notwendigkeit kalt wässern. Zwiebeln und Speck gesondert in kleine Würfel schneiden. Fett erhitzen, Speck anlaufen lassen, Zwiebeln darin glasig anschwitzen. Mit Suppe aufgießen, Sauerkraut beigeben. Gemeinsam mit Gewürzen (und eventuell einer Speckschwarte) zugedeckt weichdünsten. Gewürze entfernen, abschmecken.

GARUNGSDAUER: 45 Minuten
MEIN TIP: Wenn Sie das Sauerkraut gebunden bevorzugen, so mengen Sie 1–2 rohe, gerissene Erdäpfel ein und lassen das Kraut noch weitere 5 Minuten kochen. Man kann auch Paprikapulver mitdünsten und abschließend Sauerrahm einrühren.

WEINKRAUT

ZUTATEN FÜR 4 PORTIONEN
600 g Weißkraut, ohne
Außenblätter und Strunk
50 g Zwiebeln
150 g Äpfel, säuerlich, entkernt
5 EL Butterschmalz oder Öl
⅛ l Weißwein
Kristallzucker

Marinade:
⅛ l Weißwein
½ EL Zitronensaft
Salz
Kristallzucker

Kraut und Zwiebeln gesondert in feine Streifen schneiden. Kraut einsalzen, mit Zucker, Wein und Zitronensaft marinieren, 1 Stunde ziehen lassen. Zwiebeln in Fett farblos anschwitzen, etwas Zucker beigeben, glacieren, mit Wein ablöschen und Kraut samt Marinade einmengen. Zugedeckt weichdünsten. Geschabte Äpfel einrühren, fertigdünsten.
Verwendung: als Beilage zu Ente, Gans, Wildente, Schweinefleisch oder Spanferkel

GARUNGSDAUER: ca. 60 Minuten
MEIN TIP: Für Champagnerkraut verwenden Sie statt Wein Sekt. Möchten Sie dem Kraut eine exotische Nuance verleihen, so mengen Sie geschnittene Hawaiiananas unter.

ROTKRAUT

ZUTATEN FÜR 4 PORTIONEN
600 g Rotkraut, ohne
Außenblätter und Strunk
1 EL Preiselbeeren
150 g Äpfel, geschält, entkernt

2 dl Rotwein
3 EL Öl
80 g Zwiebeln, feingeschnitten
20 g Kristallzucker
Orangen- und Zitronensaft
Salz

Rotkraut fein hobeln, mit Zitronen- und Orangensaft sowie Salz kräftig verkneten, einige Stunden rasten lassen. Öl erhitzen, Zwiebeln – ohne Farbe zu geben – anschwitzen, Zucker beigeben, kurz rösten, mit Wein ablöschen. Rotkraut untermengen und zugedeckt dünsten. (Falls nötig etwas Wasser oder Suppe zugießen.) Knapp vor vollendeter Garung mit gerissenen Äpfeln und Preiselbeeren vermischen, zugedeckt fertigdünsten.
Verwendung: als Beilage zu Wildgerichten

GARUNGSDAUER: ca. 80 Minuten
MEIN TIP: Rotkraut läßt sich mit etwas Phantasie äußerst
vielfältig geschmacklich abändern. So ergeben etwa Ananasstücke und -saft, geschälte, mitgedünstete Maroni, Bir-
nenstücke oder geschälte Weintrauben eine jeweils neue
Geschmacksnuance. Auch was die Würzung betrifft, ist die
Bandbreite groß. Von Zimt angefangen, über Essig, Lorbeerblatt bis zu Gewürznelken ist alles, je nach Geschmack, empfehlenswert. Eine eventuell gewünschte Bindung erzielt man mit Hilfe von Mehl oder Maisstärke.
Rotkraut ist bei kühler Lagerung ca. 1 Woche haltbar.

GLACIERTE KAROTTEN

ZUTATEN FÜR 4 PORTIONEN   *Mineralwasser*
600 g Karotten, geschält   *1 EL Kristallzucker (gehäuft)*
40 g Butter   *1 TL Petersilie, gehackt*
Salz

Karotten in 6 mm × 4 cm große Stücke schneiden. Butter
schmelzen, Kristallzucker darin glasig werden lassen. Mit
Mineralwasser ablöschen, Zucker auflösen, Karotten beigeben, ankochen. Salz und ständig etwas Wasser einrühren, dabei die Karotten schwenken. Die Flüssigkeit muß immer auf
ein Minimum beschränkt sein. Wenn die Karotten knackig
gegart sind, sollte die Flüssigkeit völlig verdunstet sein. Mit
Petersilie vollenden.
Verwendung: als Beilage zu Kalbsbraten, Kalbsfilets, Hühner-
oder Truthahngerichten

GARUNGSDAUER: ca. 15 Minuten

TOMATENCONCASSÉE

ZUTATEN FÜR 4 PORTIONEN
400 g Tomaten, geschält,
entkernt
3 EL Butter oder Olivenöl

Salz
Pfeffer, schwarz, aus der Mühle
Petersilie, gehackt

Tomaten in kleine Würfel schneiden. Butter (Öl) erhitzen, Tomatenwürfel unter ständigem Schwenken der Pfanne darin erhitzen, würzen, mit Petersilie vollenden.
Verwendung: paßt – mit gehacktem Basilikum vermengt – besonders gut zu Kalb-, Rindfleisch- und Fischgerichten

GARUNGSDAUER: ca. 3 Minuten

LINSEN MIT SPECK

ZUTATEN FÜR 4 PORTIONEN
250 g Tellerlinsen, getrocknet
(oder eine 1-kg-Dose gekochter
Linsen)
4 EL Öl
30 g Mehl, glatt
30 g Zwiebeln, feingeschnitten
120 g Frühstücksspeck
15 g Kapern, gehackt

1 KL Tomatenmark
½ l Suppe oder Linsensud
Salz
Pfeffer, schwarz
Kuttelkraut
Majoran
1 Lorbeerblatt
Essig
Sardellenpaste

Getrocknete Linsen in reichlich kaltem Wasser einige Stunden weichen. Wasser abschütten, Linsen mit frischem Wasser, Salz, Lorbeerblatt und Kuttelkraut zustellen, weichkochen. Öl erhitzen, Mehl beigeben, dunkelbraun rösten (Einbrenn). Zwiebeln beigeben, rösten, Tomatenmark einrühren, rösten, mit Suppe oder Linsensud aufgießen, glattrühren. 10 Minuten durchkochen lassen, Linsen untermengen, 5 Minuten kochen lassen, mit Salz, Essig, Majoran, Pfeffer, Kapern und Sardellenpaste pikant abschmecken. Speck in kleine Würfel schneiden, knusprig anrösten und mit dem verbliebenen Schmalz auf den Linsen anrichten oder untermengen.
Verwendung: als ausgezeichnete Beilage zu Wild, Wildgeflügel, Gänseleber oder Wurst

GARUNGSDAUER: ca. 25 Minuten, je nach Linsenart
MEIN TIP: Kalorienbewußte werden entweder die Mehlbindung oder den Speck weglassen.

ERBSENPÜREE

ZUTATEN FÜR 6 PORTIONEN
½ kg Trockenerbsen
1,5 l Wasser
50 g Zwiebeln, gehackt

50 g Butter
⅛ l Schlagobers
1 Selchspeckschwarte
Salz

Getrocknete Erbsen ca. 12 Stunden in reichlich kaltem Wasser einweichen. Wasser abschütten. Erbsen mit frischem Wasser, Zwiebeln und Speckschwarte zum Kochen bringen, weichkochen, abseihen, Speckschwarte entfernen. Erbsen passieren, Butter und Obers einrühren, salzen.
Verwendung: als Beilage zu Zunge, Selchfleisch, Selchripperln oder Würsten

GARUNGSDAUER: ca. 30 Minuten

BUCHWEIZENBLINIS

ZUTATEN FÜR 4 PORTIONEN
130 g Buchweizenmehl
120 g Weizenmehl, glatt
3 g Germ
1 Ei
2 Eidotter

2 Eiklar
¼ l Milch
20 g Butter
Salz
Butterschmalz zum Backen

Beide Mehlsorten vermischen, Germ dazubröckeln, zerlassene Butter sowie lauwarme Milch einrühren. Ei und Eidotter untermengen, glattrühren. Eiklar und etwas Salz zu Schnee schlagen, unter den Teig ziehen, diesen ½ Stunde bei Raumtemperatur gehen lassen. In passender Pfanne Butterschmalz erhitzen, mit einem Löffel Teig in Plätzchenform in die Pfanne einsetzen und beidseitig knusprig braun backen. Aus der Pfanne heben.
Verwendung: als Beilage zu Fischen, etwa Lachs mit Krensauce. Außerdem gelten Blinis als klassische Beilage zu echtem Caviar, wozu außerdem noch Sauerrahm gereicht wird.

GRATINIERTE GRIESSDUKATEN

ZUTATEN FÜR 4 PORTIONEN
½ l Milch
150 g Weizengrieß
50 g Butter
2 Eier

2 EL Parmesan, gerieben
Salz
Muskatnuß
Butter (oder Butterschmalz)
zum Braten und Befetten

Milch und Butter zum Kochen bringen, Salz und Muskatnuß beigeben. Grieß einfließen lassen, sehr gut vermengen. Masse so lange rühren, bis diese steif anzieht. Eier rasch einrühren. Masse auf ein schwach befettetes Blech ca. 1 cm hoch flach auftragen, andrücken und erkalten lassen. Mittels rundem Ausstecher Dukaten ausstechen. Butter in flacher Pfanne erhitzen, Grießdukaten darin beidseitig scharf anbraten. Schindelartig in gebutterte flache Gratinierschüssel formieren, mit Parmesan bestreuen und bei extremer Oberhitze überbacken.

BACKROHRTEMPERATUR: 250 °C
GARUNGSDAUER: ca. 8–10 Minuten
BEILAGENEMPFEHLUNG: Blattsalate

GEDÜNSTETER REIS

ZUTATEN FÜR 4 PORTIONEN
160 g Reis (parboiled)
4 dl Wasser (Suppe)
30 g Butter oder Öl

60 g Zwiebeln, feingeschnitten
Salz
2 Gewürznelken

Butter schmelzen, Zwiebeln glasig anlaufen lassen, Reis beigeben, kurz durchrühren, mit heißem Wasser oder Suppe aufgießen. Kräftig salzen (überwürzen), Nelken beigeben und zugedeckt aufkochen lassen; in das vorgeheizte Backrohr stellen und dünsten. Nelken entfernen.

BACKROHRTEMPERATUR: 160 °C
GARUNGSDAUER: ca. 30 Minuten
MEIN TIP: Für Milchreis lassen Sie 120 g Reis (keinen parboiled!) in 1½ l kochender Milch, versetzt mit 40 g Butter und etwas Salz, cremig garen und vollenden mit brauner Butter, geriebener Schokolade oder Zimt.

LETSCHOREIS

ZUTATEN FÜR 4 PORTIONEN
200 g Reis (parboiled)
3 dl Wasser oder Suppe
100 g Paprikaschoten
60 g Tomaten, geschält, entkernt
50 g Zwiebeln
4 EL Öl
1 Knoblauchzehe, gepreßt
Salz
Suppenwürze
1 EL Petersilie, gehackt

Zwiebeln kleinwürfelig, Paprika in feine Streifen, Tomaten in sechs Teile schneiden. Öl erhitzen, Zwiebeln glasig anlaufen lassen, Paprika beigeben, kurz andünsten, Reis untermengen. Mit Suppe oder Wasser aufgießen, würzen (überwürzen) und zugedeckt im vorgeheizten Backrohr dünsten. Wenn der Reis gar ist, gesalzene Tomaten beigeben, 5 Minuten weiterdünsten. Mit Petersilie vollenden.
Verwendung: als Beilage zu Garnelen, Hummerkrabben, gebratenen Fischen, aber auch zu Schweinefleisch und Lamm

BACKROHRTEMPERATUR: 160 °C
GARUNGSDAUER: 30 Minuten

WILDREIS

ZUTATEN FÜR 4 PORTIONEN
200 g Wildreis
3 l Salzwasser
20 g Butter

Wasser aufkochen, Reis einfließen lassen und unter oftmaligem Rühren kochen lassen. Heiß spülen, abtropfen lassen. Mit geschmolzener Butter abmengen, eventuell nachsalzen.
Verwendung: als ideale Beilage zu Fisch und Krustentieren sowie zu Kalbfleisch und Geflügelgerichten

GARUNGSDAUER: 1¾ Stunden

NOCKERLN *(Spätzle)*

ZUTATEN FÜR 6 PORTIONEN
500 g Mehl, glatt (wenn
möglich Typ 480)
3 Eier
3 Eidotter

2 dl Milch
1 EL Öl oder flüssige Butter
Salz
Butter zum Schwenken

Alle Zutaten mittels Kochlöffel zu einem glatten Teig verrühren. Reichlich Salzwasser zum Kochen bringen. Teig mittels Nockerlsieb oder Teigkarte (für Spätzle mittels Presse) in das Wasser einkochen, stets mit Kochlöffel umrühren, damit keine Klumpen entstehen. Nockerln aufkochen, abseihen, heiß abschwemmen. Butter schmelzen, Nockerln darin schwenken, salzen.

Verwendung: als Beilage zu Kalbsgulasch, Pörkölt, Ragout, Geschnetzeltem, Rindsbraten oder Rouladen

GARUNGSDAUER: ca. 3 Minuten

SPINATSPÄTZLE

ZUTATEN FÜR 4 PORTIONEN
125 g Mehl, glatt (Typ 480)
125 g Mehl, griffig
70 g Sauerrahm
75 g Spinat, gekocht, fein
passiert

2 Eidotter
1 Ei
Salz
30 g Butter zum Schwenken

Mehl, Ei, Eidotter, Sauerrahm, Spinat und Salz zu einem glatten Teig verrühren. Mit der Spätzlepresse in kochendes Salzwasser pressen. Einmal aufkochen, abseihen, heiß abschwemmen, abtropfen und in heißer Butter schwenken.

Verwendung: als Beilage zu Ragouts oder Kalbfleischgerichten

GARUNGSDAUER: ca. 3 Minuten

SEMMELKNÖDEL *(Foto Seite 221)*

ZUTATEN FÜR 6 STÜCK
250 g Semmelwürfel
60 g Butter
60 g Zwiebeln
2 dl Milch

40 g Mehl, griffig
3 Eier
Salz
Petersilie, gehackt

Butter schmelzen, kleingeschnittene Zwiebeln darin hell rösten. Eier und Milch gut verschlagen, salzen, über die Semmelwürfel gießen. Alle Zutaten vermengen, einige Minuten anziehen lassen, Mehl unterheben. Mit nassen Händen 6 Knödel formen und in reichlich Salzwasser schwach wallend kochen.

Verwendung: als Beilage zu Bauernschmaus, Schweinsbraten, Selchfleisch, Beuschel, gedünstetem Wild, Ragouts und für geröstete Knödel mit Ei

GARUNGSDAUER: 12 Minuten

WALDVIERTLER KNÖDEL *(Foto Seite 222)*

ZUTATEN FÜR 6 STÜCK
600 g Erdäpfel, mehlig, roh, geschält

300 g Erdäpfel, am Vortag in der Schale gekocht
20 g Grieß
Salz

Rohe Erdäpfel in Wasser reiben, in Leinentuch sehr gut auspressen. Gekochte, kalte, geschälte und passierte Erdäpfel, Salz, Grieß und die am Boden abgesetzte Stärke (ganz trokken) untermengen. Mit nassen Händen Knödel formen und in leicht wallendem Salzwasser kochen. Sofort servieren.

Verwendung: als Beilage zu Schweinsbraten, Spanferkel, Ente und Gans

GARUNGSDAUER: ca. 20 Minuten
MEIN TIP: Die Masse bindet noch besser, wenn etwas Maisstärke beigefügt wird.

SERVIETTENKNÖDEL *(Foto Seite 221)*

ZUTATEN FÜR 6 PORTIONEN
250 g Semmelwürfel
2 Eier
3 dl Milch
70 g Butter

60 g Zwiebeln
Salz
Petersilie, gehackt
Butter zum Bestreichen

Eier, Milch und Salz verschlagen. Zwiebeln sehr fein schneiden, in heißer Butter glasig anschwitzen. Semmelwürfel, Eiergemisch, Zwiebeln und Petersilie gut vermengen und 1 Stunde rasten lassen. Nasse Serviette oder Alufolie mit flüssiger Butter bestreichen. Aus der Masse eine ca. 6 cm dicke Rolle formen, diese in die Serviette straff einrollen. Die Enden mit Spagat abbinden, in der Mitte ebenfalls abbinden. (Bei Alufolie die Enden abdrehen.) In reichlich siedendes Salzwasser einlegen und schwach wallend kochen. Aus dem Wasser heben, Spagat lösen, Serviette entfernen. Knödel in ca. 1 cm dicke Scheiben schneiden und diese mit flüssiger Butter bestreichen.

Verwendung: als Beilage zu gedünsteten Gerichten, Ragouts, Wildgerichten oder Beuschel

GARUNGSDAUER: ca. 40 Minuten
MEIN TIP: Noch feiner werden Serviettenknödel, wenn man entrindetes Weißbrot verwendet und das Eiklar zu Schnee schlägt.

ERDÄPFELKNÖDEL

ZUTATEN FÜR 4–6 STÜCK
½ kg Erdäpfel, mehlig, in der
Schale am Vortag gekocht,
geschält

200 g Weizenmehl, griffig
50 g Weizengrieß
2 Eier
Salz

Erdäpfel fein faschieren, passieren, mit allen Zutaten verkneten. 30 Minuten rasten lassen, mit bemehlter Hand Knödel formen. In leicht wallendem Salzwasser kochen, 5 Minuten ziehen lassen. Mittels Lochschöpfer aus dem Wasser heben.
Verwendung: als Beilage zu Schweinsbraten, Ente und Gans

GARUNGSDAUER: 10 Minuten kochen, 5 Minuten ziehen
MEIN TIP: Für gefüllte Knödel, etwa Obstknödel, verwenden Sie dasselbe Rezept.

GRIESSKNÖDEL

ZUTATEN FÜR 6 PORTIONEN
= 12 STÜCK
250 g Grieß
100 g Butter

½ l Milch
3 Eier
Salz
Muskatnuß, gerieben

Milch, Butter und Salz aufkochen, 200 g Grieß einfließen lassen, dabei ständig rühren, bis sich die Masse vom Geschirr löst. Eier sowie restliche 50 g Grieß einmengen, mit Muskatnuß würzen. Masse erkalten lassen, 12 Knödel formen. In siedendem Salzwasser kochen, 10 Minuten ziehen lassen.

GARUNGSDAUER: 15 Minuten
MEIN TIP: Mit Hilfe dieses Rezeptes können Sie sowohl Grießknödel als Beilage (oder Suppeneinlage) als auch eine hervorragende Süßspeise herstellen: Wälzen Sie dafür die fertigen Knödel in Butterbröseln und servieren Sie sie gezuckert gemeinsam mit Zwetschkenröster.

ZWIEBELERDÄPFEL

ZUTATEN FÜR 4 PORTIONEN
600 g Erdäpfel, speckig,
gekocht, geschält
180 g Zwiebeln

8 EL Öl oder Schmalz
Salz
Pfeffer, schwarz, aus der Mühle
1 EL Petersilie, gehackt

Erdäpfel in messerrückendicke Scheiben, Zwiebeln in feine Streifen schneiden. 4 EL Fett erhitzen, Zwiebeln glasig (mit leichter Bräunung) rösten. In einer Pfanne (Teflon) restliches Fett erhitzen. Erdäpfel salzen, in die Pfanne geben und unter Schwingen der Pfanne bräunen. Zwiebeln daruntermengen, kurz nochmals durchrösten, würzen. Anrichten, mit Petersilie bestreuen.

Verwendung: als Beilage zu Lamm, Steaks, Schweinskoteletts, Grillgerichten und gebratenen Fischen wie Zander etc.

MEIN TIP: Würzen Sie mit etwas Majoran.

BOUILLONERDÄPFEL

ZUTATEN FÜR 4 PORTIONEN
½ kg Erdäpfel, speckig, roh
geschält
50 g Karotte, geschält
50 g Sellerieknolle, geschält

50 g gelbe Rübe, geschält
50 g Lauch
1 l Rindsuppe, fett
2 EL Schnittlauch, geschnitten
Salz

Erdäpfel in ca. 12 mm große Würfel, Karotte, Sellerie und gelbe Rübe in ca. 2 mm große Würfel schneiden. Lauch in Streifen schneiden. Gemeinsam mit der Suppe bedeckt zustellen, aufkochen, schwach salzen. Erdäpfel kernig kochen, abschmecken, mit reduzierter (eingekochter) Bouillon auftragen. Mit Schnittlauch bestreuen.

Verwendung: als Beilage zu Siedefleisch, Pökelfleisch, Zunge oder Bollito misto

GARUNGSDAUER: ca. 10 Minuten

ERDÄPFELKROKETTENMASSE

ZUTATEN FÜR 4 PORTIONEN
600 g Erdäpfel, mehlig, roh
geschält
2 Eidotter

20 g Butter
Salz
Muskatnuß

Erdäpfel vierteln, in Salzwasser kernig kochen, abseihen. Im heißen Backrohr mindestens 15 Minuten ganz trocken ausdampfen lassen, durch ein Sieb passieren. Am Herd Eidotter in die sehr heiße Masse zügig einrühren. Butter untermengen, mit Salz und Muskatnuß abschmecken. Masse völlig erkalten lassen und zur Weiterverarbeitung bereitstellen.

Variante I: Erdäpfelkroketten (aus der Masse werden Kroketten geformt, die in Mehl, verschlagenem Ei und Bröseln paniert und in Fett schwimmend herausgebacken werden)

Variante II: Maronierdäpfel (aus Maronipüree werden kleine Kugeln geformt, die von Krokettenmasse umhüllt, anschließend paniert und in Fett herausgebacken werden)

Variante III: Mandelerdäpfel (aus der Masse werden kleine Kugeln geformt, die in Mehl, verschlagenem Ei und gehobelten Mandeln paniert und in Fett herausgebacken werden)

GARUNGSDAUER: ca. 15 Minuten

ERDÄPFELDUKATEN

ZUTATEN FÜR 4 PORTIONEN
160 g Erdäpfel, mehlig, in der
Schale gekocht
20 g Butter

2 Eier
Salz
Muskatnuß
Öl oder Butterschmalz

Gekochte Erdäpfel sehr heiß schälen, passieren. In heißem Zustand alle Zutaten einrühren. Fett in flacher Pfanne erhitzen, mit Löffel ca. 3–4 cm große Plätzchen eingießen und beidseitig knusprig backen.

Verwendung: als Beilage zu à-la-minute-gebratenen Portionsgerichten wie etwa Kalbsmedaillons oder Rehfilets

GARUNGSDAUER: ca. 5 Minuten

ERDÄPFELGRATIN
(Pommes dauphinoises)

ZUTATEN FÜR 4 PORTIONEN
½ kg Erdäpfel, speckig, roh
geschält
⅛ l Schlagobers
⅛ l Milch

50 g Hartkäse, gerieben
Salz
Muskatnuß, gerieben
Knoblauch, gepreßt
Butter zum Ausstreichen

Erdäpfel in ca. 2 mm starke, gleichmäßige Scheiben schneiden. Milch und Obers vermischen, würzen, aufkochen, Erdäpfel beifügen und unter oftmaligem Umrühren kernig kochen. Passende Auflaufform mit Butter ausstreichen, Erdäpfelmasse einfüllen, mit Käse bestreuen und im vorgeheizten Backrohr backen.

Verwendung: als Beilage zu Lamm- und Grillgerichten, Roastbeef oder Rindsfilet

BACKROHRTEMPERATUR: 230 °C
GARUNGSDAUER: ca. 6 Minuten ankochen, Backdauer ca. 15 Minuten

GROSSMUTTERS ERDÄPFEL

ZUTATEN FÜR 4 PORTIONEN
400 g Erdäpfel, speckig,
gekocht, geschält
100 g Champignons
150 g Zwiebeln
100 g Frühstücksspeck

80 g Erbsen, gekocht
8 EL Öl oder Schmalz
1 EL Petersilie, gehackt
Salz
Majoran

Champignons waschen, sechsteln oder vierteln. Speck in ½ cm große, Zwiebeln in 1 cm große Würfel, Erdäpfel kleinwürfelig schneiden, salzen. In 2 Pfannen je die Hälfte des Fettes erhitzen. In einer Pfanne Speck anrösten, Zwiebeln beigeben, glasig werden lassen, Champignons hinzufügen, mitrösten. Gekochte Erbsen untermengen, salzen. In der zweiten Pfanne Erdäpfel braun braten, mit Zwiebel-Gemisch vermengen. Mit Majoran und Petersilie vollenden.

Verwendung: als Beilage zu Grillgerichten oder Huhn

ERDÄPFELPUFFER

ZUTATEN FÜR
4–6 PORTIONEN
1 kg Erdäpfel, speckig, roh
geschält

4 Eier
8 EL Schmalz oder Öl
Salz
Knoblauch, gepreßt

Erdäpfel mit Krenreißer oder Küchenmaschine in ca. 2 l kaltes Wasser reißen, ½ Stunde stehen lassen (nicht unbedingt erforderlich), in ein feines Sieb schütten und gut ausdrücken. Am Boden des Wassers bildet sich ein Stärkerückstand, der den Erdäpfeln untergemengt wird. Erdäpfel, Eier, Salz und Knoblauch gut verrühren. Fett in flacher Pfanne erhitzen, Erdäpfelmasse in beliebiger Größe (ca. 7 mm hoch) beidseitig braun und knusprig braten.
Verwendung: Erdäpfelpuffer können als selbständiges Gericht (mit Salaten) oder als Beilage zu Lamm, Rindsfilet etc. gereicht werden.

GARUNGSDAUER: ca. 5 Minuten
MEIN TIP: Unter Feinschmeckern gelten Erdäpfelpuffer mit echtem Caviar und Sauerrahm als wahre Delikatesse.

FOLIENERDÄPFEL

ZUTATEN FÜR 4 PORTIONEN
8 Erdäpfel, groß, mehlig,
ungeschält

8 EL Sauerrahm
2 EL Schnittlauch, geschnitten
Salz

Erdäpfel gut waschen (bürsten), schwemmen, in Alufolie eindrehen. Auf ein Backblech (oder Rost) setzen und im vorgeheizten Backrohr backen. Oberseite der Erdäpfel länglich einschneiden, durch Druck auf die Enden Einschnitt erweitern, salzen. Sauerrahm in Einschnitt füllen, mit Schnittlauch bestreuen.
Verwendung: als Beilage zu Steaks und Grillgerichten

BACKROHRTEMPERATUR: ca. 220 °C
GARUNGSDAUER: 40–60 Minuten, je nach Größe
MEIN TIP: Wenn Sie eine Grillparty veranstalten, so können Sie die Erdäpfel auch in die heiße, nicht glühende Holzkohlenasche eingraben und solcherart garen.

ERDÄPFELPÜREE

ZUTATEN FÜR 4 PORTIONEN
*800 g Erdäpfel, mehlig, roh
geschält*
90 g Butter

2 dl Milch
Salz
Muskatnuß
Zwiebeln, geröstet

Erdäpfel vierteln, mit Salzwasser bedecken und zugedeckt kernig kochen. Erdäpfel abseihen, heiß ausdampfen lassen, sofort durch ein feines Sieb passieren, handwarme Butter einrühren, dann heiße Milch nach und nach darunterziehen. Mit Salz und ganz wenig Muskatnuß würzen. Püree anrichten, obenauf geröstete Zwiebeln drapieren.

Verwendung: gilt als klassische Beilage zu Faschiertem und Geselchtem, aber auch zu Zunge, Natur- oder Rahmschnitzel und Gänseleber

GARUNGSDAUER: ca. 15 Minuten
MEIN TIP: Wenn Sie die Buttermenge erhöhen oder teilweise mit Schlagobers aufgießen, wird das Püree noch schmackhafter. Feinschmecker mengen etwas Trüffelöl unter das Püree, das dem Gericht eine einzigartige aromatische Geschmacksnuance verleiht.

SCHUPFNUDELN

ZUTATEN FÜR 4 PORTIONEN
*220 g Erdäpfel, mehlig,
gekocht, geschält*
*100 g Mehl, griffig (Typ
W 480, wenn möglich)*
30 g Weizengrieß

20 g Butter
1 Ei
Salz
Butterschmalz zum Schwenken
Mehl zum Bestauben

Erkaltete Erdäpfel sehr fein faschieren oder passieren. Alle Zutaten zu einem geschmeidigen Teig verarbeiten, aus diesem eine dicke Rolle formen und auf bemehltem Brett in kleine Stücke schneiden. Teigstücke gut bemehlen und durch Vor- und Rückwärtsbewegungen der Handflächen mit schwachem Druck zu Schupfnudeln formen. In reichlich siedendem Wasser 2 Minuten kochen, abseihen, kalt spülen, in

Butterschmalz unter ständigem Schwingen der Pfanne leicht bräunen.

GARUNGSDAUER: 2 Minuten
MEIN TIP: Schupfnudeln lassen sich äußerst vielseitig kombinieren und variieren. Nach dem Basisrezept zubereitet, passen sie hervorragend zu gedünstetem Fleisch (Ragout); mit Kräutern (etwa Minze) verfeinert, harmonieren sie gut mit Lammgerichten. Mit Butter und Bröseln serviert, ergeben Schupfnudeln eine ausreichende Hauptmahlzeit. Für süße Mohn- oder Butternudeln wälzt man die Schupfnudeln in Mohn bzw. Butterbröseln und serviert sie mit Staubzucker bestreut.

SPRITZERDÄPFEL

ZUTATEN FÜR 4 PORTIONEN
600 g Erdäpfel, mehlig, roh geschält
2 Eidotter
1 Ei
40 g Butter
Salz
Muskatnuß, gerieben
Ei zum Bestreichen
Butter zum Bestreichen

Erdäpfel vierteln, in Salzwasser kernig weich kochen, abseihen. Gut ausdampfen lassen, heiß durch ein feines Sieb passieren. Ei und Eidotter untermengen, Butter und Gewürze einrühren. Backblech mit Butter bestreichen (oder Trennpapier verwenden), Masse mit Spritzsack (Sterntülle) kreisend zu einem Krapferl aufspritzen. Erkalten lassen, mit verschlagenem Ei bestreichen und im vorgeheizten Backrohr goldbraun backen.
Verwendung: als Beilage zu Kalbfleisch, Geflügel und Wildgerichten

BACKROHRTEMPERATUR: 250 °C
BACKDAUER: ca. 10 Minuten
GARUNGSDAUER: ca. 15 Minuten
MEIN TIP: Für Briocheerdäpfel werden aus derselben Masse ca. 3,5 cm große Kugeln geformt. Die Kugeln werden auf ein Backblech gesetzt, mit Ei bestrichen, oben mit einem Kreuzschnitt eingekerbt und wie Spritzerdäpfel gebacken.

ERDÄPFELROULADE

ZUTATEN FÜR 4 PORTIONEN
250 g Erdäpfel, in der Schale
gekocht, geschält
100 g Mehl, griffig
25 g Weizengrieß
1 Ei
20 g Butter
Salz
Muskatnuß
Butter zum Bestreichen

Fülle:
80 g Blattspinat, gekocht
20 g Frühstücksspeck
1 EL Zwiebeln, feingeschnitten
Salz
Pfeffer, schwarz, aus der Mühle
Knoblauch, nach Bedarf

Erkaltete, geschälte Erdäpfel fein faschieren, mit Salz, hand-
weicher Butter, Ei, Mehl, Muskatnuß und Grieß verkneten.
Auf bemehlter Unterlage zu einem 1 cm dicken Rechteck
ausrollen. Blattspinat gut ausdrücken, fein hacken. Würfelig
geschnittenen Speck und Zwiebeln rösten, erkaltet unter den
Spinat mengen, würzen. Fülle gleichmäßig auf den Teig auftragen, straff einrollen. In gebuttertes Leinentuch (zart naß
oder Folie) einrollen, Enden mit Spagat abbinden, in reichlich Salzwasser kochen. Aus dem Wasser heben, aus dem
Tuch rollen, in gefällige Scheiben schneiden und mit flüssiger
Butter bestreichen.
Verwendung: als Beilage zu Schweinsbraten, Rindfleisch und
Ragoutgerichten

GARUNGSDAUER: ca. 30 Minuten, je nach Stärke der
Roulade
MEIN TIP: Die Fülle kann beliebig abgewandelt werden,
etwa durch ein Lauch-Schinken-Gemisch oder Grammeln.

Kirschstrudel (s. S. 342)

ZUBEREITEN VON GERMTEIG
(Rezept s. S. 252)

◄ Alle Zutaten bereitstellen und für das Dampfl das Backrohr lauwarm temperieren.

Germ in der Hälfte der lauwarmen Milch lösen. Mit etwas Mehl zu weichem Dampfl verarbeiten. ►

◄ Laue Butter, laue Restmilch, Zucker, Rum, Eier, Eidotter und Aromastoffe vermischen.

Das Dampfl ist fertig »gegangen«, wenn sich das Volumen vergrößert hat und sich an der Oberfläche grobe Risse zeigen. ►

◄ Mehl mit Eier-Butter-Milchgemisch und Dampfl zu geschmeidigem Teig schlagen.

Teig zugedeckt ¹/₂ Stunde warm rasten lassen, bis sich das Volumen etwa um ¹/₃ vermehrt hat. ►

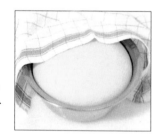

◄ Teig weiterverarbeiten – z.B. zu einem Germteigzopf – und nochmals zugedeckt warm rasten.

Mit verschlagenem Ei bepinseln, mit Mandelsplittern bestreuen, auf mit Trennpapier belegtem Backblech backen. ►

RÖSTERDÄPFEL

ZUTATEN FÜR 4 PORTIONEN
600 g Erdäpfel, speckig,
gekocht, geschält
100 g Zwiebeln, feingeschnitten

7 EL Öl oder Schmalz
Salz
Petersilie, gehackt

Erkaltete Erdäpfel (am besten mit speziellem Erdäpfelreißer)
reiben. Fett erhitzen, Zwiebeln darin leicht bräunen. Erdäpfel
salzen, gut vermengen, den Zwiebeln beigeben, durchrühren.
Unter oftmaligem Wenden knusprig bräunen. Anrichten und
mit Petersilie bestreuen.
Verwendung: als Beilage zu Siedefleisch und Wiener Gemüse,
aber auch zu Hausmannskost (Augsburger, Leberkäse, Bratwurst, Faschiertem)

MEIN TIP: Stürzerdäpfel werden ähnlich erzeugt, aller-
dings werden in diesem Fall die geriebenen, mit Salz und
Zwiebeln vermengten Erdäpfel in eine gefettete (Teflon-)
Pfanne gepreßt, gebräunt, im Ganzen gewendet und nach
Bräunung der anderen Seite gestürzt, wodurch eine
braune Kruste entsteht.

SÜSSE GERICHTE

Grundrezepte für Teige

MÜRBTEIG

ZUTATEN
½ kg Mehl, glatt
200 g Staubzucker
230 g Butter
2 Eier

1 EL Vanillezucker
Schale von ½ Zitrone,
gerieben
Prise Salz

Alle Zutaten in einer Rührschüssel rasch verkneten. Der Teig ist sehr wärmeempfindlich, weshalb er nicht lange bearbeitet werden darf, da er sonst „brandig" wird, d. h. er verliert die Bindung. ¾ Stunden im Kühlschrank rasten lassen.

GERMTEIG *(Foto Seite 250)*

ZUTATEN
½ kg Mehl, glatt
40 g Germ
75 g Staubzucker
75 g Butter
ca. ¼ l Milch
Spritzer Rum

3 Eidotter
2 Eier
Prise Salz
1 EL Vanillezucker
Schale von 1 Zitrone,
gerieben

Germ in der Hälfte der – lauwarmen – Milchmenge auflösen. Mit etwas Mehl zu einem weichen Dampfl verarbeiten. Oberfläche mit etwas Mehl bestauben; das Dampfl zugedeckt an einem warmen Ort gehen lassen, bis die Oberfläche des Teiges grobe Risse aufweist. In der Zwischenzeit restliches Mehl in eine Schüssel sieben. Erwärmte Butter, lauwarme Restmilch, Rum sowie restliche Zutaten beigeben; mit Dampfl zu

*Von oben nach unten: Pfirsichkuchen (s. S. 382), Topfengolatschen (s. S. 294),
Gugelhupf (s. S. 278), Buchteln und Krapfen (s. S. 271)*

Faschingskrapfen (s. S. 271)

einem geschmeidigen Teig schlagen, bis dieser Blasen wirft. Zugedeckt an einem warmen Ort ½ Stunde rasten lassen.

MEIN TIP: Für manche Gebäcksorten ist es angebracht, den Teig nochmals aufzuarbeiten (zusammenstoßen, schlagen, nochmals gehen lassen), da der Teig feinporiger wird.

BRANDTEIG

ZUTATEN
¼ l Wasser
50 g Butter

140 g Mehl, glatt
3 Eier
Prise Salz

Wasser, Butter und Salz aufkochen, Mehl einrühren; so lange rühren, bis sich der Teig von Geschirr und Kochlöffel löst. Eier verschlagen und langsam in den heißen Teig einrühren.

BACKROHRTEMPERATUR: 220 °C
BACKDAUER: Kleingebäck 15 Minuten, größeres Gebäck 25 Minuten

HIPPENTEIG

ZUTATEN FÜR 12 STÜCK
100 g Butter, handwarm
100 g Mehl, glatt

100 g Staubzucker
60 g Eiklar
1 TL Vanillezucker

Alle Zutaten vermengen und glattrühren. Aus dünnem Karton Schablonen, etwa Sterne (ca. 9 cm groß) ausschneiden. Schablone auf Trennpapier legen. In den Hohlraum Hippenmasse dünn auftragen. Schablone wegziehen, Arbeitsvorgang laufend wiederholen. Hippen goldbraun backen; vom Trennpapier heben. Noch heiß in kleine Schüsseln legen und erkalten lassen.

BACKROHRTEMPERATUR: 220 °C
BACKDAUER: ca. 5 Minuten
MEIN TIP: Falls die Hippen nach dem Erkalten nicht gefüllt werden (etwa mit Eis oder Mousse), so sollten sie in Dosen oder bei geringer Luftfeuchtigkeit gelagert werden.

KALTE BISKUITMASSE

ZUTATEN
100 g Kristallzucker
115 g Mehl, glatt
5 Eiklar

6 Eidotter
1 EL Vanillezucker
Zitronenschale
Prise Salz

Eidotter, Vanillezucker und geriebene Zitronenschale schaumig rühren. Eiklar unter ständiger Beigabe von Kristallzukker zu festem Schnee schlagen, Salz beigeben. Schnee unter die Dottermasse heben und das versiebte Mehl vorsichtig einrühren. Masse nach Belieben weiterverarbeiten.

BACKROHRTEMPERATUR: 200 °C
BACKDAUER: für Torten ca. 30 Minuten
MEIN TIP: Verwenden Sie diese Biskuitmasse für Rouladen, Schnitten oder Portionsbäckerei.

WARME BISKUITMASSE

ZUTATEN
110 g Kristallzucker
85 g Mehl
40 g Stärkemehl

5 Eier
1 EL Vanillezucker
Zitronenschale
Prise Salz

Eier, Kristallzucker, Vanillezucker, geriebene Zitronenschale sowie Salz über Dampf zuerst warm und dann kalt schaumig schlagen. Mehl mit Stärkemehl versieben, unter die Masse rühren. Beliebig weiterverarbeiten.

BACKROHRTEMPERATUR: 200 °C
BACKDAUER: für Torten ca. 30 Minuten
MEIN TIP: Warme Biskuitmasse eignet sich hervorragend für Tortenböden, Torten oder Schnitten.

SANDMASSE FÜR FRÜCHTEKUCHEN

ZUTATEN
175 g Butter
85 g Staubzucker
85 g Kristallzucker
175 g Mehl, glatt
7 Eidotter

7 Eiklar
1 EL Vanillezucker
Prise Salz
etwas Zitronenschale
eventuell 1 Messerspitze
Backpulver

Handwarme Butter mit Staub- und Vanillezucker sowie geriebener Zitronenschale schaumig rühren, Eidotter nach und nach einrühren. Eiklar und Salz unter ständiger Zugabe von Kristallzucker zu festem Schnee schlagen. Schnee unter den Dotterabtrieb mengen, Mehl (eventuell mit Backpulver versiebt) vorsichtig einrühren. Masse beliebig weiterverarbeiten.

BACKROHRTEMPERATUR: 180 °C
BACKDAUER: ca. 40 Minuten

KAKAO-ÖL-MASSE

ZUTATEN FÜR 1 TORTE ODER KUCHEN
8 Eidotter
8 Eiklar
⅛ l Pflanzenöl
120 g Staubzucker

120 g Kristallzucker
140 g Mehl
70 g Kakao
Butter zum Ausstreichen
Mehl zum Stauben

Eidotter mit Staubzucker schaumig rühren, Öl langsam einrühren (wie bei Mayonnaise); Eiklar unter ständiger Beigabe von Kristallzucker zu festem Schnee schlagen. Schnee unter die Dottermasse mengen. Mehl mit Kakao versieben und vorsichtig unter die Masse rühren. In gebutterte, bemehlte Kuchen- oder Tortenform füllen, backen.

BACKROHRTEMPERATUR: 180 °C
BACKDAUER: ca. 50 Minuten

WINDMASSE

ZUTATEN
6 Eiklar

210 g Kristallzucker
210 g Staubzucker

Eiklar schaumig schlagen, nach und nach den Kristallzucker einschlagen. Den Schnee steif ausschlagen, gesiebten Staubzucker mit Kochlöffel vorsichtig einrühren. Die Masse mittels Spritzsack auf ein Trennpapier dressieren und dieses auf ein erhitztes Backblech ziehen, bei eingehängter Backrohrtüre eher trocknen als backen.

BACKROHRTEMPERATUR: ca. 60–80 °C
BACKDAUER: 8–10 Stunden; danach einige Tage in einem warmen Raum nachtrocknen
MEIN TIP: Windbäckerei stets trocken lagern, da sie durch zu hohe Luftfeuchtigkeit weich und zäh wird.

Zuckerpräparationen · Glasuren · Cremen

LÄUTERZUCKER

ZUTATEN
1 l Wasser
1 kg Kristallzucker

Wasser und Zucker aufkochen, mit einem Teesieb den Schaum abheben; erkalten lassen.

MEIN TIP: Überschüssiger Läuterzucker kann – in Flaschen gefüllt – auch über längere Zeit gelagert werden und erst zu einem späteren Zeitpunkt, etwa für Mixgetränke oder Kompotte, verwendet werden.

GRILLAGE (*Krokant*)

ZUTATEN
250 g Staubzucker

250 g Haselnüsse, geröstet
(oder Mandeln)
etwas Öl

Zucker schmelzen, zu Karamel bräunen, Nüsse beigeben, durchrühren und auf ein zart geöltes Blech gießen. Nach dem Erkalten reiben.
Verwendung: für Cremen, Füllcremen, Parfaits etc.

KARAMELZUCKER

ZUTATEN
250 g Staubzucker

Den gesiebten Zucker in einer Pfanne oder Stielkasserolle am Herd schmelzen. Bis zur gewünschten Bräunung weiterrühren; sofort verwenden.
Verwendung: zum Glacieren von Schnitten, Torten (Dobostorte) oder Crème Caramel

ZITRONENGLASUR

ZUTATEN
300 g Staubzucker

Eiklar
Zitronensaft nach Bedarf

Staubzucker sieben, mit Eiklar und Zitronensaft dickbreiig anrühren und im Wasserbad etwas erwärmen; weiterverarbeiten, wobei die Glasur auch am Backgut mitgebacken werden kann (div. Lebkuchen).

MEIN TIP: Für eine Rumglasur ersetzen Sie den Zitronensaft durch Inländerrum.

SACHERGLASUR

ZUTATEN
300 g Staubzucker

250 g Kochschokolade
120 g Wasser

Zucker, Schokolade und Wasser unter ständigem Rühren zum Kochen bringen. Mit nassem Pinsel die Zuckerkristalle vom Gefäßrand waschen. Lösung zum „kurzen Faden" kochen (104 °C). Gefäß in kaltes Wasser stellen. Mit Kochlöffel (bauchige Rückseite) die Glasur am Gefäßrand reiben (tablieren), bis die Glasur eine dickliche Konsistenz aufweist. Torte oder Gebäckstücke glacieren. Die Glasur kann durch Erwärmen und Tablieren wieder aufbereitet werden.

PUNSCHGLASUR

ZUTATEN
250 g Staubzucker
Orangensaft

etwas Rum
Eiklar nach Bedarf
Lebensmittelfarbe, rosa

Zucker mit Orangensaft, Rum, Eiklar und Farbe zu einer dickflüssigen Masse verrühren.

SPRITZGLASUR

ZUTATEN
200 g Staubzucker

Eiklar nach Bedarf
etwas Zitronensaft

Alle Zutaten zu einer dicklichen Masse verrühren. Die Masse darf nicht fließen, soll aber noch spritzfähig sein. Die fertige Masse in ein Papierstanitzel füllen, Spitze abschneiden und weiterverwenden.
Verwendung: zum Beschriften und Dekorieren von Backwaren. Man kann die Ornamente, Bögen, Ringe etc. auch auf – mit Wachs eingestrichene – Glasplatten auftragen, trocknen lassen, die Platten kurz über Dampf halten und die Dekorstücke abheben.

SCHOKOLADESPRITZGLASUR

ZUTATEN
100 g Schokolade
etwas Läuterzucker (s. S. 258)

Temperierte Schokolade mit etwas Läuterzucker glattrühren, abkühlen bis zur Spritzfähigkeit. Glasur in Papierstanitzel füllen, Spitze abschneiden, Ornamente oder Beschriftung durchführen. Die Schokolade darf beim Spritzen nicht zerfließen.

BUTTERCREME

ZUTATEN FÜR 1 TORTE   *90 g Puddingpulver*
½ l Milch   *300 g Butter*
250 g Kristallzucker

Zwei Drittel der Milch mit Kristallzucker aufkochen. Puddingpulver mit kalter Restmilch verrühren, in die kochende Milch einrühren, kurz kochen und erkalten lassen. Pudding passieren. Handwarme Butter schaumig rühren, Pudding beigeben und kurz glattrühren (zu langes Rühren läßt die Creme zusammenfallen!).

MEIN TIP: Die Creme ist geschmacklich durch Beigabe von Aromaten und Geschmacksträgern, etwa von Mocca, Likören, Nüssen etc. abwandelbar.

PARISER CREME

ZUTATEN FÜR 1 TORTE
4 dl Schlagobers
400 g Schokolade

Obers aufkochen, kleingeschnittene Schokolade beigeben, unter ständigem Rühren zum Kochen bringen. Erkalten lassen. Creme leicht erwärmen, schaumig rühren, zügig verarbeiten.

VANILLECREME *(Vanillepudding)*

ZUTATEN
½ l Milch
200 g Kristallzucker

60 g Vanillepuddingpulver
1 EL Vanillezucker

Zwei Drittel der Milch mit Kristall- und Vanillezucker aufkochen. Ein Drittel der Milch kalt mit Puddingpulver anrühren, zügig in die kochende Milch einrühren, nochmals aufwallen lassen. Auf ein Backblech gießen und mit Klarsichtfolie abdecken (verhindert Hautbildung). Creme kalt stellen
und bei Bedarf passieren. Die Creme wird hauptsächlich für
Tortenbuttercremen etc. verwendet.

SCHOKOOBERSCREME

ZUTATEN FÜR 1 TORTE
½ l Schlagobers

130 g Tunkmasse
50 g Vanillecreme *(siehe oben)*

Schlagobers schlagen. Tunkmasse lippenwarm schmelzen,
mit passiertem Pudding vermengen. Diese Masse zügig unter
das Schlagobers rühren.

ERDBEERSAUCE

ZUTATEN FÜR 6 PORTIONEN
250 g Erdbeeren, frisch (oder
tiefgekühlt)

50 g Staubzucker
1 EL Grand Marnier
Saft von ½ Zitrone

Erdbeeren durch ein Sieb streichen. Erdbeerpüree mit restlichen Zutaten vermengen. Mit Standmixer oder Mixstab zu
cremiger Konsistenz mixen.

MEIN TIP: Für Himbeersauce verwenden Sie dasselbe
Rezept, vermengen jedoch die Himbeeren statt mit Grand
Marnier mit Himbeergeist und verzichten auf die Zugabe
von Zitrone.

VANILLESAUCE

ZUTATEN FÜR 6 PORTIONEN
½ l Milch
150 g Kristallzucker
30 g Puddingpulver

2 Vanilleschoten oder
4 g Vanillezucker
1/16 l Schlagobers
1 EL Rum

Milch, Kristallzucker und Vanilleschoten (Vanillezucker) aufkochen. Puddingpulver mit Obers verrühren. Unter ständigem Rühren in die Milch einfließen lassen. Nochmals aufkochen. Rum untermengen.

> MEIN TIP: Wünscht man die Sauce fülliger, so kann man etwas leicht geschlagenes Obers unter die Sauce rühren.

SCHOKOLADESAUCE

ZUTATEN FÜR 6 PORTIONEN
1/8 l Schlagobers

130 g Bitterschokolade
100 g Milchschokolade

Obers aufkochen, Schokolade beigeben, langsam schmelzen. Nochmals aufkochen.

MARILLENSAUCE

ZUTATEN FÜR 6 PORTIONEN
300 g Marillen, frisch (oder
tiefgekühlt)

100 g Kristallzucker
1/8 l Wasser
2 EL Marillenbrand

Marillen waschen, entkernen, zerkleinern, mit Kristallzucker abmischen; einige Stunden stehen und Saft ziehen lassen. Marillen mit Wasser breiig verkochen, durch ein feines Sieb streichen, etwas abkühlen lassen und den Marillenbrand untermengen.

GERÜHRTER GERMGUGELHUPF

ZUTATEN
300 g Mehl, glatt
150 g Butter
100 g Feinkristallzucker
35 g Germ
100 g Rosinen
ca. ⅛ l Milch
1 Ei

4 Eidotter
1 Päckchen Vanillezucker
Spritzer Rum
Schale von ½ Zitrone
Prise Salz
Fett und Mehl zum Vorbereiten
der Form
Staubzucker zum Bestreuen

Form mit Butter ausstreichen, mit Mehl ausstauben. Rosinen mit Rum vermengen. Für das Dampfl Germ in lauwarmer Milch auflösen, etwas Mehl darunterrühren, mit Mehl bestauben und zugedeckt an einem warmen Ort gehen lassen, bis sich grobe Risse zeigen. Handwarme Butter mit Zucker, Vanillezucker, Salz und Zitronenschale schaumig rühren. Ei sowie Eidotter nach und nach einrühren. Das Dampfl mit Restmehl und Abtrieb zu glattem Teig verarbeiten. (Nicht zu lange!) Zuletzt die Rosinen untermengen. Masse in die Form füllen, glattstreichen. Zugedeckt an einem warmen Ort ca. 30 Minuten gehen lassen. Gugelhupf im vorgeheizten Backrohr backen (Nadelprobe). Auf ein Kuchengitter stürzen, erkalten lassen, mit Staubzucker bestreuen.

BACKROHRTEMPERATUR: 190 °C
BACKDAUER: 50–60 Minuten

MOHNGUGELHUPF

ZUTATEN

Teig:
½ kg Mehl, glatt
100 g Butter
100 g Feinkristallzucker
40 g Germ
2 dl Milch
2 Eidotter
Schale von ½ Zitrone

Fülle:
150 g Mohn, gerieben
70 g Rosinen
3 EL Honig

1 EL Staubzucker, gesiebt
2 cl Rum
Prise Zimt
Schale von ½ Zitrone
Milch nach Bedarf

Zitronenglasur (s. S. 259) von
1 Zitrone
Mohn zum Bestreuen
Fett und Mehl zum Vorbereiten
der Form
1 Ei, mit etwas Wasser
verdünnt, zum Bestreichen

Germ in der Hälfte der lauwarmen Milch auflösen. Mit etwas Mehl zu weichem Dampfl verarbeiten. Oberfläche mit Mehl bestauben. An einem warmen Ort zugedeckt gehen lassen, bis der Teig grobe Risse zeigt. Das restliche Mehl in eine Schüssel sieben und mit der erwärmten Butter, der lauwarmen Milch, dem Vorteig (Dampfl) und den restlichen Zutaten so lange schlagen, bis der Teig geschmeidig und glatt erscheint. Teig an einem warmen Ort zugedeckt ½ Stunde gehen lassen. Mohn, Honig, Rum, Zucker und Aromastoffe mit so viel heißer Milch verrühren, daß eine streichfähige Masse entsteht. Zuletzt Rosinen einmengen.

Teig auf bemehlter Arbeitsfläche ca. 4 mm dünn ausrollen, mit Mohnfülle bestreichen, einrollen, Rolle halbieren. Halbe Rolle in gefettete, bemehlte Gugelhupfform legen, mit verdünntem, versprudeltem Ei bestreichen. Die zweite Hälfte darauflegen, Teigenden gut zusammendrücken und zugedeckt aufgehen lassen (bis „zwei Finger breit" unter den Rand der Form). Im vorgeheizten Backrohr backen. Gugelhupf in der Form überkühlen lassen, stürzen und vollständig erkalten lassen. Mit Zuckerglasur überziehen, mit Mohn bestreuen.

BACKROHRTEMPERATUR: 190 °C
BACKDAUER: ca. 1 Stunde

MOHNSTRUDEL

ZUTATEN FÜR 10 PORTIONEN

Teig:
250 g Mehl, glatt
75 g Butter
50 g Staubzucker
20 g Germ
2 Eidotter
Prise Salz
1 dl Milch
Zitronenschale

Mohnfülle:
100 g Mohn, gemahlen
40 g Kristallzucker
25 g Butter
40 g Rosinen
1 EL Honig
Zimt
Zitronenschale
1 TL Vanillezucker
2 EL Rum
⅛ l Milch

Ei zum Bestreichen
Staubzucker zum Bestreuen

Milch, Kristall- und Vanillezucker, Butter, Honig, Zimt und Zitronenschale aufkochen, Mohn und Rosinen beigeben, quellend kochen, Rum einrühren, kalt stellen. Germ in warmer Milch auflösen, mit etwas Mehl verrühren, Mehl darüberstreuen, zugedeckt an einem warmen Ort gehen lassen (Dampfl). Handwarme Butter, Staubzucker, Prise Salz und Zitronenschale schaumig rühren. Eidotter untermengen. Restliches Mehl mit Dampfl und Butterabtrieb zu glattem Teig abschlagen; daraus Kugel formen und zugedeckt an einem warmen Ort gehen lassen. Teig auf bemehlter Unterlage 25 cm × 25 cm groß ausrollen, Mohnfülle auftragen, Teigenden mit verschlagenem Ei bestreichen, zusammenrollen. Mit Teigschluß nach unten auf ein mit Trennpapier belegtes Backblech legen. Mit Ei bestreichen, nochmals 20 Minuten gehen lassen und im vorgeheizten Backrohr backen. Nach dem Erkalten mit Staubzucker bestreuen.

BACKROHRTEMPERATUR: 180 °C
BACKDAUER: ca. 40 Minuten
MEIN TIP: Man kann den Strudel (ähnlich einer Potitze) auch in einer gefetteten Backform backen.

NUSSPOTITZE

ZUTATEN FÜR 12 PORTIONEN

250 g Mehl, glatt
50 g Staubzucker
50 g Butter
20 g Germ
1 Ei
1 dl Milch
2 Eidotter
1 EL Vanillezucker
Zitronenschale, Salz

Fülle:
300 g Walnüsse, fein gerieben
80 g Kristallzucker
⅛ l Milch
1 EL Honig
1 EL Vanillezucker
Zitronenschale
2 EL Rum
50 g Rosinen
Zimt
100 g Ribiselmarmelade

Butter zum Ausstreichen
Staubzucker zum Bestreuen

Milch, Honig, Zimt, Vanille- und Kristallzucker sowie Zitronenschale aufkochen, Nüsse einrühren, quellend kochen, Rosinen und Rum untermengen. Masse erkalten lassen. Germ in lauwarmer Milch auflösen, mit etwas Mehl verrühren, Mehl darüberstreuen, zugedeckt an einem warmen Ort gehen lassen, bis das Dampfl Risse aufweist. Butter erwärmen, mit restlichen Zutaten (außer Mehl) über Dampf warmschlagen. Mehl, Dampfl und Buttermasse zu einem Teig verkneten, zugedeckt warm rasten lassen. Den Teig 30 cm × 30 cm groß ausrollen, mit Ribiselmarmelade bestreichen. Nußfülle auf den Teig verteilen, Teig von beiden Seiten zur Mitte rollen (Doppelrolle), in gebutterte Kastenform legen, nochmals gehen lassen, im vorgeheizten Backrohr backen. Einige Minuten überkühlen lassen, stürzen und mit Staubzucker bestreuen.

BACKROHRTEMPERATUR: 180 °C
BACKDAUER: ca. 1 Stunde

BIENENSTICH

ZUTATEN FÜR 8 PORTIONEN
250 g Mehl, glatt
20 g Germ
40 g Staubzucker
40 g Butter
⅛ l Milch
2 Eidotter
1 Ei
Prise Salz
Zitronenschale
1 EL Vanillezucker

Bienenstichmasse:
125 g Butter
150 g Mandeln, gehackt
3 EL Honig
40 g Kristallzucker

Creme:
¼ l Milch
80 g Kristallzucker
40 g Vanillepuddingpulver
2 EL Vanillezucker
¼ l Schlagobers
2 EL Sahnesteif
Butter zum Ausstreichen

Germ in lauwarmer Milch auflösen, mit 50 g Mehl glattrühren, mit Mehl bestauben und zugedeckt an einem warmen Ort gehen lassen (Dampfl). Butter schmelzen, mit den restlichen Zutaten (außer Mehl) über Dampf warmschlagen. Dampfl, Mehl und Buttermasse so lange abschlagen, bis sich der Teig vom Schüsselrand löst und glatt erscheint. Teig zugedeckt warm gehen lassen.
Für die Bienenstichmasse alle Zutaten in einer Kasserolle unter ständigem Rühren zum Kochen bringen, zwei Minuten kochen und überkühlen lassen. Germteig zu einem Ziegel von 32 cm × 8 cm formen, auf gefettetes Backblech legen, mit einer Gabel mehrmals einstechen und Honigmasse auftragen. Sobald der bestrichene Teig nochmals um ein Drittel aufgegangen ist, im vorgeheizten Backrohr backen.
Für die Creme Vanille- und Kristallzucker mit zwei Drittel der Milch aufkochen. Kalte Restmilch mit Puddingpulver anrühren, unter die kochende Milch mengen, kurz kochen, kalt stellen, passieren. Geschlagenes Obers zuerst mit Sahnesteif, dann mit Pudding vermengen. Gebackenen Teig horizontal durchschneiden, mit Creme bestreichen, 1 Stunde gut durchkühlen lassen. Deckblatt in 8 Teile schneiden, diese auf den mit Fülle bestrichenen Teig legen, erst dann gänzlich durchschneiden.

BACKROHRTEMPERATUR: 220 °C
BACKDAUER: ca. 30 Minuten

POWIDLBUCHTELN

Zutaten für 12 Stück

Teig:
½ kg Mehl, glatt
40 g Germ
80 g Staubzucker
80 g Butter
2 dl Milch
Prise Salz
1 EL Vanillezucker

Zitronenschale
4 Eidotter
2 Eier

Fülle:
400 g Powidl
1 EL Rum
Prise Zimt

Butter zum Bestreichen
Staubzucker zum Bestreuen

Germ in warmer Milch auflösen, 50 g Mehl beigeben, glatt-rühren, mit Mehl bestauben, zugedeckt an einem warmen Ort gehen lassen (Dampfl). Butter schmelzen. Alle Zutaten mit Küchenmaschine oder mit Kochlöffel zu einem glatten Teig verarbeiten, bis sich der Teig vom Rand löst. Teig 20 Minuten zugedeckt rasten lassen, zu einer Rolle formen, in 12 Teile schneiden. Teigstücke flachdrücken. Powidl mit Rum sowie Zimt abmischen und in die Mitte der Teigstücke geben. Teigränder nach oben ziehend miteinander verbinden. Passende Form mit Butter ausstreichen, Buchteln seitlich mit flüssiger Butter bestreichen. Mit dem Teigzusammenschluß nach unten Buchtel neben Buchtel in die Form setzen. Buchteln oben mit Butter bestreichen und zugedeckt nochmals gehen lassen, bis sich die Masse um die Hälfte vermehrt hat. Im vorgeheizten Backrohr hellbraun backen. In der Form auskühlen lassen, mit Staubzucker bestreuen und anschließend in Stücke teilen.

BACKROHRTEMPERATUR: 190 °C
BACKDAUER: ca. 30 Minuten
MEIN TIP: Füllen Sie zur Abwechslung die Buchteln auch mit anderer Marmelade.

DUKATENBUCHTELN *(Foto Seite 253)*

ZUTATEN FÜR 6 PORTIONEN
250 g Mehl, glatt
20 g Germ
50 g Kristallzucker
60 g Butter
⅛ l Milch
1 Eidotter
1 Ei
Prise Salz
1 EL Vanillezucker
Zitronenschale
100 g Butter, flüssig, zum
Tunken
Staubzucker zum Bestreuen
Butter zum Ausstreichen

Germ in warmer Milch auflösen, mit etwas Mehl glatt verrühren, Mehl darüberstreuen und zugedeckt an einem warmen Ort gehen lassen. Butter erwärmen, restliche Zutaten beigeben, gut vermengen. Buttergemisch mit Dampfl händisch (Kochlöffel) oder im Rührwerk so lange abschlagen, bis sich der Teig vom Schüsselrand löst.
Teig zugedeckt 20 Minuten rasten lassen. Teig in Stücke zu je 120 g teilen, diese zu Stangen rollen und jede Stange in 12 Teile schneiden. Teigstücke zu Kugeln formen, die Teigenden nach unten ziehen, so daß eine glatte Oberfläche entsteht. Teigstücke in flüssige Butter tunken, mit der glatten Fläche nach oben in die Pfanne schlichten. Buchteln nochmals an einem warmen Ort ½ Stunde gehen lassen, in das vorgeheizte Backrohr schieben. Nach halber Backzeit nochmals mit Butter bestreichen und fertigbacken. Mit Staubzukker bestreuen.

BACKROHRTEMPERATUR: 180 °C
BACKDAUER: ca. 20 Minuten
MEIN TIP: Reichen Sie dazu Vanillesauce (Kanarimilch).

FASCHINGSKRAPFEN *(Foto Seite 253)*

ZUTATEN FÜR 18 STÜCK
320 g Mehl, glatt
30 g Germ
75 g Butter
35 g Staubzucker
5 EL Milch
Spritzer Rum
1 EL Vanillezucker
3 Eidotter

1 Ei
Prise Salz
Zitronenschale
Öl zum Backen
Mehl zum Bestauben
Marillenmarmelade, passiert,
zum Füllen
Staubzucker zum Bestreuen

Germ in 2 EL warmer Milch auflösen, mit 50 g Mehl glatt-rühren, mit Mehl bestauben, an einem warmen Ort gehen lassen (Dampfl). Butter schmelzen, alle Zutaten außer Mehl einrühren. Restliches Mehl mit Dampfl und Buttergemisch so lange abschlagen, bis sich der Teig vom Rand löst. Teig in 18 Teile schneiden, zu Kugeln formen, durch kreisende Bewegungen mit der Handinnenfläche bearbeiten (schleifen). Krapfen auf bemehltes Tuch legen, mit Mehl bestauben und nochmals zugedeckt an einem warmen Ort gehen lassen (ca. 45 Minuten). Reichlich Öl erhitzen, Krapfen einlegen, zugedeckt anbacken, umdrehen und offen fertig backen. Aus dem Fett heben, auf Glacierrost legen, überkühlen lassen. Passierte Marillenmarmelade mittels Dressiersack und Krapfenfülltülle (im Fachhandel erhältlich) in die Krapfen einspritzen. Krapfen mit Staubzucker bestreuen.

BACKDAUER: ca. 6–7 Minuten

BAYRISCHE KÜCHLEIN

ZUTATEN FÜR 9 STÜCK

160 g Mehl, glatt
15 g Germ
35 g Butter
20 g Staubzucker
2 EL Milch
Spritzer Rum
½ EL Vanillezucker
2 Eidotter

1 Ei
Prise Salz
Zitronenschale
Mehl zum Bestauben
Öl zum Backen
Marillenmarmelade, passiert,
zum Füllen
Staubzucker zum Bestreuen

Germ in warmer Milch auflösen, mit 30 g Mehl glattrühren, mit Mehl bestauben und zugedeckt an einem warmen Ort gehen lassen (Dampfl). Butter schmelzen, alle Zutaten außer Mehl einrühren. Restliches Mehl, Dampfl und Buttergemisch in der Rührmaschine (Knethaken) oder mit der Hand (Kochlöffel) kneten (abschlagen), bis sich der Teig vom Rand löst und geschmeidig erscheint. Teig in 9 Teile schneiden, zu Kugeln formen, durch kreisende Bewegungen mit der Hand auf bemehlter Unterlage bearbeiten (schleifen) und etwas flachdrücken. Küchlein auf bemehltes Tuch legen, leicht mit Mehl bestauben und zugedeckt an einem warmen Ort gehen lassen, bis sich das Teigvolumen um die Hälfte vermehrt hat. Reichlich Öl erhitzen. In die Küchlein mit dem Daumen in der Mitte eine Mulde drücken, mit dem Loch nach unten in das Öl einlegen, zugedeckt anbacken, umdrehen und offen fertig backen. Aus dem Fett heben, auf Glacierrost legen, überkühlen lassen. In die Vertiefung abgerührte Marillenmarmelade füllen, mit Staubzucker bestreuen.

BACKDAUER: ca. 6–7 Minuten

GEBACKENE MÄUSE

ZUTATEN FÜR 18 STÜCK

200 g Mehl, glatt
50 g Mehl, griffig
25 g Germ
25 g Staubzucker
40 g Butter
¼ l Milch

4 Eidotter
1 EL Vanillezucker
Spritzer Rum
Prise Salz
Zitronenschale
Fett zum Backen
Staubzucker zum Bestreuen

Germ in warmer Milch auflösen, mit 50 g Mehl glattrühren, mit Mehl bestauben, an einem warmen Ort gehen lassen (Dampfl). Butter schmelzen, alle Zutaten außer Mehl einrühren. Dampfl, Mehl und Buttergemisch im Rührwerk oder händisch (Kochlöffel) kneten, bis sich der Teig vom Rand löst und Blasen wirft. Mit Suppenlöffel 18 große Nocken ausstechen, auf ein gestaubtes Tuch legen und zugedeckt an einem warmen Ort gehen lassen. Reichlich Fett in einer tiefen Pfanne erhitzen, Mäuse einlegen, zugedeckt anbacken, wenden, offen fertig backen. Aus dem Fett heben, auf Glaciertost legen, überkühlen lassen, mit Staubzucker bestreuen.

BACKDAUER: ca. 5 Minuten
MEIN TIP: Gebackene Mäuse reicht man entweder heiß mit Kompott oder Vanillesauce als Nachtisch oder kalt als Jausengebäck zu Kaffee und Tee.

OSTERPINZEN

ZUTATEN FÜR 3 STÜCK
1/2 kg Mehl, griffig
170 g Staubzucker
150 g Butter
40 g Germ

1/4 l Milch
1 EL Vanillezucker
6 Eidotter
Prise Salz
Eidotter zum Bestreichen

Germ in 1 dl warmer Milch auflösen, mit etwas Mehl zu einem Brei anrühren, mit Mehl bestauben und zugedeckt an einem warmen Ort gehen lassen (Dampfl), bis sich Sprünge zeigen. Mit restlichen Zutaten inklusive zerlassener Butter zu einem glatten Teig verarbeiten (Rührmaschine oder händisch). Teig zugedeckt 20 Minuten rasten lassen, zusammenstoßen, nochmals aufgehen lassen. Aus dem Teig drei Kugeln formen, mit dem Teigschluß nach unten auf ein mit Trennpapier belegtes Backblech legen, nochmals gehen lassen, mit Eidotter bestreichen, trocknen lassen. Mit Schere oder Messer drei symmetrische Einschnitte machen. Im vorgeheizten Backrohr braun backen.

BACKROHRTEMPERATUR: 190 °C
BACKDAUER: ca. 50 Minuten

ZWETSCHKENFLECK

ZUTATEN FÜR 20 PORTIONEN
250 g Mehl, glatt
20 g Germ
40 g Staubzucker
40 g Butter
⅛ l Milch
2 Eidotter
1 Ei

Prise Salz
1 EL Vanillezucker
Zitronenschale
1½ kg Zwetschken für den
Belag
Zimt zum Bestreuen
Butter zum Bestreichen
Staubzucker zum Bestreuen

Germ in warmer Milch auflösen, mit 50 g Mehl glattrühren, mit Mehl bestauben, an einem warmen Ort gehen lassen (Dampfl). Butter schmelzen, alle Zutaten außer Mehl beigeben. Alle Zutaten inklusive Mehl in der Rührmaschine (Knethaken) oder mit dem Kochlöffel zu einem glatten Teig verarbeiten und zugedeckt rasten lassen. Zwetschken waschen, bis zur Hälfte einschneiden, Kern entfernen, die noch zusammenhängenden Zwetschken der Breite nach bis zur Hälfte einschneiden. Teig auf bemehlter Unterlage in Blechgröße ausrollen, auf gefettetes Backblech legen. Zwetschken eng aneinander, mit den Zipfeln nach oben auf den Teig legen. Nochmals warm rasten lassen. Mit Zimt bestreuen und im vorgeheizten Backrohr backen. Mit Staubzucker bestreuen.

BACKROHRTEMPERATUR: 180 °C
BACKDAUER: ca. 35–40 Minuten
MEIN TIP: Feinspitze bestreichen den heißen Fleck mit einer mit Slibowitz angerührten Marillenmarmelade.

CHRISTSTOLLEN

ZUTATEN FÜR 2 STOLLEN
¾ kg Mehl, glatt
300 g Butter
135 g Staubzucker
2 dl Milch
55 g Germ
2 Eidotter
1 EL Vanillezucker
1 KL Zimt
1 EL Rum
Kardamom
Salz
140 g Aranzini
140 g Zitronat
230 g Rosinen
50 g Haselnüsse, gehackt
Butter zum Bestreichen
300 g Butterschmalz zum Tunken
Staubzucker zum Wälzen

Germ in warmer Milch auflösen, mit 250 g Mehl abrühren, mit Mehl bestauben, an einem warmen Ort gehen lassen (Dampfl). Alle Zutaten außer Früchten und Haselnüssen mit Rührwerk gut verarbeiten. (Ca. 9 Minuten im Schnellgang abwirken.) Früchte und Nüsse in den Teig einarbeiten. Teig rechteckig ausrollen, mit flüssiger Butter bestreichen, mit etwas Zimt zart bestreuen, der Länge nach übereinanderklappen, aber so, daß der Oberteil etwas kleiner ist. Stollen auf mit Trennpapier belegtes Backblech legen, nochmals gehen lassen und im vorgeheizten Backrohr backen. Nach dem Backen sofort mit flüssigem Butterschmalz vollständig tränken und in Staubzucker wälzen.

BACKROHRTEMPERATUR: 140 °C
BACKDAUER: 50 Minuten

ERDÄPFELBROT

ZUTATEN FÜR 2 LAIBE
½ kg Mehl, glatt
200 g Erdäpfel, mehlig
200 g Butter
40 g Germ
60 g Staubzucker
10 g Salz
1,5 dl Milch
Spritzer Rum
2 Eier
60 g Rosinen
Zitronenschale
1 Ei zum Bestreichen

Erdäpfel waschen, schälen, vierteln, mit kaltem Salzwasser bedecken. Kochen, abseihen, gut ausdampfen, heiß passieren und erkalten lassen. Germ in Milch auflösen, mit 50 g Mehl glatt verrühren, etwas Mehl darübergeben, zugedeckt an einem warmen Ort rasten lassen (Dampfl). Butter erwärmen, Eier, Staubzucker, Rum, Salz sowie Zitronenschale einrühren. Buttermasse mit Erdäpfeln, Dampfl und Mehl vermengen. Mit Rührwerk oder Kochlöffel so lange schlagen, bis sich der Teig vom Rand löst. Rosinen beigeben und ½ Stunde zugedeckt an einem warmen Ort rasten lassen. Teig in zwei Teile schneiden, zu zwei Laiben verarbeiten (mit der Handfläche den Teigrand nach innen schlagen, bis sich eine Kugel bildet und die Teigoberfläche glatt ist). Auf ein mit Trennpapier belegtes Backblech legen und ca. 1 Stunde zugedeckt gehen lassen. Mit Ei bestreichen und backen. Nach dem Bakken auf einem Kuchengitter auskühlen lassen.

BACKROHRTEMPERATUR: 180 °C
BACKDAUER: 45 Minuten

FRÜCHTEBROT (*Kletzenbrot*)

ZUTATEN FÜR 2 WECKEN
250 g Dörrzwetschken, entkernt
170 g Kletzen (Dörrbirnen)
170 g Feigen, getrocknet
40 g Pinienkerne
80 g Wal- und Haselnüsse
130 g Rosinen
80 g Zitronat und Aranzini
1 dl Rum

1 KL Zimt, gemahlen
Schale von 1 Zitrone, gerieben
Schale von 1 Orange, gerieben
Ei zum Bestreichen, Mandelspäne

Teig:
350 g Roggenmehl
30 g Germ
Prise Salz
1 dl Wasser, lauwarm

Alle Früchte grob schneiden, Nüsse hacken, mit Rum einige Stunden ziehen lassen. Germ in lauwarmem Wasser lösen, etwas Mehl daruntermischen, mit Mehl bestreuen, zugedeckt warm gehen lassen (Dampfl). Dampfl mit Roggenmehl und Salz zu glattem Teig kneten. Früchte (nach Belieben mit Rum) beigeben, würzen und zwei Wecken formen. Nochmals gehen lassen. Wecken mit verschlagenem Ei bestreichen, eventuell mit Mandelspänen bestreuen.

BACKROHRTEMPERATUR: 180 °C
BACKDAUER: ca. 1 Stunde
MEIN TIP: Im Originalrezept enthält das Kletzenbrot lediglich Kletzen (900 g) und keinerlei andere Früchte.

KÄRNTNER REINDLING (*Reinling*)

ZUTATEN FÜR 10 PORTIONEN

Teig:
½ *kg Mehl, glatt*
35 *g Germ*
100 *g Butter*
1 *Ei*
2 *Eidotter*
¼ *l Milch*
Prise Salz
40 *g Zucker*

Fülle:
150 *g Butter*
250 *g Zucker*
2 *EL Zimt*
250 *g Rosinen*
120 *g Walnüsse, gehackt*

Butterschmalz zum Ausstreichen

Eine passende Rein mit Butterschmalz ausstreichen. Germ mit ¹⁄₁₆ l lauwarmer Milch vermengen, 50 g Mehl darunterrühren. Dampfl mit Mehl dicht bestauben, an einem warmen Ort zugedeckt gehen lassen, bis sich der Teig verdoppelt hat und grobe Risse sichtbar werden (Dampfl). Flüssige Butter, Mehl, Ei und Eidotter, Salz, Zucker und restliche Milch mit dem Dampfl vermischen und zu einem Teig verkneten. Den Teig in der Maschine kneten oder mit dem Kochlöffel abschlagen, bis der Teig glatt erscheint und sich von der Schüssel löst. Teig nochmals zugedeckt gehen lassen, zusammenstoßen, wieder gehen lassen. Teig ca. 25 cm × 40 cm groß ausrollen, mit flüssiger Butter bestreichen, mit Zucker, Zimt, Rosinen und gehackten Nüssen bestreuen. Den Teig der Länge nach einrollen und schneckenartig in die Form rollen. Reindling in das kalte Backrohr stellen und auf 180 °C temperieren. Goldbraun backen, in der Form erkalten lassen, stürzen und schneiden.

BACKROHRTEMPERATUR: auf 180 °C steigend
BACKDAUER: ca. 50 Minuten

GUGELHUPF *(Foto Seite 253)*

ZUTATEN
300 g Butter
150 g Staubzucker
150 g Kristallzucker
3 Eier
4 Eidotter
4 Eiklar

240 g Mehl, glatt
60 g Rosinen
Vanillezucker
Zitronenschale, gerieben
Butter zum Ausstreichen
Mehl zum Ausstauben
Puderzucker zum Bestreuen

Weiche Butter mit Staubzucker schaumig rühren, die ganzen, nicht zu kalten Eier verschlagen und langsam unter den Abtrieb mengen. Eidotter, Vanillezucker sowie Zitronenschale einrühren, Rosinen beifügen. Eiklar mit Kristallzucker zu festem Schnee schlagen, unter den Butter-Eier-Abtrieb ziehen und Mehl langsam unterheben. Gugelhupfform mit Butter ausstreichen, mit Mehl ausstauben, Masse in die Form füllen und im vorgeheizten Backrohr backen (Nadelprobe machen). Lauwarm stürzen, mit Puderzucker bestreuen.

BACKROHRTEMPERATUR: 180 °C
BACKDAUER: ca. 1 Stunde
MEIN TIP: Für Marmorgugelhupf färbt man 1/3 der Teigmasse mit 30 g Kakao und füllt den neutralen Teig abwechselnd mit dem gefärbten in die Form.

MARMORKUCHEN

ZUTATEN FÜR 12 PORTIONEN
100 g Butter, handwarm
65 g Staubzucker
65 g Kristallzucker
170 g Mehl, glatt
5 g Backpulver
15 g Kakao
6 EL Milch

4 Eidotter
4 Eiklar
1 EL Vanillezucker
Zitronenschale
Prise Salz
Fett zum Ausstreichen
Mehl zum Ausstauben
Puderzucker zum Bestreuen

Butter mit Staub- und Vanillezucker sowie Zitronenschale schaumig rühren. Eidotter nach und nach einrühren. Eiklar mit Kristallzucker und Salz zu steifem Schnee schlagen, unter den Abtrieb heben. Das mit Backpulver versiebte Mehl abwechselnd mit Milch untermengen, ⅓ der Masse mit Kakao abrühren. Kastenform mit Fett ausstreichen, mit Mehl ausstauben. Halbe Menge der weißen Teigmasse in die Form füllen, dunkle Masse darübergeben und mit dem Rest der weißen Masse auffüllen. Eine Gabel zweimal kreisförmig durch die Masse ziehen – dadurch entsteht das charakteristische Marmormuster. Im vorgeheizten Backrohr backen, eventuell nach Braunfärbung mit Alufolie abdecken. Lauwarm auf Kuchengitter stürzen, mit Zucker bestreuen.

BACKROHRTEMPERATUR: 180 °C
BACKDAUER: 50–60 Minuten

ANISKUCHEN

ZUTATEN FÜR 8 PORTIONEN
110 g Butter
110 g Staubzucker
120 g Mehl, glatt
10 g Anis

2 Eier
Zitronenschale
Vanillezucker, Prise Salz
Butter zum Ausstreichen
Mehl zum Ausstauben

Handwarme Butter mit Staub- und Vanillezucker schaumig rühren, Zitronenschale und Prise Salz beigeben. Eier langsam einmengen, Mehl und Anis vorsichtig unterheben. Masse in gebutterte, bemehlte Rehrückenform füllen und im vorgeheizten Backrohr backen. Überkühlen lassen, stürzen.

BACKROHRTEMPERATUR: ca. 175 °C
BACKDAUER: ca. 55 Minuten

TEEKUCHEN

ZUTATEN FÜR 12 PORTIONEN
250 g Butter
250 g Staubzucker
5 Eier
300 g Mehl, glatt
50 g Mandeln, gerieben

Vanillezucker
Zitronenschale, gerieben
Prise Salz
Butter zum Ausstreichen
Mehl zum Ausstauben

Eier leicht temperiert verschlagen. Handwarme Butter mit Staubzucker schaumig rühren, Eier nach und nach untermengen; Mehl, Mandeln, Vanillezucker, Prise Salz und Zitronenschale einrühren. Kastenform mit Butter ausstreichen, mit Mehl ausstauben oder mit Trennpapier auslegen. Masse in die Form einfüllen und im vorgeheizten Backrohr backen.

BACKROHRTEMPERATUR: 200 °C
BACKDAUER: ca. 1 Stunde

ZITRONENKUCHEN

ZUTATEN FÜR 12 PORTIONEN
200 g Staubzucker
200 g Butter
250 g Mehl, griffig
4 Eier
1 EL Vanillezucker
½ EL Backpulver
Saft von 1 Zitrone

Schale von 1 Zitrone, gerieben
Marillenmarmelade, passiert
Butter zum Ausstreichen
Mehl zum Ausstauben

Glasur:
150 g Schokolade
150 g Kristallzucker
⅛ l Wasser

Eier, Staub- und Vanillezucker sowie Zitronenschale schaumig rühren. Butter schmelzen, lauwarm unter ständigem Rühren in die Masse einmengen. Mehl mit Backpulver versieben und abwechselnd mit Zitronensaft unter den Abtrieb heben. Kastenform mit Butter ausstreichen, mit Mehl ausstauben. Masse einfüllen und im vorgeheizten Backrohr bakken. Kuchen überkühlen lassen, stürzen, dünn mit Marmelade bestreichen, auf Glaciergitter mit temperierter Schokoladeglasur überziehen.

Schokoladeglasur: Schokolade, Zucker und Wasser so lange kochen, bis sich aus einem Tropfen der Glasur zwischen zwei Fingern ein kurzer Faden ziehen läßt (Fadenprobe). Unter ständigem Rühren abkühlen und lippenwarm über den Kuchen gießen.

BACKROHRTEMPERATUR: ca. 200 °C
BACKDAUER: ca. 45 Minuten

BISCHOFSBROT (*Englischkuchen*)

Zutaten für 14 Portionen	
7 Eiklar	100 g Walnüsse, grob gehackt
7 Eidotter	50 g Rosinen
330 g Butter	Zitronenschale
130 g Kristallzucker	1 EL Vanillezucker
130 g Staubzucker	Prise Salz
360 g Mehl, glatt	Butter zum Ausstreichen
200 g Früchte, kandiert	Mehl zum Bestauben
	Staubzucker zum Bestreuen

Handwarme Butter mit Staubzucker schaumig rühren, Eidotter nach und nach beigeben. Mehl mit Früchten, Nüssen und Rosinen vermengen. Eiklar mit Kristallzucker, Vanillezucker und Salz zu festem Schnee schlagen. Butterabtrieb, Mehl, Früchte und Zitronenschale unter den Schnee mengen, alles gut verrühren, bis die Masse kompakt erscheint. Bischofsbrotwanne ausbuttern, mit Mehl ausstauben und die Masse erhaben einfüllen. Im vorgeheizten Backrohr backen, überkühlen lassen, stürzen und mit Staubzucker bestreuen. Kalt aufschneiden.

BACKROHRTEMPERATUR: 170 °C
BACKDAUER: ca. 1½ Stunden

TOPFENSTOLLEN

ZUTATEN FÜR 24 SCHEIBEN
½ kg Mehl, glatt
150 g Butter
200 g Staubzucker
100 g Mandeln, gehackt
250 g Topfen, 10%, passiert
1 Päckchen Backpulver

90 g Zitronat und Aranzini
50 g Rosinen
2 EL Rum
2 Eier, Zitronenschale
Butter zum Bestreichen
Staubzucker zum Bestreuen

Mehl mit Backpulver versieben, mit Butter abbröseln (verreiben), mit allen anderen Zutaten vermengen und zu einem Teig verkneten. Zu einem Stollen verarbeiten.
Auf mit Trennpapier belegtes Backblech legen, im vorgeheizten Backrohr hellbraun backen.
Noch warm mit flüssiger Butter bestreichen und dick mit Staubzucker bestreuen.

BACKROHRTEMPERATUR: 170 °C
BACKDAUER: ca. 70 Minuten

PFIRSICHKUCHEN *(Foto Seite 253)*

ZUTATEN FÜR 6 PORTIONEN
½ kg Pfirsiche, vollreif
110 g Butter
60 g Staubzucker
60 g Kristallzucker
3 Eiklar
3 Eidotter
110 g Mehl, glatt

20 g Stärkemehl
1 EL Vanillezucker
Schale von 1 Zitrone, gerieben
Prise Salz
Butter zum Ausstreichen
Mehl zum Ausstauben
Staubzucker zum Bestreuen
5 Backoblaten, nach Bedarf

Pfirsiche einige Sekunden in siedendem Wasser überbrühen, sofort in kaltes Wasser legen, die Haut abziehen. (Dieser Vorgang ist nicht unbedingt erforderlich.) Pfirsiche halbieren, entkernen, in große Spalten schneiden. Handwarme Butter mit Staubzucker, Zitronenschale sowie Stärkemehl schaumig rühren. Eidotter nach und nach beigeben. Eiklar, Kristallzucker, Salz und Vanillezucker zu steifem Schnee schlagen. Butterabtrieb unter den Eischnee heben, das versiebte Mehl untermengen. Masse in gefettete, bemehlte Backform füllen, eventuell mit Oblaten belegen. Pfirsiche gleichmäßig auf die Masse verteilen und im vorgeheizten Backrohr braun backen. Nach dem Backen überkühlen lassen, in Stücke teilen und mit Zucker bestreuen.

BACKROHRTEMPERATUR: 180 °C
BACKDAUER: ca. 50 Minuten

EIERLIKÖRKUCHEN

ZUTATEN FÜR 12 PORTIONEN
5 Eier
140 g Speisestärke
140 g Mehl, glatt
150 g Staubzucker
¼ l Eierlikör

200 g Butter
Prise Backpulver
Prise Vanillezucker
Butter zum Ausstreichen
Mehl zum Stauben
Staubzucker zum Bestreuen

Mehl, Stärke und Prise Backpulver gemeinsam versieben. Handwarme Butter mit Staub- und Vanillezucker schaumig rühren. Jeweils ein Ei abwechselnd mit Eierlikör und Mehl dem Abtrieb beifügen, dabei immer abwarten, bis die Masse bindet (keine kalten Eier verwenden – eventuell diese vorher glatt versprudeln). Masse in gebutterte und bemehlte Kranzkuchenform füllen und im vorgeheizten Backrohr goldbraun backen. Kuchen eventuell während des Backens mit Papier abdecken, in der Form überkühlen lassen, auf ein Glaciergitter stürzen, mit Zucker bestreuen.

BACKROHRTEMPERATUR: 180 °C
BACKDAUER: 55–65 Minuten

KIRSCHENKUCHEN

ZUTATEN FÜR 12 PORTIONEN
700 g Kirschen, entkernt
180 g Kristallzucker
200 g Topfen, passiert
180 g Staubzucker
8 Eidotter
200 g Biskotten, gerieben
8 Eiklar
Prise Vanillezucker

etwas Zitronenschale, gerieben
Prise Salz

Teig:
280 g Mehl, glatt
180 g Butter
120 g Staubzucker
2 Eidotter

Fett zum Bestreichen

Für den Teig Butter, Mehl, Zucker und Dotter rasch zu einem Teig verkneten. Den Teig etwas kühl rasten lassen, in Größe der Backform ausrollen. Die befettete Form damit belegen. Bei 170 °C ca. 6 Minuten farblos anbacken. Den Teig mit den entkernten Früchten belegen. Staubzucker und Dotter schaumig rühren, Topfen, Aromastoffe sowie Salz untermengen, geriebene Biskotten unterheben. Eiklar unter ständiger Beigabe von Kristallzucker zu festem Schnee schlagen, unter die Masse ziehen. Die Kirschen mit der Topfenmasse bestreichen. Den Kuchen im vorgeheizten Backrohr goldbraun backen.

BACKROHRTEMPERATUR: 180 °C
BACKDAUER: ca. 45 Minuten

ZWETSCHKEN- ODER MARILLENKUCHEN

ZUTATEN FÜR 9 PORTIONEN
5 Eidotter
5 Eiklar
180 g Butter
90 g Staubzucker
70 g Kristallzucker

180 g Mehl, glatt
1 EL Vanillezucker
1 KL Backpulver
1 kg Zwetschken oder Marillen
Butter zum Ausstreichen

Handwarme Butter mit Staub- und Vanillezucker schaumig rühren. Nach und nach Eidotter einmengen, Mehl mit Backpulver versieben. Eiklar mit Kristallzucker zu festem Schnee schlagen. Schnee unter den Butterabtrieb mengen und Mehl vorsichtig unterheben. Teig in die gebutterte Form füllen. Gewaschene Früchte entkernen, halbieren und mit der Hautseite nach unten auf den Teig setzen. Im vorgeheizten Backrohr goldbraun backen. Überkühlen lassen und portionieren.

BACKROHRTEMPERATUR: 170 °C
BACKDAUER: ca. 45 Minuten

SACHERTORTE

ZUTATEN FÜR 14 STÜCK
240 g Butter
120 g Staubzucker
120 g Kristallzucker
240 g Schokolade
12 Eidotter

12 Eiklar
180 g Semmelbrösel
200 g Marillenmarmelade
zum Bestreichen
Sacherglasur (s. S. 260)

Handwarme Butter, Eidotter und Staubzucker schaumig rühren, auf Lippentemperatur erwärmte Schokolade beigeben. Eiklar mit Kristallzucker zu festem Schnee schlagen. Eischnee unter den Abtrieb mengen, Semmelbrösel vorsichtig unterheben. Tortenring mit Back- oder Trennpapier einschlagen oder Springform verwenden, Masse in die Form füllen, dabei Masse leicht nach außen streichen, wodurch eine Mulde entsteht. Im vorgeheizten Backrohr backen, Rohr ausschalten und Masse noch 10 Minuten ziehen lassen. Torte erkalten lassen, Papier abziehen. Torte horizontal in der Mitte durchschneiden, mit Marmelade füllen und wieder zusammensetzen. Torte oben und an der Seite mit Marmelade hauchdünn bestreichen, mit temperierter Sacherglasur auf Glacierrost glacieren. Stocken lassen, portionieren.

BACKROHRTEMPERATUR: 180 °C
BACKDAUER: ca. 1 Stunde

MOHNTORTE

ZUTATEN FÜR 14 STÜCK
240 g Butter
130 g Staubzucker
9 Eidotter
9 Eiklar
130 g Kristallzucker
1 EL Vanillezucker
215 g Mohn, gemahlen
130 g Mandeln, fein gerieben

50 g Semmelbrösel
Zitronenschale, gerieben
Prise Salz
1 TL Backpulver
Prise Zimt
Prise Nelkenpulver
Butter zum Ausstreichen
Mehl zum Ausstauben
Staubzucker zum Bestreuen

Handwarme Butter mit Staubzucker und Zitronenschale schaumig rühren, Eidotter nach und nach beigeben. Mohn, Mandeln, Semmelbrösel, Zimt, Prise Nelkenpulver und Backpulver miteinander abmischen. Eiklar, Kristallzucker,

Vanillezucker und Salz zu festem Schnee schlagen. Butterabtrieb mit Eischnee vermengen, Mohngemisch unterheben. Tortenform buttern, mit Mehl ausstauben, Masse einfüllen und im vortemperierten Backrohr backen. Torte erkalten lassen, aus der Form lösen, mit Staubzucker bestreuen.

BACKROHRTEMPERATUR: 180 °C
BACKDAUER: 60–70 Minuten
MEIN TIP: Statt mit Staubzucker bestreut kann die Torte auch zart mit Marillenmarmelade bestrichen und anschließend mit Sacher- oder Zitronenglasur überzogen werden. Dazu reicht man Schlagobers.

MALAKOFFTORTE

ZUTATEN FÜR 14 STÜCK
Biskottenmasse für ca. 60 Stück (oder fertige Biskotten verwenden):
8 Eidotter
8 Eiklar
70 g Staubzucker
80 g Kristallzucker
190 g Mehl, glatt
Prise Salz
150 g Staubzucker zum Bestreuen

Creme:
½ l Milch
150 g Kristallzucker
50 g Vanillepuddingpulver
½ l Schlagobers
6 Blatt Gelatine
2 EL Vanillezucker

Tränkflüssigkeit:
⅛ l Läuterzucker (s. S. 258)
⅛ l Rum

Garnierung:
3 dl Schlagobers
14 Biskotten
60 g Mandeln, gehobelt, geröstet
Cocktailkirschen, nach Bedarf

Für die Biskotten Dotter mit Staubzucker schaumig rühren. Eiklar, Kristallzucker und Salz zu festem Schnee schlagen. Dotterabtrieb unter den Schnee mengen, versiebtes Mehl vorsichtig unterheben. Backblech mit Trennpapier belegen. Masse mittels Dressiersack (glatte Tülle Nr. 8) biskottenförmig auf das Papier aufdressieren, mit Staubzucker bestreuen und im vorgeheizten Backrohr hellbraun backen.
Zwei Drittel der Milch mit Kristall- und Vanillezucker aufkochen. Restliche Milch mit Puddingpulver glattrühren, in die kochende Milch einmengen, nochmals kurz durchkochen, kalt stellen. Gelatine in kaltem Wasser einweichen. Pudding passieren, Gelatine mit ein paar Tropfen Wasser er-

wärmen und beides vermischen. Geschlagenes Obers unter die Puddingmasse mengen. Tortenreifen mit Alufolie einschlagen oder Springform verwenden. Biskotten den Boden bedeckend einordnen, mit Rumgemisch tränken, mit Creme bestreichen. Diesen Vorgang wiederholen, bis die Form gefüllt ist, 3 Stunden im Kühlschrank anziehen lassen. Torte aus der Form lösen, mit geschlagenem Obers am Rand und an der Oberfläche bestreichen. Den Tortenrand halbhoch mit Mandeln bestreuen, am Rand mit geschlagenem Obers bespritzen (14 Rosetten). Mit Biskotten und Cocktailkirschen belegen.

BACKROHRTEMPERATUR: 200 °C
BACKDAUER: ca. 10–15 Minuten

LINZER TORTE

ZUTATEN FÜR 14 STÜCK
240 g Butter
300 g Staubzucker
150 g Haselnüsse, fein gerieben
200 g Biskuit- oder
Semmelbrösel
200 g Mehl, glatt
6 Eier
Zitronenschale, gerieben

1 EL Vanillezucker
Prise Zimt
Prise Nelkenpulver
Prise Salz
Oblaten
300 g Ribiselmarmelade
Butter zum Ausstreichen
Mehl zum Ausstreuen
Staubzucker zum Bestreuen

Handwarme Butter mit Staubzucker, Salz, Zitronenschale, Vanillezucker, Zimt und Nelken gemeinsam schaumig rühren. Verschlagene Eier nach und nach beigeben. Mehl, Haselnüsse und Brösel untermengen. Tortenreifen oder Springform buttern und stauben, $\frac{2}{3}$ der Masse einfüllen, glattstreichen, mit Oblaten belegen und diese mit Ribiselmarmelade bestreichen. Restliche Masse in Dressiersack füllen (glatte Tülle Nr. 6) und über die Marmelade ein Gitter spritzen. Im vorgeheizten Backrohr backen, erkalten lassen, aus der Form lösen, mit Staubzucker bestreuen.

BACKROHRTEMPERATUR: 170 °C
BACKDAUER: 45 Minuten
MEIN TIP: Haben Sie keine Ribiselmarmelade zur Hand, so verwenden Sie Preiselbeeren.

TOPFEN-OBERS-TORTE

ZUTATEN FÜR 14 STÜCK
Biskuit von 3–4 Eiern (s. S. 256)
250 g Topfen, 10%, passiert
¼ l Schlagobers
⅛ l Sauerrahm
150 g Staubzucker

Saft und Schale von 1 Zitrone
1 EL Vanillezucker
3 Blatt Gelatine
Staubzucker zum Bestreuen
Schlagobers und Erdbeeren
zum Garnieren

Biskuit in Tortenform backen oder 2 Ringe à 24 cm Ø auf Trennpapier aufzeichnen, Masse aufstreichen und einzeln backen. Torte nach dem Erkalten herausschneiden. Topfen mit Sauerrahm, Staubzucker, Zitronensaft und -schale sowie Vanillezucker vermischen. Gelatine in kaltem Wasser einweichen, mit einigen Tropfen Wasser warm schmelzen und lauwarm unter die Topfenmasse rühren. Geschlagenes Obers unterziehen. Tortenring mit Pergamentpapier auskleiden, Biskuit horizontal durchschneiden, einen Boden einlegen, mit Topfmasse auffüllen, Deckblatt darauflegen und leicht anpressen. Einige Stunden im Kühlschrank kühlen. Torte aus der Form lösen, Pergamentstreifen abziehen. Mit Staubzucker bestreuen, Rosetten aus Schlagobers spritzen und eventuell mit halben Erdbeeren belegen.

BACKROHRTEMPERATUR: 200 °C
BACKDAUER: 30 Minuten in der Tortenform oder
10 Minuten auf Trennpapier einzeln gebacken
MEIN TIP: Die Topfenmasse kann mit Beerenmark, Beeren oder beliebigen Fruchtstücken geschmacklich abgewandelt werden.

ERDBEERTORTE

ZUTATEN FÜR 14 STÜCK

80 g Butter
80 g Kochschokolade
60 g Staubzucker
4 Eiklar
4 Eidotter
60 g Kristallzucker
80 g Mehl, glatt
1 EL Vanillezucker
Prise Salz

Fülle:
120 g Erdbeeren, frisch oder
tiefgekühlt
60 g Staubzucker
⅛ l Schlagobers
4 Blatt Gelatine

600 g Erdbeeren, frisch, zum
Belegen
1 Päckchen Tortengelee
200 g Erdbeermarmelade
60 g Mandeln, gehobelt,
geröstet

Schokolade schmelzen. Butter mit Staubzucker schaumig rühren, Dotter einrühren, Schokolade untermengen. Eiklar, Salz, Kristall- und Vanillezucker zu festem Schnee schlagen. Schnee und Abtrieb vermengen, Mehl vorsichtig einrühren. Auf Trennpapier mittels Tortenreifen 2 Ringe zeichnen. Masse darauf gleichmäßig auftragen, Papier auf Backblech ziehen, im vorgeheizten Backrohr backen. Erkalten lassen. Scheiben mit Tortenreifen nachstechen (façonnieren). Gelatine in kaltem Wasser einweichen. Erdbeeren mixen oder passieren, mit Staubzucker verrühren. Schlagobers schlagen. Gelatine mit einigen Tropfen Wasser erwärmen, unter das Erdbeermark mischen. Erdbeermark unter das geschlagene Obers mengen. Tortenboden mit 100 g Erdbeermarmelade bestreichen, mit Erdbeercreme auffüllen, glattstreichen. Zweiten Tortenboden einsetzen, leicht anpressen, mit restlicher Erdbeermarmelade bestreichen, mit gewaschenen Erdbeeren belegen. Tortengelee nach Beschreibung herstellen, über die Erdbeeren gießen und erstarren lassen. Tortenring entfernen, Tortenrand mit etwas Erdbeermarmelade einstreichen, mit Mandeln bestreuen.

BACKROHRTEMPERATUR: 200 °C
BACKDAUER: 20 Minuten

ESTERHÁZY-TORTE

ZUTATEN FÜR 14 STÜCK
Tortenböden:
200 g Eiklar
100 g Kristallzucker
200 g Mandeln oder
Haselnüsse, gerieben
1 EL Vanillezucker
Prise Salz

Creme:
1 l Milch
160 g Kristallzucker

60 g Puddingpulver
250 g Butter
2 EL Rum

Glasur:
200 g Fondant
30 g Schokolade

50 g Mandeln, geröstet,
gehobelt
Marillenmarmelade zum
Bestreichen

Für die Creme ⅔ der Milch mit Zucker aufkochen, restliche Milch mit Puddingpulver kalt vermischen, in die kochende Milch einrühren, nochmals aufkochen, kalt stellen, passieren. Auf Trennpapier 6 Kreise à 24 cm Ø zeichnen. Eiklar mit Zucker aufschlagen, Vanillezucker und Salz einmengen, Nüsse vorsichtig einrühren. Masse auf die 6 Kreise aufteilen und zügig hintereinander backen. Tortenböden noch heiß mit dem Tortenreifen abstechen (façonnieren). Handwarme Butter sehr schaumig rühren, den passierten Pudding und Rum einmengen, glatt verrühren. Tortenböden mit Creme schichtenweise bestreichen und übereinandersetzen. Rand rundum bestreichen, aber nicht Deckblatt. Torte im Kühlschrank durchkühlen lassen. Deckblatt mit passierter, erwärmter Marillenmarmelade dünn bestreichen. Schokolade erweichen (wenn zu dick, mit Öl verdünnen), dabei nicht über 30 °C erhitzen. Schokolade in ein Papierstanitzel mit kleiner Öffnung füllen, Fondant lippenwarm im Wasserbad auflösen, mit glattem Messer auf das Deckblatt aufstreichen. Schokolade spiralenförmig auf die Glasur spritzen, mit kleinem Messer von der Mitte aus 8mal nach außen, 8mal nach innen ziehen. (So entsteht das charakteristische Esterházy-Muster). Überlaufenden Fondant abschneiden, Torte an der Seite mit Mandeln einstreuen.

BACKROHRTEMPERATUR: 200 °C
BACKDAUER: ca. 10 Minuten

KARDINALSCHNITTEN

ZUTATEN FÜR 10 PORTIONEN

Masse I:
250 g Eiklar
180 g Kristallzucker
1 TL Vanillezucker
Prise Salz

Masse II:
2 Eier
3 Eidotter

55 g Staubzucker
Zitronenschale, gerieben
55 g Mehl, glatt

Masse III:
¼ l Schlagobers, geschlagen
20 g Staubzucker
3 EL Mocca, stark
1 EL Sahnesteif

Staubzucker zum Bestreuen

Zwei Trennpapierstreifen, 15 cm × 40 cm groß, auf ein Backblech legen. Für Masse I Salz, Eiklar, Kristall- und Vanillezucker zu Schnee schlagen. Für Masse II ganze Eier, Dotter, Staubzucker und Zitronenschale schaumig rühren, Mehl untermengen. Eischnee in Dressiersack (Tülle Nr. 12) füllen. Auf zwei Streifen Trennpapier je drei Streifen à 2 cm mit jeweils 2 cm Zwischenraum spritzen. Dottermasse ebenfalls in Dressiersack füllen und in die Zwischenräume einspritzen, mit Staubzucker anzuckern. Im vorgeheizten Backrohr backen. Auskühlen lassen, umdrehen, Papier abziehen. Geschlagenes Obers mit Staubzucker, Mocca und Sahnesteif glattrühren. Creme auf eine Schichte streichen, zweite Schichte auf die Creme legen, anzuckern, in Portionen schneiden.
Die Kardinalschnitten können auch mit Erdbeer- oder Marillenmarmelade bestrichen werden.

BACKROHRTEMPERATUR: 200 °C
BACKDAUER: ca. 20 Minuten
MEIN TIP: Es ist empfehlenswert, den Oberteil bereits in Schnittenbreite vorgeschnitten auf den mit Creme bestrichenen Unterteil zu legen.

RIBISELSCHNITTEN

ZUTATEN FÜR 10 PORTIONEN
400 g Mürbteig (s. S. 252)
300 g Ribiseln, entstielt, frisch
(oder Preiselbeeren)

Vanillepudding:
½ l Milch
100 g Kristallzucker

50 g Puddingpulver
1 EL Vanillezucker

Schneehaube:
125 g Eiklar
85 g Kristallzucker
125 g Staubzucker
Salz

Mürbteig zu einem Streifen von 7 cm × 35 cm ausrollen (zuschneiden). Die Ränder mit Wasser bestreichen. Restteig zu ½ cm dicken Rolle formen, den Teigstreifen damit umgrenzen, gut festdrücken. Im vorgeheizten Backrohr auf einem Backblech bei 200 °C hell anbacken (6 Minuten).
Zwei Drittel der Milch mit Kristall- und Vanillezucker aufkochen, Puddingpulver mit restlicher Milch abmischen, in die kochende Milch mit Schneerute einrühren. Aufwallen lassen. Vanillepudding in den Mürbteig vorsichtig einfüllen, erkalten lassen.
Eiklar mit Kristallzucker und Salz aufschlagen, löffelweise Staubzucker einmengen, bis die Masse glänzt. Den gefüllten Boden mit etwas Eischaum bestreichen, Ribiseln darauf verteilen. Restlichen Schnee in Dressiersack (Sterntülle Nr. 10) füllen und gleichmäßige Bahnen über die Ribiseln spritzen. Im vorgeheizten Backrohr 8 Minuten bei 250 °C backen.

BACKROHRTEMPERATUR: 200 °C und 250 °C

APFELSCHNITTEN

ZUTATEN FÜR 6 PORTIONEN
450 g Mürbteig (s. S. 252)
600 g Äpfel, säuerlich, geschält,
entkernt
150 g Staubzucker
30 g Vanillezucker

50 g Rosinen
½ EL Zimt
1 EL Rum
Saft von 1 Zitrone
1 Ei zum Bestreichen
Staubzucker zum Bestreuen

Äpfel in dünne Scheiben schneiden, mit Staubzucker, Vanillezucker, Zimt, Rum, Zitronensaft und Rosinen vermengen. In einer Pfanne oder Kasserolle unter wiederholtem Rühren kernig dünsten, erkalten lassen. ⅓ des Mürbteiges auf

35 cm × 10 cm Größe ausrollen, auf Backblech legen, mit Ei bestreichen. Aus Mürbteig zwei 35 cm lange Rollen formen, diese an den äußeren Rändern aufsetzen, etwas andrücken. Den Teig einige Minuten hell anbacken, Äpfel darauf gruppieren. Aus Restteig ein Gitter über die Äpfel legen, mit Ei bestreichen und im vorgeheizten Backrohr backen. Überkühlt in 5 cm breite Streifen schneiden. Mit Staubzucker bestreuen.

BACKROHRTEMPERATUR: 190 °C
BACKDAUER: ca. 25 Minuten
MEIN TIP: Kann auch in Tortenform gebacken werden.

PREISELBEERSCHNITTEN MIT SCHNEEHAUBE

ZUTATEN FÜR 12 PORTIONEN
Teig:
300 g Mehl, glatt
300 g Haselnüsse, gemahlen
150 g Feinkristallzucker
4 Eidotter
250 g Butter

Eiweißmasse:
5 Eiklar
150 g Staubzucker
150 g Haselnüsse, gemahlen
1 gestrichener KL Zimt
Prise Nelkenpulver
Zitronenschale, gerieben
ca. 950 g Preiselbeermarmelade,
unpassiert, zum Bestreichen
Butter zum Befetten

Mehl, Haselnüsse, Kristallzucker, Eidotter und Butter zu einem glatten Teig verkneten, 30 Minuten kalt rasten lassen. Teig zwischen zwei Blatt Pergamentpapier in Blechgröße ausrollen. Obenliegendes Papier entfernen, Teig auf leicht gefettetes Backblech stürzen, Papier entfernen. Mit Preiselbeermarmelade bestreichen.
Eiklar und Staubzucker über Dampf schaumig schlagen, dann kalt zu festem Schnee schlagen, Haselnüsse und Aromastoffe vorsichtig untermengen. Eiweißmasse über die Preiselbeeren streichen. Im vorgeheizten Backrohr backen. Gut auskühlen lassen, in kleine Schnitten schneiden, vorsichtig vom Blech lösen, da die Schnitten sehr weich sind. Eventuell in Papierkapseln setzen.

BACKROHRTEMPERATUR: 180 °C
BACKDAUER: 30 Minuten

BISKUITROULADE

ZUTATEN FÜR 10 PORTIONEN
4 Eiklar
4 Eidotter
65 g Kristallzucker
30 g Mehl, glatt
35 g Stärkemehl

1 TL Vanillezucker
Prise Salz
200 g Marillenmarmelade,
passiert
Staub- und Kristallzucker zum
Bestreuen

Mehl mit Stärkemehl versieben. Eiklar, Kristall- und Vanillezucker sowie Salz zu steifem Schnee schlagen. Eidotter untermengen, Mehl vorsichtig unter den Schnee ziehen. Masse auf mit Trennpapier belegtem Backblech gleichmäßig rechteckig, fingerhoch aufstreichen. Im vorgeheizten Backrohr lichtbraun backen. Biskuit aus dem Rohr nehmen, auf ein mit Kristallzucker bestreutes Trennpapier mit der Oberfläche nach unten stürzen. Papier vorsichtig abziehen. Biskuit mit Marmelade bestreichen, straff einrollen. In Papier gedreht auskühlen lassen, Papier entfernen. Mit Staubzucker bestreuen, in Scheiben schneiden.

BACKROHRTEMPERATUR: 220 °C
BACKDAUER: ca. 10 Minuten
MEIN TIP: Biskuitroulade läßt sich durch zahlreiche andere Füllungen (Mocca-, Schokolade-, Kastanien- oder Zitronencreme), aber auch durch Glasuren sowie durch Einschlagen in Marzipan äußerst vielfältig variieren.

TOPFENGOLATSCHEN (Foto Seite 253)

ZUTATEN FÜR 9 STÜCK
400 g Blätterteig
25 g Butter
50 g Staubzucker
10 g Puddingpulver
125 g Topfen, 20%, passiert
50 g Rosinen

Schale von ½ Zitrone, gerieben
½ TL Vanillezucker
Prise Salz

Ei zum Bestreichen
Fett zum Bestreichen
Staubzucker zum Bestreuen

Handwarme Butter und Staubzucker schaumig rühren. Alle Zutaten untermengen. Blätterteig 36 cm × 36 cm groß ausrollen, in 12 cm große Quadrate schneiden. Jeweils in die

Mitte die Fülle einsetzen, die Ränder mit Ei bestreichen; die Teigecken übereinanderschlagen und festdrücken. Golatschen auf befettetes Backblech setzen, im vorgeheizten Backrohr goldbraun backen. Nach dem Erkalten mit Staubzucker bestreuen.

BACKROHRTEMPERATUR: 220 °C
BACKDAUER: ca. 20 Minuten

ISCHLER KRAPFERL

ZUTATEN FÜR 15 STÜCK
140 g Mehl, glatt
140 g Butter
90 g Mandeln, gerieben
70 g Staubzucker
Prise Salz

Fülle:
150 g Butter

40 g Staubzucker
60 g Schokolade
2 cl Rum

Ribiselmarmelade, passiert, zum Bestreichen
Milchtunkmasse zum Glacieren
Pistazien, gehackt, zum Bestreuen

Mehl, Butter, Mandeln, Staubzucker und Salz rasch zu einem glatten Teig verkneten. Zugedeckt zwei Stunden im Kühlschrank rasten lassen. Teig auf bemehlter Unterlage ca. 4 mm dick ausrollen, mit einem runden Ausstecher (6 cm Ø) Kreise ausstechen, diese auf ein Backblech legen. Im vorgeheizten Backrohr hellgelb backen, vom Blech heben und erkalten lassen.
Handwarme Butter mit Staubzucker schaumig rühren, lippenwarm geschmolzene Schokolade sowie Rum einrühren. Die Creme in Dressiersack (glatte Tülle Nr. 12) füllen, die Hälfte der Krapferl mit Ribiselmarmelade bestreichen, Buttercreme daraufdressieren, Oberteile aufsetzen. Mit temperierter Milchtunkmasse glacieren, mit gehackten Pistazien bestreuen.

BACKROHRTEMPERATUR: 200 °C
BACKDAUER: ca. 10 Minuten

BAYRISCHE CREME

ZUTATEN FÜR 6 PORTIONEN
1/8 l Milch
1/8 l Schlagobers
20 g Kristallzucker
40 g Staubzucker
3 Blatt Gelatine

2 Eidotter
2 Eiklar
2 EL Vanillezucker

Garnierung:
Schlagobers, Biskotten, Früchte

Gelatine in kaltem Wasser einweichen. Eidotter mit Staubzucker schaumig rühren. Milch und Vanillezucker erhitzen, aber nicht kochen, unter die Dottermasse mengen, Gelatine darin auflösen, kalt stellen. Eiklar und Kristallzucker zu steifem Schnee schlagen. Vor dem Anstocken der Creme Eischnee und geschlagenes Obers unterheben. Creme in kalte Dariolformen (kleine Auflaufförmchen) füllen, 3–4 Stunden im Kühlschrank kühlen. Kurz in heißes Wasser tauchen, auf Teller stürzen. Beliebig garnieren.

MEIN TIP: Man kann die Creme auch in Schüsseln oder Gläser füllen. Man erspart sich dadurch das problematische Stürzen.

OBERS-EIER-CREME

ZUTATEN FÜR 6 PORTIONEN
1/2 l Schlagobers
120 g Staubzucker
4 Blatt Gelatine
6 Eidotter

2 EL Vanillezucker oder
Eierlikör

Garnierung:
Schlagobers, Früchte, Beeren

Gelatine in kaltem Wasser einweichen. Eidotter, Staub- und Vanillezucker schaumig rühren (eventuell Likör beigeben). Gelatine mit einigen Tropfen Wasser erhitzen (schmelzen), überkühlt unter die Dottermasse mengen, geschlagenes Obers unterziehen. In Schüsseln oder Schalen füllen, 3–4 Stunden im Kühlschrank kühlen. Nach dem Erkalten beliebig garnieren.

MEIN TIP: Als passende Beigabe eignen sich selbstgebackene Hippenrollen, Mandelbögen oder Biskotten. Man kann auch die Schalen mit kleiner, dünn geschnittener Biskuitroulade auslegen.

KROKANTCREME

ZUTATEN FÜR 6 PORTIONEN
2 Eier
80 g Kristallzucker
40 g Nougat, ungesüßt
³/₈ l Schlagobers
1 EL Vanillezucker
1 EL Rum
Prise Salz
2 Blatt Gelatine

Krokant:
50 g Kristallzucker
50 g Mandeln, geschält, geröstet

Sauce:
300 g Erdbeeren
150 g Erdbeersauce (s. S. 262)
1 EL Grand Marnier
Öl zum Bestreichen

Für den Krokant Kristallzucker in einer flachen Pfanne schmelzen, karamelisieren, Mandeln beigeben, kurz rösten, auf ein geöltes Blech schütten und erkalten lassen. Fein reiben. Gelatine in kaltem Wasser einweichen. Eier, Kristallzucker, Vanillezucker und Salz über Dampf warm und schaumig schlagen (Mixer oder Schneerute), anschließend kalt schlagen. Gelatine in wenig Wasser erwärmen (auflösen), mit Rum, Krokant sowie Nougat in die Eiermasse einrühren. Erkaltet, aber noch nicht stockend, unter das geschlagene Obers mengen. In kalte Portionsförmchen füllen und 3–4 Stunden im Kühlschrank anziehen lassen. Nach dem Erkalten Formen in warmes Wasser tauchen und auf Teller stürzen. Für die Sauce gewaschene, geputzte Erdbeeren in Würfel schneiden, mit Erdbeersauce und Grand Marnier vermengen. Creme mit Sauce garnieren.

MEIN TIP: Die Creme kann auch in Schalen oder Gläsern angerichtet werden.

TOPFENCREME

ZUTATEN FÜR 6 PORTIONEN
250 g Topfen, 20%, sehr fein
passiert
⅛ l Milch
¼ l Schlagobers
2 Blatt Gelatine
60 g Kristallzucker
60 g Staubzucker
2 Eidotter

1 EL Rum
1 EL Vanillezucker
Saft von 1 Zitrone
Schale von ½ Zitrone
Prise Salz

Garnierung:
Früchte, Fruchtsaucen,
Minzblätter

Gelatine in kaltem Wasser einweichen. Eidotter mit Staubzucker, Zitronensaft und -schale schaumig rühren. Milch mit
Kristallzucker, Vanillezucker und Salz erhitzen, aber nicht
kochen; Gelatine, Dottermasse und Rum beigeben, glattrühren, erkalten lassen. Vor dem Abstocken mit Topfen glattrühren, geschlagenes Obers unterheben. Masse in Schalen oder
Gläser füllen und 3–4 Stunden im Kühlschrank kalt stellen.
Beliebig garnieren.

MEIN TIP: Optisch und geschmacklich läßt sich diese
Creme variieren, indem Sie beliebige Saisonfrüchte oder
Beeren einmengen.

GRIESSFLAMMERI

ZUTATEN FÜR 6 PORTIONEN
⅜ l Milch
60 g Weizengrieß
⅜ l Schlagobers
75 g Kristallzucker
2½ Blatt Gelatine
Schale von 1 Zitrone
Schale von 1 Orange

3 EL Grand Marnier
(Orangenlikör)
Prise Salz

Garnierung:
Orangenfilets, Datteln,
marinierte Zwetschken,
Schlagobers

Gelatine in kaltem Wasser einweichen. Milch mit Kristallzukker, Salz, Orangen- und Zitronenschale aufkochen. Unter
ständigem Rühren Grieß in die Milch einlaufen lassen, bei
geringer Hitze ca. 4 Minuten kochen, dabei rühren! In eine
Schüssel umfüllen. Gelatine mit einigen Tropfen Wasser erwärmen (schmelzen), unter die Grießmasse mengen. Kurz
vor dem Anstocken geschlagenes Obers unterheben, Grand
Marnier einrühren. Creme in die kalten Dariolformen

(kleine Auflaufförmchen) füllen und 4 Stunden im Kühlschrank anstocken lassen. Die Formen ganz kurz in sehr heißes Wasser tauchen, Grießflammeri auf Teller stürzen und nach Belieben garnieren.

REIS TRAUTTMANSDORFF

ZUTATEN FÜR 8 PORTIONEN
½ l Milch
80 g Kristallzucker
120 g Rundkornreis
½ l Schlagobers
6 Blatt Gelatine
Prise Vanillezucker
Salz
Zitronenschale, gerieben

400 g Früchte nach Wahl
(Birnen, Trauben, Kirschen,
Beeren etc.)
2 EL Weinbrand, Kirschwasser
oder Maraschino

Garnierung:
Erdbeer- oder Himbeersauce,
Früchte, Cocktailkirschen

Früchte in kleine Würfel schneiden und mit Alkohol ziehen lassen, eventuell etwas Zucker beigeben. Reis heiß abschwemmen. Milch, Kristallzucker, Vanillezucker, Zitronenschale und Salz aufkochen, Reis beigeben. Nochmals aufkochen, zugedeckt im Rohr dünsten lassen. Gelatine in kaltem Wasser einweichen. Gelatine ohne Wasser unter den heißen Reis mengen, erkalten lassen. Bevor die Masse abstockt, geschlagenes Obers sowie marinierte Früchte untermengen. Masse in Dariolformen (kleine Auflaufförmchen) füllen, 4 Stunden im Kühlschrank kühlen. Formen kurz in sehr heißes Wasser tauchen, den Reis stürzen. Beliebig garnieren.

BACKROHRTEMPERATUR: 130 °C
GARUNGSDAUER: ca. 20 Minuten

GEBACKENE STRUDELBLÄTTER MIT BEERENOBERS

ZUTATEN FÜR 4 PORTIONEN
1 Paket Strudelblätter,
tiefgekühlt
½ l Schlagobers
200 g Erdbeeren
100 g Staubzucker
1 EL Grand Marnier
(Orangenlikör)

80 g Erdbeeren, passiert (frisch
oder tiefgekühlt)
Staubzucker zum Bestreuen
Butterschmalz zum Bestreichen

Garnierung:
Beerenoberssauce

Strudelteig auflegen, mit glattem Ausstecher (ca. 8 cm ⌀) 16 Kreise ausstechen. Backblech mit Butterschmalz bestreichen, Teigscheiben auflegen, nochmals mit Butterschmalz bestreichen, im vorgeheizten Backrohr backen. Erdbeeren putzen, waschen, in kleine Würfel schneiden und mit Staubzucker, Erdbeermark sowie Grand Marnier vermengen. 2–3 Stunden im Kühlschrank ziehen lassen. Obers schlagen und unter die marinierten Erdbeeren mengen. Erdbeerobers in Dressiersack ohne Tülle füllen. Auf ein Strudelblatt Beerenobers aufspritzen, weiteres Strudelblatt aufsetzen, diesen Vorgang noch zweimal wiederholen. Das Deckblatt mit Staubzucker bestauben. Auf diese Weise 4 Portionen füllen.

BACKROHRTEMPERATUR: 220 °C
BACKDAUER: ca. 4 Minuten
MEIN TIP: Das Dessert darf nicht lange stehen, da die Teigblätter die Knusprigkeit verlieren. Für die Fülle kann man auch andere Beeren verwenden. Besonders geeignet sind Himbeeren, Walderd-, Brom- oder Heidelbeeren, wobei man die Beeren auch mischen kann.

MOZARTBOMBE *(Foto Seite 321)*

ZUTATEN FÜR 8 PORTIONEN
Biskuit:
3 Eier
70 g Kristallzucker
70 g Mehl, glatt
30 g Butter, geschmolzen
Prise Salz
1 TL Vanillezucker
Zitronenschale
Butter zum Ausstreichen
Semmelbrösel zum Ausstreuen

Fülle:
2 dl Weichselsaft

250 g Weichselkompott,
entkernt
⅓ l Schlagobers
1 KL Erdäpfel- oder Maisstärke
2 EL Rum

Überguß:
1,5 dl Schlagobers
150 g Kochschokolade

Dekor:
6 cl Schlagobers
Mandelsplitter, geröstet
Pistazienkerne

Ulmerform (halbkugelförmige Metallform) gut mit Butter ausstreichen, mit Semmelbröseln ausstreuen. Eier mit Kristallzucker, Salz, Vanillezucker und Zitronenschale über Dampf schaumig, anschließend kalt schlagen. Mehl untermengen, Butter einrühren. Masse in Ulmerform füllen, im vorgeheizten Backrohr backen. Für die Fülle Schlagobers schlagen, Weichselsaft kochend reduzieren, etwas kalten Weichselsaft mit Stärke anrühren, in den kochenden Saft einmengen, aufkochen lassen, Rum beifügen. Entkernte Weichseln etwas zerkleinern. Das erkaltete Biskuit in möglichst viele horizontale Scheiben schneiden. Die kleinste Scheibe in eine Bombenform (Kuppelform) einlegen, mit eingedicktem Weichselsaft tränken, Schlagobers darauf gruppieren, Weichseln und etwas Saft darauf verteilen, die nächstgrößere Biskuitscheibe einsetzen. Diesen Vorgang wiederholen, bis die Form gefüllt ist und die Materialien verbraucht sind. Den Abschluß bildet die größte Biskuitscheibe. 3 Stunden kalt stellen. Schokolade zerkleinern, in kochendem Schlagobers auflösen, durchrühren, erkalten lassen. Bombe einige Sekunden in heißes Wasser tauchen, auf Glacierrost stürzen. Bombe mit glattgerührter Schokoglasur übergießen, mit Pistazien und Mandeln bestreuen, auf eine Tortenplatte heben, mit geschlagenem Obers rundum garnieren. Die Bombe wird nicht geschnitten, sondern als Dessert bei Tisch mit einem Löffel gestochen.

BACKROHRTEMPERATUR: 200 °C
BACKDAUER: 18 Minuten

KASTANIENREIS MIT SCHLAG

ZUTATEN FÜR 6 PORTIONEN
800 g Edelkastanien
130 g Staubzucker
1 EL Rum

2 EL Vanillezucker
¼ l Schlagobers
Staubzucker zum Bestreuen
6 Kirschen, kandiert

Kastanien mit Wasser bedeckt ca. 45 Minuten kochen. Abseihen, mit kaltem Wasser abschrecken, schälen. Kastanien passieren oder fein faschieren, mit Staub- und Vanillezucker sowie Rum zu einer Masse verkneten. Obers schlagen, erhaben auf Teller oder in kleine Schüsseln mittels Spritzsack aufdressieren. Kastanienmasse mittels Kastanienpresse oder durch einen Krenreißer auf das Schlagobers pressen. Mit Staubzucker bestreuen und mit kandierter Kirsche garnieren.

TOPFEN-OBERS-NOCKERLN

ZUTATEN FÜR 4 PORTIONEN
250 g Topfen, passiert
80 g Staubzucker
1 dl Joghurt
¼ l Schlagobers
3 Blatt Gelatine

Vanillezucker
Orangenschale, gerieben

Garnierung:
Schlagobers, Himbeer- oder
Erdbeersauce, Minzblätter

Topfen glattrühren, Vanille- und Staubzucker, Joghurt sowie Orangenschale beifügen. Gelatine in kaltem Wasser einweichen, abseihen, mit wenig Wasser zart erwärmen (auflösen) und zügig unter die nicht zu kalte Topfenmasse mengen. Geschlagenes Obers unterziehen, Masse in eine passende Form füllen (ca. 3 cm hoch), im Kühlschrank gut durchkühlen. Einen Suppenlöffel in heißes Wasser tauchen und aus der gestockten Topfenmasse Nocken stechen, diese sofort auf die Teller gruppieren. Beliebig garnieren.

MEIN TIP: Sie können die Creme auch direkt in Glasschalen füllen und sie darin (gekühlt) servieren.

SCHOKOLADEMOUSSE

ZUTATEN FÜR 6 PORTIONEN
5 Eidotter
60 g Staubzucker
100 g Tunkmasse oder
Haushaltsschokolade
¼ l Schlagobers

Garnierung:
Weichseln, Beeren, exotische
Früchte, Minzblätter

Eidotter mit Zucker zuerst warm, dann kalt schaumig aufschlagen. Schokolade (Tunkmasse) zart temperieren (unter
30 °C), mit Dottermasse glatt verrühren. Geschlagenes Obers
unterheben und einige Stunden gut durchkühlen lassen. Mit
einem nassen Suppenlöffel oder Eisportionierer Kugeln oder
Nocken ausstechen.

Früchtedesserts · Parfaits

ZWETSCHKENTERRINE

ZUTATEN FÜR 6 PORTIONEN
600 g Zwetschken, reif,
entkernt
50 g Kristallzucker
50 g Pinienkerne
8 Blatt Gelatine
Schale von ½ Orange, gerieben

Schale von ½ Zitrone, gerieben
4 Gewürznelken
½ Zimtrinde
⅛ l Wasser
Spritzer Slibowitz

Hülle:
ca. 200 g Marzipan, angewirkt

Wasser, Kristallzucker, Gewürznelken und Zimtrinde zum
Kochen bringen. Zwetschken beigeben, kernig dünsten, aus
der Flüssigkeit heben, Nelken und Zimtrinde entfernen. Verbliebene Flüssigkeit auf ca. ⅛ Liter reduzierend einkochen.
Gelatineblätter in kaltem Wasser einweichen, abpressen, in
heißem Zwetschkenwasser auflösen, erkalten lassen.
Zwetschken, Pinienkerne, Slibowitz, Orangen- und Zitronenschale untermengen. Terrinenform mit Klarsichtfolie auslegen. Zwetschkengemisch einfüllen, einige Stunden im
Kühlschrank anziehen lassen. Terrine stürzen, Folie abziehen. Marzipan messerrückendick, rechteckig in Länge der
Terrine ausrollen. Die Terrine damit einhüllen. In ca. 1 cm
dicke Tranchen schneiden.

POCHIERTE ROTWEINBIRNE

ZUTATEN FÜR 6 PORTIONEN
6 Birnen
½ l Rotwein
100 g Kristallzucker
1 Orange
1 Zitrone
Zimtrinde
4 Gewürznelken

20 g Stärkemehl
Rotwein zum Abrühren

Fülle:
100 g Walnüsse, grob gehackt
100 g Rosinen
50 g Datteln

Garnierung:
Vanilleeis und Minzblätter

Orange und Zitrone halbieren, mit Rotwein, Zimtrinde, Gewürznelken und Zucker aufkochen. 10 Minuten kochen lassen, anschließend abseihen. Birnen schälen, das Kerngehäuse mittels Pariser Ausstecher von unten aus der Frucht holen und dadurch einen gleichmäßigen Hohlraum schaffen. Birnen in einen hohen Topf stellen, mit Rotweinsud bedecken, zugedeckt bei 90 °C pochieren. Birnen aus dem Sud heben, abtropfen lassen. Stärkemehl mit etwas kaltem Rotwein abrühren, in den kochenden Rotwein einrühren, kalt stellen. Datteln in kleine Würfel schneiden, mit Nüssen und Rosinen vermengen, in die Birnen einfüllen. Birnen auf Teller stehend anrichten, mit Gewürzrotwein übergießen und garnieren.

GARUNGSDAUER: ca. 5 Minuten

HASELNUSSPARFAIT

ZUTATEN FÜR 6 PORTIONEN
3 Eier
2 Eidotter
160 g Kristallzucker
70 g Nougat
3 dl Schlagobers
2 EL Cognac

Grillage:
50 g Kristallzucker
50 g Haselnüsse, ungeschält
Öl zum Bestreichen

Garnierung:
siehe Pralinenparfait

Für die Grillage Kasserolle erhitzen, Kristallzucker unter ständigem Rühren bräunen (karamelisieren), Haselnüsse beigeben, durchrösten, auf geöltem Blech erkalten lassen. Grillage mit Bröselreibe reiben. Eier mit Eidotter und Kristallzucker über Dampf schaumig schlagen, kalt weiterschlagen. Eiermasse mit Nougat, Cognac und Grillage vermischen, geschlagenes Obers unterziehen. Masse in eine vorgekühlte Rehrückenform (oder andere Formen) füllen, 4–5 Stunden im Tiefkühlfach frieren. Vor dem Anrichten Form kurz in heißes Wasser stellen, stürzen, portionieren.

LEBKUCHENPARFAIT

ZUTATEN FÜR 6 PORTIONEN
2 Eier
1 Eidotter
1 EL Kristallzucker
3 dl Schlagobers
50 g Lebkuchen, feingerieben

Prise Lebkuchengewürz
1 EL Rum

Garnierung:
Weinschaum, Preiselbeeren,
Minzblätter

Eier, Eidotter und Kristallzucker über Dampf warm schlagen, dann kalt schlagen. Geriebenen Lebkuchen, Lebkuchengewürz sowie Rum unterrühren. Geschlagenes Obers vorsichtig einmengen. Masse in vorgekühlte Dariolformen (kleine Auflaufformen) füllen, ca. 4 Stunden im Tiefkühlfach frieren. Formen kurz in sehr heißes Wasser halten und Parfaits auf gekühlte Teller stürzen.

MEIN TIP: Als Einlage kann man mit Likör und Läuterzucker angeweichte Lebkuchenstücke untermengen.

Tee- und Weihnachtsbäckerei

TRÜFFELKUGELN

ZUTATEN FÜR 60 STÜCK
250 g Kokosfett (Ceres)
½ kg Staubzucker
60 g Mehl, glatt

60 g Kakao
60 g Walnüsse, gerieben
1 Päckchen Vanillezucker
Rum
Schokostreusel zum Rollen

Sämtliche Zutaten zu einer geschmeidigen Masse verkneten, kühl rasten lassen. Kleine Kugeln formen, in Schokostreusel wälzen und in Papierkapseln (Konfektkapseln) setzen.

BELVEDERE-SCHNITTEN

ZUTATEN FÜR 70 KLEINE
SCHNITTEN
200 g Butter
100 g Staubzucker
100 g Kristallzucker
200 g Haushaltsschokolade
140 g Walnüsse, gerieben
160 g Mehl, griffig
6 Eidotter

6 Eiklar
1 EL Vanillezucker
Prise Salz

Rumglasur:
300 g Staubzucker
1 dl Rum
Butter zum Befetten
Mehl zum Bestauben

Backblech mit Butter befetten, mit Mehl bestauben. Handwarme Butter mit Staubzucker schaumig rühren, Dotter nach und nach beigeben, lippenwarm temperierte Schokolade untermengen. Eiklar, Kristallzucker, Vanillezucker und Salz zu steifem Schnee schlagen. Mehl und Nüsse vermengen. Schnee unter den Butterabtrieb heben, Nuß-Mehl-Gemisch vorsichtig unterziehen. Die Masse auf das Backblech streichen, im vorgeheizten Rohr backen. Staubzucker und Rum glatt verrühren. Glasur auf das noch heiße Gebäck auftragen. Wenn sich die Glasur zu trüben beginnt, Masse mit scharfem Messer in 4 cm × 4 cm große Stücke schneiden.

BACKROHRTEMPERATUR: 200 °C
BACKDAUER: ca. 20 Minuten

POLO

ZUTATEN FÜR 40 STÜCK
125 g Butter
125 g Margarine
140 g Staubzucker
25 g Kakao
200 g Mehl, glatt

2 Eier
Salz
Vanillezucker
250 g Pariser Creme (s. S. 261)
Tunkmasse zum Tunken

Handwarme Butter, Margarine, Staubzucker, Salz und Vanillezucker schaumig rühren. Eier verschlagen und unter den Abtrieb mengen. Mehl mit Kakao versieben, einrühren. Masse in Dressiersack (mit glatter Tülle Nr. 6) auf Trennpapier zu kleinen Busserln spritzen. Im vorgeheizten Backrohr backen und erkalten lassen. Die Hälfte der Busserln umdrehen, mit schaumig gerührter Pariser Creme erhaben füllen, restliche Busserln daraufsetzen. Zur Hälfte in temperierte Tunkmasse tauchen.

BACKROHRTEMPERATUR: 200 °C
BACKDAUER: ca. 10 Minuten

EISENBAHNER

ZUTATEN FÜR 30 STÜCK
ca. 450 g Mürbteig (s. S. 252)
370 g Rohmarzipan
60 g Staubzucker

40 g Butter
60 g Eiklar
300 g Ribiselmarmelade,
passiert

Mürbteig zu einer Fläche von 25 cm × 4 cm ausrollen. Auf Backblech einige Minuten hell anbacken. Rohmarzipan mit Staubzucker, weicher Butter und Eiklar glattrühren. Marzipanmasse mit Spritzsack (glatte Tülle Nr. 8) in 2 Bahnen außen auf den Mürbteigboden auftragen. Im vorgeheizten Backrohr goldbraun überbacken. Ribiselmarmelade in die Mitte der Bahnen in Längsrichtung einspritzen, erkalten lassen. (Das Gebäck sieht nun wie Eisenbahnschienen aus.) Gebäck in ca. 2,5 cm breite Stücke schneiden.

BACKROHRTEMPERATUR: 200 °C
BACKDAUER: ca. 7 Minuten

KOKOSKUGELN

ZUTATEN FÜR 60 STÜCK
380 g Staubzucker
250 g Butter
70 g Mehl
130 g Kokosraspel

1 KL Kakao
3 EL Rum
1 Päckchen Vanillezucker
Kokosraspel zum Wälzen

Butter und Zucker schaumig rühren. Mehl, Kokosraspel, Kakao, Rum und Vanillezucker untermengen, Masse kalt stellen. Kleine Kugeln formen, in Kokosraspeln wälzen. In Papierkapseln anrichten.

KOKOSBUSSERLN

ZUTATEN FÜR 2 BLECHE
5 Eiklar
200 g Staubzucker
50 g Kristallzucker

250 g Kokosraspel
1 EL Mehl, griffig
Schale von 1 Zitrone

Eiklar mit Kristallzucker zu festem Schnee schlagen. Staubzucker, geriebene Zitronenschale und Kokosraspel untermengen. Die Masse über Dampf sehr warm rühren, Mehl einrühren. Backblech mit Trennpapier belegen. Mit zwei Kaffeelöffeln Busserln formen, auf das Trennpapier in genügend großen Abständen legen. Im vorgeheizten Backrohr goldgelb backen.

BACKROHRTEMPERATUR: 200 °C
BACKDAUER: ca. 15 Minuten

GESPRITZTE LINZER

ZUTATEN FÜR 40 STÜCK
220 g Butter
80 g Staubzucker
1 Ei
1 Eidotter
150 g Mehl, glatt

150 g Mehl, griffig
1 EL Vanillezucker
Zitronenschale
Prise Salz
Erdbeermarmelade zum Füllen

Handwarme Butter mit Staubzucker, Vanillezucker, Zitronenschale und Salz schaumig rühren. Ei und Dotter verschlagen, langsam unter den Abtrieb mengen. Beide Mehlsorten versieben und miteinander vermischen, ebenfalls langsam unterheben. Masse mit Spritzsack (Tülle Nr. 6) auf Trennpapier zu kleinen Busserln dressieren. Im vorgeheizten Backrohr backen und erkalten lassen. Die Hälfte der Busserln umdrehen, mit Marmelade bestreichen, mit restlichen Busserln zusammensetzen. Gespritzte Linzer natur belassen oder in Schokoglasur tunken.

BACKROHRTEMPERATUR: 200 °C
BACKDAUER: 10 Minuten

RUBINE

ZUTATEN FÜR 40 STÜCK
400 g Mürbteig (s. S. 252)
Fülle:
1 dl Milch
60 g Kristallzucker
30 g Vanillezucker
200 g Walnüsse, fein gerieben

1 TL Zimt
2 EL Rum
Schale von ½ Zitrone
80 g Marillenmarmelade, dünn, passiert
40 g Kokosraspel
150 g Erdbeermarmelade

Mürbteig dünn ausrollen. Mit glattem Ausstecher 80 Scheiben (3 cm ∅) ausstechen, auf Backblech legen und im vorgeheizten Backrohr farblos backen. Milch, Kristallzucker, Zitronenschale und Zimt aufkochen, Walnüsse beigeben, unter ständigem Rühren durchkochen. Abschließend Vanillezucker und Rum einmengen. Masse erkalten lassen. Die Hälfte der Mürbteigscheiben umdrehen, mittels Dressiersack (glatte Tülle Nr. 5) Nußfülle aufdressieren und mit den restlichen Mürbteigscheiben abdecken. Marillenmarmelade auf einem Teller flach auftragen. Gefüllte Kekse zuerst seitlich durch die Marmelade, dann durch den Kokosraspel rollen. (Es sollen nur die Ränder behaftet werden.) Oben die Erdbeermarmelade in Tupfenform aufspritzen.

BACKROHRTEMPERATUR: 200 °C
BACKDAUER: 10 Minuten

VANILLEKIPFERLN

ZUTATEN FÜR 2 BLECHE
170 g Butter
50 g Staubzucker
70 g Walnüsse oder Mandeln,
gerieben
270 g Mehl, glatt

Zum Wälzen:
200 g Staubzucker und 3 EL
Vanillezucker, vermischt

Versiebtes Mehl, Staubzucker, Butter und Walnüsse zu einem glatten Teig verkneten, eine Rolle formen und 1 Stunde im Kühlschrank rasten lassen. Aus dem Teig Kugeln formen, daraus kleine Rollen mit verjüngten Enden walken und zu Kipferln formen. Auf Backblech setzen. Im vorgeheizten Backrohr zu heller Farbe backen. Noch warm vom Blech heben und im Zuckergemisch wälzen.

BACKROHRTEMPERATUR: 200 °C
BACKDAUER: ca. 10 Minuten

HAUSFREUNDE

ZUTATEN FÜR 1 BLECH
3 Eier
130 g Staubzucker
120 g Mehl, griffig
50 g Nüsse, grob gehackt
20 g Rosinen, grob geschnitten

30 g Schokolade, grob gerieben
50 g Mandeln oder Haselnüsse,
grob gehackt
20 g Aranzini, grob geschnitten
Fett zum Ausstreichen
Mehl zum Ausstauben

Eier und Zucker schaumig rühren. Mehl, Nüsse, Mandeln, Schokolade, Rosinen und Aranzini untermengen. Backblech befetten und mit Mehl bestauben, Masse 1 cm dick aufstreichen. Im vorgeheizten Backrohr goldbraun backen. Noch heiß in schmale, kurze Streifen schneiden. Nochmals kurz überbacken.

BACKROHRTEMPERATUR: 180 °C
BACKDAUER: ca. 15 Minuten

MANDELBÖGEN

ZUTATEN FÜR 30 STÜCK
100 g Mandeln, gehobelt,
ungeröstet
100 g Mandeln, gehobelt,
geröstet
150 g Kristallzucker

6 cl Schlagobers
50 g Butter
2 EL Honig
3 Streifen Oblaten (20 cm
lang, 6 cm breit)
Butter zum Bestreichen

Obers, Butter, Honig und Zucker bis zum Faden kochen. Mandeln in die Zuckermasse einrühren. Masse auf Oblaten aufstreichen, auf Backpapier legen. Im vorgeheizten Backrohr backen. Aus dem Rohr nehmen, überlaufende Masse wieder zum Oblatenrand streichen. Mit gebuttertem Messer in 2 cm breite Streifen schneiden, über eine halbrunde Form legen und erkalten lassen.

BACKROHRTEMPERATUR: 250 °C
BACKDAUER: 6–8 Minuten

ANISBÖGEN

ZUTATEN FÜR 30 STÜCK
75 g Butter
75 g Staubzucker
75 g Mehl, glatt

1 Ei
1 Eidotter
1 EL Vanillezucker
Anis zum Bestreuen

Handwarme Butter mit Staub- und Vanillezucker schaumig rühren. Ei und Eidotter nach und nach beigeben, Mehl unterheben. Backblech mit Trennpapier belegen. Masse mittels Dressiersack (glatte Tülle Nr. 4) in größeren Abständen in Form von kleinen Krapferln aufdressieren. Mit Anis bestreuen, hell backen. Nach dem Backen noch warm mit einer Spachtel vom Blech heben, über einen Kochlöffelstiel biegen, erkalten lassen.

BACKROHRTEMPERATUR: 200 °C
BACKDAUER: ca. 10 Minuten

ORANGENDUKATEN

ZUTATEN FÜR 40 STÜCK
140 g Butter
125 g Staubzucker
150 g Mehl, glatt
Orangenschale, gerieben

2 Eidotter
1 Ei
100 g Aranzini
80 g Marillenmarmelade
Tunkmasse zum Tunken

Handwarme Butter, Staubzucker und Orangenschale schaumig
rühren, Eidotter und Ei einrühren, Mehl unterziehen. Backblech mit Trennpapier belegen. Masse in Dressiersack (glatte
Tülle Nr. 6) füllen, auf das Backblech kleine Krapferln aufdressieren, im vorgeheizten Backrohr hellbraun backen. Aranzini
fein faschieren, mit Marmelade glattrühren. Die Hälfte der
Krapferln umdrehen, mit Aranzinimasse füllen, Oberteile daraufsetzen. Tunkmasse temperieren, Krapferln zur Hälfte darin
tunken. Zum Trocknen auf Alufolie oder Papier legen.

BACKROHRTEMPERATUR: 190 °C
BACKDAUER: ca. 15 Minuten

ZIMTSTERNE

ZUTATEN FÜR 70 STÜCK
200 g Mandeln, ungeschält,
gerieben
480 g Kristallzucker
100 g Walnüsse, gerieben

75 g Aranzini, fein gehackt
10 g Zimt
Eiklar nach Bedarf
Zitronenglasur (s. S. 259)

Alle Zutaten mit wenig Eiklar zu einer festen Masse verkneten, diese ca. 5 mm dick ausrollen. Mit Zitronenglasur bestreichen. Teig mit nassem Sternausstecher (ca. 6 cm) ausstechen,
Sterne auf ein mit Trennpapier belegtes Backblech legen und
im vorgeheizten Rohr bei eingehängter Backrohrtüre backen.

BACKROHRTEMPERATUR: 150 °C
BACKDAUER: ca. 15 Minuten

HEIDESAND

ZUTATEN FÜR 40 STÜCK
200 g Mehl, glatt
100 g Staubzucker
130 g Butter
1 Eidotter
1 EL Vanillezucker

Zitronenschale, gerieben
Prise Salz
Hagelzucker zum Wälzen
Eiklar zum Bestreichen
Ribiselmarmelade zum Füllen

Alle Zutaten zu einem glatten Teig verkneten. Zwei Rollen (3 cm Ø) formen, kalt stellen. Rollen mit Eiklar bestreichen, in Hagelzucker wälzen und in 1 cm dicke Scheiben schneiden. Auf Trennpapier legen, eine leichte Vertiefung in jede einzelne Scheibe drücken, im vorgeheizten Backrohr backen. Ribiselmarmelade noch heiß in die Mulden einfüllen.

BACKROHRTEMPERATUR: 200 °C
BACKDAUER: ca. 10 Minuten

LEBKUCHEN

ZUTATEN FÜR 55 STÜCK
¾ kg Honig
250 g Roggenmehl
½ kg Weizenmehl, glatt
150 g Mandeln, gerieben
10 g Lebkuchengewürz

3 g Pottasche
6 g Ammonium
Gummiarabikum zum Abglänzen
Mandeln zum Belegen
Spritzglasur zum Dekorieren

Den Honig auf ca. 50 °C erwärmen, mit Mehl, Mandeln und Lebkuchengewürz zu einem Teig verkneten, 3 Tage zugedeckt rasten lassen. Ammonium und Pottasche mit wenig Wasser getrennt auflösen, unter den Teig kneten. Teig ca. 5 mm dick ausrollen, in beliebige Formen ausstechen. Mit Wasser bestreichen, mit Mandeln belegen und im vortemperierten Backrohr backen. Noch heiß mit Gummiarabikum abglänzen. Nach dem Erkalten mit Spritzglasur dekorieren.

BACKROHRTEMPERATUR: 220 °C
BACKDAUER: ca. 10 Minuten
MEIN TIP: Lebkuchen wird erst nach längerer Lagerung (ab 14 Tagen) mürbe. Am besten eignen sich dafür verschließbare Dosen, wobei ein beigelegtes Apfelstück den Lebkuchen schneller mürbe werden läßt.

FRÜCHTEBROT

ZUTATEN
250 g Mehl, glatt
15 g Germ
25 g Staubzucker
100 g Butter
$^1/_{16}$ l Milch
1 Eidotter
1 EL Vanillezucker
Prise Salz

Fülle:
150 g Dörrzwetschken, entkernt
100 g Feigen

100 g Rosinen
100 g Zitronat und Aranzini
50 g Datteln, entkernt
50 g Mandeln, gehackt
10 g Germ
50 g Mehl, glatt
50 g Kristallzucker
Zimt, Nelkenpulver
1 EL Slibowitz
1 EL Rum
2 Eidotter zum Bestreichen
10 halbe Nüsse zum Belegen

Früchte würfelig schneiden, mit Germ, Zucker, Mehl, Aromaten, Mandeln und Alkohol zu einer festen Masse verkneten. Für den Teig Milch erwärmen, Germ darin auflösen und restliche Teigzutaten beigeben. Zu einem Teig verkneten, 30 Minuten kühl rasten lassen. Teig rechteckig ausrollen. Früchtemasse zu einem länglichen Ziegel formen, auf den Teig legen. Teigränder mit Ei bestreichen, Ziegel völlig in Teig einhüllen, Teigenden verbinden (anpressen). Mit Teignaht nach unten auf ein mit Trennpapier belegtes Backblech legen. Mit Dotter kräftig einstreichen, antrocknen lassen, nochmals mit Dotter bestreichen. Mit Nüssen belegen und im vorgeheizten Backrohr backen.

BACKROHRTEMPERATUR: 180 °C
BACKDAUER: 30–40 Minuten

PREISELBEERSCHNITTEN

ZUTATEN FÜR 50 STÜCK
Biskuit:
4 Eidotter
4 Eiklar
60 g Kristallzucker
30 g Mehl, glatt
30 g Stärkemehl

Fülle:
$^1/_8$ l Milch
40 g Kristallzucker

15 g Puddingpulver
$^1/_8$ l Schlagobers
80 g Preiselbeermarmelade
1 Päckchen Sahnesteif

350 g Marzipan
Marillenmarmelade zum
Bestreichen
Schokolade als Dekor
Staubzucker zum Bestauben

Eiklar mit Kristallzucker zu festem Schnee schlagen. Eidotter, versiebtes Mehl und Stärkemehl einrühren, auf mit Trennpapier belegtes Backblech fingerhoch aufstreichen. Im vorgeheizten Backrohr backen. ⅔ der Milch mit Kristallzucker aufkochen. Restliche Milch mit Puddingpulver glattrühren, in die kochende Milch einrühren, nochmals aufkochen, kalt stellen. Biskuit vom Papier lösen, in 2 Teile zu je 16 cm Breite und 30 cm Länge schneiden.

Pudding passieren, Preiselbeermarmelade einrühren, mit geschlagenem Obers und Sahnesteif vermengen. Creme auf einen Biskuitfleck streichen, zweite Biskuithälfte darauflegen. Einige Stunden tiefkühlen. Schnitte mit passierter Marillenmarmelade bestreichen, der Länge nach in 4 Teile schneiden. Marzipan auf mit Staubzucker bestaubter Unterlage dünn ausrollen. Die Streifen damit einschlagen, in 2,5 cm breite Schnitten schneiden. In Dessertkapseln setzen. Mit temperierter Schokolade Ornamente spritzen.

BACKROHRTEMPERATUR: 200 °C
BACKDAUER: ca. 10 Minuten
MEIN TIP: Man kann das Marzipan auch mit Lebensmittelfarbe, etwa rosa, einfärben.

MARZIPANKONFEKT MIT HASELNÜSSEN

ZUTATEN FÜR 35 STÜCK
380 g Rohmarzipan
100 g Staubzucker
100 g Haselnüsse, gehackt, geröstet

2 cl Korn
2 cl Maraschino
Tortenglasur, weiß
Haselnüsse zum Belegen
Staubzucker zum Bestauben

Marzipan, gesiebten Staubzucker, Korn, Maraschino und Haselnüsse homogen verkneten. Masse auf angezuckerter Arbeitsfläche zu einer Rolle formen. Zugedeckt (Folie) 20 Minuten rasten lassen. Mit bezuckertem Nudelholz auf eine Stärke von 1 cm und 3 cm Breite rollen und kleine Trapeze schneiden. Glasur temperieren. Marzipanstücke darin tunken. Auf Glaciergitter legen und mit Haselnüssen dekorieren, trocknen lassen.

MARZIPANKARTOFFELN

ZUTATEN FÜR 20 STÜCK
300 g Rohmarzipan
300 g Staubzucker
1 EL Rum

Fülle:
150 g Haselnußnougat
100 g Haushaltsschokolade
Kakao zum Wälzen

Marzipan, Staubzucker und Rum verkneten. Schokolade schmelzen, mit Nougat abmischen und erkalten lassen. Aus der Schoko-Nougat-Masse kleine Kugeln formen, kalt stellen. Marzipan zu einer Rolle formen, in Stücke teilen. Die Kugeln in Marzipan einhüllen. Marzipankugeln in Kakao wälzen. 3 Kerben einschneiden, in Konfektkapseln setzen.

GEFÜLLTE DATTELN

ZUTATEN FÜR 30 STÜCK
30 Datteln, entkernt
80 g Dörrpflaumen, entkernt
80 g Dörrdatteln, entkernt

80 g Rosinen
Vanillezucker
Weinbrand
Schokoladeglasur

Datteln halbieren. Restliches Dörrobst fein faschieren oder hacken, mit Weinbrand und Vanillezucker zu einer glatten Masse verarbeiten. Die Dattelhälften mit dieser Masse erhaben füllen, zweite Hälfte verschließend daraufdrücken. In temperierte Schokoglasur tunken, trocknen lassen. In Papierkapseln setzen.

WEICHSELKUGELN

ZUTATEN FÜR 20 STÜCK
280 g Nüsse, gerieben
200 g Staubzucker
2 EL Vanillezucker
2 Eiklar

20 Weichseln, eingelegt
2 cl Rum
80 g Schokolade
70 g Butter
Schokostreusel

Nüsse, Staubzucker, Vanillezucker, Rum und Eiklar zu einem Teig verkneten. Weichseln gut abtropfen lassen, einzeln mit der Masse umhüllen, zu Kugeln formen.

Schokolade und Butter im Wasserbad erwärmen, gut verrühren. Kugeln in warme Glasur tunken, in Streusel wälzen und in Papierkapseln setzen.

Röster und Kompotte

ZWETSCHKENRÖSTER

ZUTATEN FÜR 8 PORTIONEN
1 kg Zwetschken
200 g Kristallzucker
2 cl Wasser

1 Zimtrinde
5 Gewürznelken
1 Zitrone, halbiert

Zwetschken waschen, halbieren und entsteinen. Zimtrinde zerkleinern und mit den Nelken in ein kleines Leinentuch einbinden. Wasser, Zucker, Gewürzsäckchen und halbierte Zitrone aufkochen. Die Zwetschken beigeben, unter wiederholtem Umrühren langsam weichdünsten. Erkalten lassen, Zitrone und Gewürzsäckchen entfernen.

GARUNGSDAUER: 35 Minuten

MARINIERTE DÖRRZWETSCHKEN

ZUTATEN FÜR 6 PORTIONEN
60 Dörrzwetschken, entkernt
½ l Orangensaft
150 g Kristallzucker

$\frac{1}{16}$ l Grand Marnier
(Orangenlikör)
Schale von 2 Orangen

Orangensaft, Kristallzucker und geriebene Orangenschalen gemeinsam aufkochen. Dörrzwetschken beigeben, einmal aufkochen und erkalten lassen. Grand Marnier untermengen, 2 Tage im Kühlschrank marinieren (ziehen) lassen.

HOLLERKOCH

ZUTATEN FÜR 8 PORTIONEN
1 kg Holler, gerebelt
200 g Kristallzucker
100 g Birnen

100 g Zwetschken
1 Zimtrinde
8 Gewürznelken

Gewaschene Zwetschken halbieren, entkernen, Birnen schälen, Kerngehäuse entfernen und in Spalten schneiden. Zimtrinde zerkleinern und mit Nelken in ein Leinensäckchen einbinden. Holler, Zucker, Zwetschken und Birnen langsam erwärmen, Leinensäckchen beigeben, gemeinsam schwach wallend weichdünsten. Gewürzsäckchen entfernen.

GARUNGSDAUER: ca. 20 Minuten
MEIN TIP: Sollte das Hollerkoch zu dünn sein, so geben Sie abgerührte Stärke bei und kochen nochmals kurz auf.

GEDÜNSTETE FEIGEN ODER ZWETSCHKEN

ZUTATEN FÜR 6 PORTIONEN
1 kg Feigen (ungeschält) oder
Zwetschken (entkernt)
½ l Wasser
½ kg Kristallzucker

2 dl Rum
Zitronen- und Orangenschale,
gerieben
1 Zimtstange

Wasser mit Kristallzucker, Rum, Zitronen- und Orangenschale sowie Zimtstange gemeinsam aufkochen.
Feigen oder Zwetschken halbieren, in eine flache Wanne einschichten, den kochenden Ansatz darübergießen und kurz im vorgeheizten Backrohr pochieren. In der Flüssigkeit erkalten lassen.
Verwendung: Beigabe zu Eis, Parfaits und Cremen

BACKROHRTEMPERATUR: 80 °C
GARUNGSDAUER: 5 Minuten

APFELKOMPOTT

ZUTATEN FÜR 6 PORTIONEN
900 g Äpfel, geschält, entkernt
150 g Kristallzucker
1 Zimtrinde

5 Gewürznelken
Zitronensaft nach Bedarf
Zitronenschale, gerieben
ca. 6 dl Wasser

Äpfel in Spalten schneiden, mit Zitronensaft marinieren. Zitronensaft, Wasser, Kristallzucker, Zitronenschale, Zimtrinde und Gewürznelken einige Minuten verkochen lassen. Apfelstücke einlegen, zart wallend kernig garen. Erkalten lassen. Zitronenschale, Zimtrinde und Gewürznelken entfernen.

GARUNGSDAUER: ca. 3 Minuten

KIRSCHENKOMPOTT

ZUTATEN FÜR 6 PORTIONEN
900 g Kirschen, entstielt
150 g Kristallzucker

1 Zimtrinde
ca. 6 dl Wasser

Wasser, Zimtrinde und Kristallzucker aufkochen, gewaschene Kirschen einlegen, einmal aufkochen, ziehen lassen. Zimtrinde entfernen.

GARUNGSDAUER: ca. 5 Minuten

BIRNENKOMPOTT

ZUTATEN FÜR 6 PORTIONEN
900 g Birnen
150 g Kristallzucker

Zitronensaft nach Bedarf
ca. 6 dl Wasser

Birnen schälen, halbieren, mit Pariser Ausstecher entkernen. Wasser, Zucker und Zitronensaft aufkochen, Birnenhälften einlegen, aufkochen, zart wallend kernig garen.

GARUNGSDAUER: ca. 5 Minuten

ZWETSCHKEN- ODER PFLAUMENKOMPOTT

ZUTATEN FÜR 6 PORTIONEN
*900 g Zwetschken oder
Pflaumen, entstielt
150 g Kristallzucker*

*3 Gewürznelken
Zimtrinde
ca. 6 dl Wasser*

Gewaschene Zwetschken (Pflaumen) mit einer Nadel mehrmals anstechen oder aber bis zum Kern anschneiden (nicht entkernen), damit die Haut nicht unkontrolliert aufplatzen kann. Wasser, Zucker, Gewürznelken und etwas Zimtrinde einige Minuten kochen lassen, Gewürze entfernen. Zwetschken einlegen, aufkochen, heiß ziehen lassen, bis die Früchte kernig weich sind.

> GARUNGSDAUER: ca. 5 Minuten
> MEIN TIP: Man kann das Kompott mit Rum und Zitronensaft noch verfeinern.

RHABARBERKOMPOTT

ZUTATEN FÜR 6 PORTIONEN
*1 kg Rhabarber
200 g Kristallzucker
7 dl Wasser*

*Zitronensaft nach Bedarf
Zimtrinde
5 Gewürznelken*

Rhabarber schälen und in ca. 2 cm große Stücke schneiden. Wasser, Zitronensaft, Kristallzucker, Zimtrinde und Gewürznelken einige Minuten reduzierend kochen. Rhabarber einlegen und kernig kochen. Zimtrinde und Gewürznelken entfernen. Im Sud auskühlen lassen.

> GARUNGSDAUER: ca. 5 Minuten

Mozartbombe (s. S. 301)

Kompotte sind wichtiger Bestandteil der Wiener Mehlspeisküche

MARILLEN- ODER PFIRSICHKOMPOTT

ZUTATEN FÜR 6 PORTIONEN
900 g Marillen (Pfirsiche)
150 g Kristallzucker

ca. 6 dl Wasser
Zitronensaft nach Geschmack

Marillen (Pfirsiche) kurz in siedendes Wasser halten, sofort in Eiswasser legen, anschließend vorsichtig die Haut abziehen. Früchte halbieren. Wasser mit Zucker und Zitronensaft aufkochen, die Fruchthälften einlegen, einmal aufkochen und kurz ziehen lassen.

GARUNGSDAUER: ca. 4 Minuten
MEIN TIP: Man kann den Fruchtsaft auch mit etwas Weißwein versetzen.

APFELMUS

ZUTATEN FÜR 6 PORTIONEN
800 g Äpfel, geschält, entkernt
150 g Kristallzucker
Saft von 1 Zitrone

1 Zimtrinde
3 Gewürznelken
¼ l Wasser

Äpfel in Zitronensaft wenden. Wasser, Gewürznelken, Kristallzucker und Zimtrinde einige Minuten verkochen lassen. Äpfel vierteln, zugedeckt weich dünsten. Sofort durch ein feines Sieb streichen.

GARUNGSDAUER: ca. 15 Minuten
MEIN TIP: Man kann zur Geschmacksverfeinerung etwas Weißwein einrühren.

Teige für warme Mehlspeisen

STRUDELTEIG *(Foto Seite 325)*

ZUTATEN FÜR
6–8 PORTIONEN
200 g Mehl, glatt (Typ 480)
⅛ l Wasser, lauwarm
1 EL ÖL

eventuell 1 Ei
Prise Salz
Mehl zum Bestauben
Butter zum Bestreichen
Öl zum Bestreichen

Mehl kegelartig auf Arbeitsfläche häufen, oben einen Krater bilden. Salz, Öl, (Ei), nach und nach Wasser beigeben und alle Zutaten zu einem glatten Teig verkneten. Teig dünn mit Öl bestreichen und zugedeckt ca. ½ Stunde rasten lassen. Ein Tuch mit Mehl bestauben, Teig ebenfalls mit Mehl anstauben und mit dem Nudelholz gleichmäßig ausrollen. Mit flüssiger Butter bestreichen, zugedeckt einige Minuten rasten lassen. Nun den Teig mit dem Handrücken hauchdünn gleichmäßig ausziehen, dabei beide Hände verwenden. Ränder abschneiden.

MEIN TIP: Wird der Strudel gekocht (Lungen- oder Grießstrudel), so fügt man dem Teig ein Ei oder etwas Eiklar bei und verringert die Wassermenge.

BRANDTEIG FÜR FRUCHTKNÖDEL

ZUTATEN FÜR 12 STÜCK
3 dl Milch
30 g Butter

160 g Mehl, glatt
1 Ei
Prise Salz

Milch, Butter und Salz zum Kochen bringen. Mit dem Kochlöffel Mehl einrühren und Teig so lange rühren, bis er sich von Geschirr und Löffel löst. Teig kurz überkühlen lassen, Ei einkneten.

Herstellen von Strudelteig

◀ Die Zutaten für den Strudelteig: glattes Weizenmehl, Eier, Wasser, Öl und Salz.

Im Mehl einen Krater bilden, Salz, Öl, (Ei) sowie nach und nach Wasser mit einer Gabel einrühren. Glatt verkneten. ▶

◀ Den Teig dünn mit Öl bestreichen und zugedeckt an einem warmen Ort $^1/_2$ Stunde rasten lassen.

Teig auf bemehltes Tuch legen, mit Mehl bestauben, mit einem Nudelholz ausrollen. ▶

◀ Mit flüssiger Butter bestreichen, zugedeckt ca. 5 Minuten rasten lassen.

Nun den Teig mit den Handrücken hauchdünn und gleichmäßig ausziehen. ▶

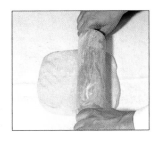

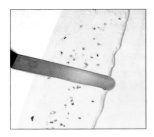

◀ Die Ränder abschneiden. Eventuell nochmals mit Butter beträufeln und die Fülle auftragen.

Durch Anheben des Tuches den Strudel einrollen. die Enden verschließen, Strudel auf gebuttertem Backblech oder in Backform backen. ▶

ZUBEREITEN VON SALZBURGER NOCKERLN
(Rezept s. S. 336)

◀ Das Gelingen von Salzburger Nockerln erfordert Genauigkeit, einen fettfreien Schneekessel sowie schnelle Aktion. Bereiten Sie alle Zutaten und Geschirre vor.

Eiklar mit Schneebesen oder einem Rührwerk aufschlagen. ▶

◀ Unter ständiger Beigabe von Kristallzucker zu festem Schnee schlagen.

Etwas Zitronenschale, Vanillezucker und Eidotter unter den Schnee heben. ▶

◀ Zum Schluß vorsichtig das Stärkemehl einmengen.

Butter in großer Pfanne erhitzen, aus der Masse drei große Nockerln formen und in die Pfanne einsetzen. Mäßig heiß an allen Seiten leicht anbacken. (vorsichtig wenden). ▶

◀ Passende Platte mit Butter bestreichen.

Vorsichtig auf die bebutterte Platte heben und im vorgeheizten Backrohr backen. Mit Zucker bestreuen, sofort auftragen. ▶

TOPFENTEIG FÜR FRUCHTKNÖDEL

ZUTATEN FÜR 18 STÜCK
400 g Topfen, 10%
150 g Mehl, glatt
60 g Butter, handwarm

1 Ei
1 Eidotter
Schale von ½ Zitrone, gerieben
Prise Salz

Butter mit Salz und Zitronenschale schaumig rühren. Ei und Eidotter untermengen, Mehl sowie Topfen beifügen und zu einem glatten Teig kneten. 3–4 Stunden im Kühlschrank rasten lassen.

ERDÄPFELTEIG FÜR FRUCHTKNÖDEL

ZUTATEN FÜR 18 STÜCK
½ kg Erdäpfel, mehlig, roh geschält
120 g Mehl, griffig

40 g Butter
2 Eidotter
Prise Salz

Erdäpfel in kleine, gleichmäßige Stücke teilen. In Salzwasser kernig weich kochen, abseihen, auf einem Backblech im heißen Backrohr ca. 15 Minuten ausdampfen lassen. Heiße Erdäpfel durch ein Passiersieb streichen, erkalten lassen! Mit den restlichen Zutaten vermengen und zu einem glatten Teig verkneten.

BIERTEIG *(Backteig)*

ZUTATEN
200 g Mehl, glatt
¼ l Bier, hell (Mineralwasser oder Weißwein)

2 Eidotter
2 Eiklar
40 g Butter, zerlassen
Prise Salz und Zucker

Mehl, Bier (Mineralwasser etc.) und Eidotter zu einem glatten Teig verrühren. Butter, Salz und Zucker untermengen. Eiklar nicht zu steif (cremig) schlagen, vorsichtig unterheben.

PALATSCHINKENTEIG

ZUTATEN FÜR 18 STÜCK
120 g Mehl, glatt
4–5 Eier

¼ l Milch
Salz
Fett zum Backen

Alle Zutaten vermengen und zu einem glatten Teig verrühren. Fett in flacher Pfanne erhitzen, Teig dünn einfließen lassen, anbacken, wenden, aus der Pfanne heben.

MEIN TIP: Für Crêpes wird die gleiche Menge Mehl mit 1 Ei, 2 Eidottern, ⅜ l Schlagobers, ⅜ l Milch und einer Prise Salz abgerührt. Den Teig ganz dünn in eine Pfanne mit erhitztem Butterschmalz einfließen lassen und beidseitig backen.

Souflés · Aufläufe

JOGHURTAUFLAUF

ZUTATEN FÜR 4 PORTIONEN
25 g Butter
2 EL Kristallzucker
2 EL Staubzucker
4 EL Joghurt
4 EL Mehl, griffig
4 Eidotter
4 Eiklar

Vanillezucker
Zitronenschale, gerieben
Butter zum Ausstreichen
Kristallzucker zum Ausstreuen

Garnierung:
Erdbeer-, Himbeer-, Mango-
oder Kiwisauce, Minzblätter

Weiche Butter schaumig rühren, Staubzucker beigeben, Eidotter langsam einrühren und Joghurt untermengen. Eiklar mit Kristallzucker zu steifem Schnee schlagen. Butterabtrieb mit Aromastoffen, Mehl und Schnee vorsichtig vermengen. Dariolformen (Puddingformen) ausbuttern und mit Kristallzucker ausstreuen. Masse ¾ hoch in die Formen füllen, im Wasserbad im vorgeheizten Backrohr pochieren. Stürzen, mit Früchten oder Beerenmark auftragen.

BACKROHRTEMPERATUR: 220 °C
GARUNGSDAUER: ca. 15–18 Minuten
MEIN TIP: Spektakulär ist es, den Auflauf erst bei Tisch aus der Form zu stürzen. Man gießt die Sauce(n) auf die Teller, serviert diese und stürzt den Auflauf erst dann.

WARME TOPFENPASTETE

ZUTATEN FÜR 6 PORTIONEN

250 g Topfen, 10%, passiert
80 g Butter
80 g Kristallzucker
50 g Sauerrahm
60 g Weißbrot, entrindet
15 g Mehl, glatt
4 Eidotter

4 Eiklar
Prise Salz
Milch zum Weichen
Zitronenschale, gerieben
Butter zum Ausstreichen
Mehl zum Ausstauben
Puderzucker zum Bestauben

Weiche Butter schaumig rühren, Dotter nach und nach beigeben. Weißbrot in Milch einweichen, ausdrücken und zerkleinern. Topfen, Weißbrot, Sauerrahm, Butterabtrieb und Aromastoffe gut vermengen. Eiklar mit Kristallzucker zu festem Schnee schlagen. Butterabtrieb sowie Mehl vorsichtig unter den Schnee heben, in eine gefettete und bemehlte Pastetenform füllen und im vorgeheizten Backrohr backen. Pastete stürzen, in dicke Portionsstücke schneiden und mit Puderzucker bestauben.

BACKROHRTEMPERATUR: 150 °C
BACKDAUER: 105 Minuten
MEIN TIP: Diese Pastete kommt noch besser zur Geltung, wenn Sie Himbeer- oder Vanillesauce dazu servieren.

LEBKUCHENAUFLAUF

ZUTATEN FÜR 6 PORTIONEN
50 g Walnüsse, fein gerieben
90 g Kristallzucker
20 g Semmelbrösel
90 g Butter, flüssig
3 EL Rum
5 Eiklar
5 Eidotter

½ TL Lebkuchengewürz
Schale von ½ Zitrone, gerieben
Prise Salz
Butter zum Ausstreichen
Mehl zum Ausstauben
Staubzucker zum Bestreuen

Garnierung:
Weinschaum, Preiselbeerkompott

Eidotter mit Zitronenschale schaumig rühren. Walnüsse, Semmelbrösel, Lebkuchengewürz und Salz vermischen. Geschmolzene Butter und lauwarmen Rum verrühren. Form mit Butter ausstreichen, mit Mehl ausstauben. Eiklar mit Kristallzucker zu festem Schnee schlagen, diesen unter den Dotterabtrieb mengen, Nußgemisch vorsichtig unterziehen, Butter einrühren. Masse in die vorbereitete Auflaufform füllen, die Form in ein temperiertes Wasserbad setzen und dieses ins vorgeheizte Backrohr stellen. Pochieren, in portionsgerechte Stücke teilen, mit Staubzucker bestreuen.

BACKROHRTEMPERATUR: 160 °C
GARUNGSDAUER: ca. 50–60 Minuten

REISAUFLAUF

ZUTATEN FÜR 10 PORTIONEN
¾ l Milch
240 g Rundkornreis
90 g Butter
100 g Kristallzucker
50 g Staubzucker
50 g Rosinen
8 Eidotter
8 Eiklar

Salz
2 EL Vanillezucker
Zitronenschale
Butter zum Befetten
Brösel zum Ausstreuen
Staubzucker zum Bestreuen

Garnierung:
Himbeersaft, Frucht- oder
Beerensauce, Kompott

Reis heiß abschwemmen und abtropfen lassen. Milch mit Vanillezucker und Salz aufkochen, Reis beigeben, aufkochen lassen, zugedeckt im Backrohr dünsten, kalt stellen. Butter, Dotter, Staubzucker und Zitronenschale schaumig rühren. Eiklar mit Kristallzucker zu steifem Schnee schlagen. Butterabtrieb und Rosinen unter den kalten Reis mengen, Schnee unter die Masse ziehen. Masse in die gefettete, mit Bröseln ausgestreute Auflaufform geben, glattstreichen. Im vorgeheizten Backrohr hellbraun backen, mit Staubzucker bestreuen.

BACKROHRTEMPERATUR: 180 °C
BACKDAUER: 40–45 Minuten
MEIN TIP: Für Apfel-Reis-Auflauf Form nur halb füllen, mit Oblaten belegen, ½ kg geschälte, geschnittene, mit Zucker und Zimt marinierte Äpfel darauf gruppieren, mit Restmasse auffüllen, backen.

MOHNAUFLAUF

ZUTATEN FÜR 6 PORTIONEN
80 g Mohn, gerieben
60 g Semmelbrösel
80 g Butter
70 g Kristallzucker
3 Eiklar
3 Eidotter
1 EL Honig
1 EL Rum

Schale von ¼ Zitrone
1 TL Vanillezucker
Prise Salz
Butter zum Ausstreichen
Kristallzucker zum Ausstreuen

Garnierung:
Weinschaum, Preiselbeeren,
marinierte Zwetschken

Eine große oder mehrere kleine Formen mit Butter ausstreichen, mit Kristallzucker ausstreuen. Handwarme Butter, Honig, Zitronenschale und Eidotter schaumig rühren. Brösel mit Rum befeuchten. Eiklar mit Zucker, Vanillezucker und Salz zu festem Schnee schlagen, unter den Abtrieb mengen. Brösel und Mohn vermischen, der Masse beigeben. Masse ¾ hoch in die Form(en) füllen, im Wasserbad am Herd (zugedeckt) zart pochieren, stürzen.

WASSERBADTEMPERATUR: ca. 90 °C
GARUNGSDAUER: 30 Minuten

MOHR IM HEMD

ZUTATEN FÜR 6 PORTIONEN
50 g Butter
50 g Kochschokolade
50 g Kristallzucker
50 g Walnüsse oder Mandeln,
gerieben
40 g Semmelbrösel
3 Eidotter

3 Eiklar
Vanillezucker
Prise Salz
Butter zum Ausstreichen
Kristallzucker zum Ausstreuen
Schokoladesauce (s. S. 357)
Schlagobers zum Garnieren

Schokolade lippenwarm schmelzen. Handwarme Butter schaumig rühren, Schokolade untermengen, Eidotter nach und nach beigeben. Walnüsse und Semmelbrösel vermengen; Eiklar mit Kristall- und Vanillezucker sowie Salz zu Schnee schlagen. Eischnee und Nußmischung vorsichtig unter den Abtrieb heben. Dariolformen (Puddingformen) mit Butter ausstreichen, mit Kristallzucker ausstreuen. Masse einfüllen und diese im Wasserbad bei niedriger Temperatur am Herd zugedeckt pochieren (nicht kochen). Formen stürzen, Mohr mit Schokoladesauce überziehen und mit geschlagenem Obers garnieren.

WASSERBADTEMPERATUR: 90 °C
GARUNGSDAUER: 30–35 Minuten
MEIN TIP: Dieselbe Masse kann man auch in einer Wanne pochieren, mit Eischnee dick bestreichen und überbacken.

Schönbrunner Äpfel mit Weinschaum (s. S. 339)

Kaiserschmarren (s. S. 352)

WALNUSSAUFLAUF

ZUTATEN FÜR 6 PORTIONEN
70 g Walnüsse, fein gerieben
60 g Semmelbrösel
70 g Butter
70 g Kristallzucker
4 Eidotter
4 Eiklar

Schale von ¼ Zitrone, gerieben
1 TL Vanillezucker
Prise Salz
Butter zum Ausstreichen
Kristallzucker zum Ausstreuen

Garnierung:
Weinschaum, Preiselbeeren

Dariolformen (Puddingformen) mit Butter ausstreichen, mit Kristallzucker ausstreuen. Handwarme Butter mit Dotter und Zitronenschale schaumig rühren. Eiklar, Kristall- und Vanillezucker sowie Salz zu festem Schnee schlagen, unter den Abtrieb mengen. Walnüsse und Brösel vermischen, in die Masse einrühren, in die Formen füllen (¾ hoch) und im Wasserbad am Herd leicht wallend zugedeckt pochieren. Stürzen, mit Weinschaum überziehen oder „naturell" auftragen.

WASSERBADTEMPERATUR: ca. 90 °C
GARUNGSDAUER: 30 Minuten

TOPFENSOUFFLÉ

ZUTATEN FÜR 6 PORTIONEN
200 g Topfen, 10%
3 Eidotter
4 Eiklar
70 g Kristallzucker
Zitronenschale, gerieben
Rum

1 TL Vanillezucker
Prise Salz
Butter zum Ausstreichen
Kristallzucker zum Ausstreuen

Garnierung:
Himbeersauce

Eidotter und passierten Topfen glatt verrühren, etwas Rum, Vanillezucker sowie Zitronenschale beigeben. Eiklar mit Kristallzucker und Salz zu festem Schnee schlagen, unter den Topfen mengen. Dariolformen (Puddingformen) mit Butter ausstreichen, mit Kristallzucker ausstreuen, Masse einfüllen. In ein auf ca. 70° C temperiertes Wasserbad setzen, im vorgeheizten Backrohr pochieren. Auf warme Teller stürzen.

BACKROHRTEMPERATUR: 200 °C
GARUNGSDAUER: ca. 20 Minuten

SALZBURGER NOCKERLN I

ZUTATEN FÜR 3 GROSSE
NOCKERLN
7 Eiklar
100 g Kristallzucker
2 Eidotter

20 g Mehl, glatt
1 EL Vanillezucker
Butter zum Bestreichen
Staubzucker zum Bestreuen

Eiklar unter ständiger Zugabe von Kristallzucker zu festem Schnee schlagen. Vanillezucker und Eidotter einrühren. Mehl vorsichtig unter die Masse mengen. Flache Wanne oder Platte (Nirosta-Silber, feuerfestes Glas) mit Butter bestreichen, Nocken pyramidenförmig daraufsetzen (Teigkarte) und im vorgeheizten Backrohr backen. Mit Staubzucker bestreuen, sofort auftragen.
Variante: ⅛ l Milch, 20 g Butter und Vanillezucker in einer Auflaufform aufkochen. Nocken in die Flüssigkeit einsetzen, im vorgeheizten Backrohr backen, mit Staubzucker bestreuen.

BACKROHRTEMPERATUR: 200 °C
BACKDAUER: 9 Minuten
MEIN TIP: Auf Wunsch kann man zu den Salzburger Nockerln auch Beeren-, Schokolade- oder Vanillesauce servieren.

SALZBURGER NOCKERLN II

(Foto Seite 326)

ZUTATEN FÜR 3 GROSSE
NOCKERLN
7 Eiklar
2 Eidotter
100 g Kristallzucker
1 EL Vanillezucker

15 g Stärkemehl
30 g Butter zum Anbacken
Zitronenschale
Butter zum Bestreichen
Staubzucker zum Bestreuen

Eiklar unter ständiger Beigabe von Kristallzucker zu festem Schnee schlagen. Eidotter, Zitronenschale und Vanillezucker untermengen, Stärkemehl vorsichtig einrühren. Butter in großer Pfanne erhitzen, aus der Masse drei große Nockerln formen (Teigkarte) und diese in die Pfanne einsetzen. Bei mäßiger Hitze auf der Herdplatte unter vorsichtigem Wenden an allen drei Seiten lichtbraun anbacken. (Sollten die Nockerln nicht auf einmal in die Pfanne passen, zwei Pfannen verwenden oder hintereinander anbacken.) Nockerln auf eine mit Butter bestrichene Platte (Nirosta-Silber oder feuerfestes Glas) setzen und im vorgeheizten Backrohr backen. Mit Staubzucker bestreuen, sofort servieren.

BACKROHRTEMPERATUR: 220 °C
BACKDAUER: ca. 6 Minuten
MEIN TIP: Diese Methode eignet sich eher für „Geübte", verspricht allerdings ein wahrhaftiges Gaumenerlebnis.

B'SOFFENER KAPUZINER

ZUTATEN FÜR 6 PORTIONEN
70 g Haselnüsse, fein gerieben
60 g Semmelbrösel
70 g Butter
70 g Kristallzucker
4 Eidotter
4 Eiklar
1 TL Vanillezucker
Prise Salz, Zitronenschale
40 g Schokolade, gerieben

Überguß:
½ l Rotwein
80 g Zucker
1 dl Wasser
Zimtrinde
2 Gewürznelken
Zitronenschale

Butter zum Ausstreichen
Mehl zum Ausstauben
Schlagobers zum Garnieren

Auflaufform mit Butter ausstreichen, mit Mehl ausstauben. Handwarme Butter schaumig rühren, Eidotter nach und nach einrühren, Aromastoffe beigeben. Eiklar unter ständiger Beigabe von Kristallzucker zu festem Schnee schlagen, unter den Butterabtrieb mengen, Schokolade einrühren. Nüsse und Brösel vermischen und vorsichtig in die Masse einmengen. Masse in die Auflaufform füllen, in ein heißes Wasserbad setzen und im vorgeheizten Backrohr backen.
Für den Überguß Wein, Wasser, Zucker und Aromastoffe erhitzen, jedoch nicht kochen und ca. 5 Minuten ziehen lassen, abseihen.
Die gebackene Masse in Portionen teilen, aus der Form heben, auf Tellern anrichten und mit heißem Weingemisch kräftig übergießen. Mit geschlagenem Obers garnieren.

BACKROHRTEMPERATUR: 180 °C
BACKDAUER: ca. 35 Minuten

SCHÖNBRUNNER ÄPFEL *(Foto Seite 333)*

ZUTATEN FÜR 4 PORTIONEN
4 Äpfel, groß
1,5 dl Milch
70 g Walnüsse, gerieben
40 g Biskuitbrösel
30 g Kristallzucker
25 g Rosinen
1 EL Rum
Zitronensaft

Weinsud:
8 cl Wasser
8 cl Weißwein
2 Gewürznelken
Zimtrinde
20 g Kristallzucker

4 Cocktailkirschen
Minzblätter zum Garnieren
Zimt zum Bestreuen
Weinschaum von 2 Eidottern
(s. S. 358)

Äpfel schälen, oben etwas abkappen, so daß ein Deckel entsteht. Äpfel innen mittels Pariser Ausstecher großräumig aushöhlen, innen und außen mit etwas Zitronensaft einreiben.
Milch aufkochen lassen, Zucker, Nüsse, Brösel, Rum und
Rosinen einrühren, quellend kochen, bis ein dicker Brei entsteht. Diese Masse in die Äpfel füllen, Deckel aufsetzen.
Wasser, Weißwein, Zucker, Gewürznelken und Zimtrinde gemeinsam 2 Minuten kochen, abseihen. Äpfel in passende
Kasserolle setzen, mit Weinsud übergießen. Kasserolle zudecken. Im vorgeheizten Backrohr kernig dünsten. Weinschaum schlagen, Äpfel aus dem Sud heben, anrichten. Mit
Weinschaum überziehen, mit Zimt zart bestreuen, mit Kirschen und Minzblättern garnieren.

BACKROHRTEMPERATUR: 200 °C
BACKDAUER: ca. 12 Minuten
MEIN TIP: Statt Biskuitbrösel können Sie auch Semmel-
brösel verwenden.

GEZOGENER APFELSTRUDEL

ZUTATEN FÜR 8 PORTIONEN

1½ kg Äpfel, säuerlich, geschält, entkernt
150 g Kristallzucker
150 g Semmelbrösel
80 g Butter
1 KL Zimt

1 EL Vanillezucker
80 g Rosinen
2 EL Rum
Strudelteig (s. S. 324) oder Fertigteig
100 g Butter zum Bestreichen
Staubzucker zum Bestreuen

Äpfel vierteln, in ca. 3 mm dicke Scheiben schneiden. Butter in Pfanne erhitzen, Semmelbrösel beigeben, goldbraun rösten, kalt stellen. Äpfel mit Kristall- und Vanillezucker sowie Zimt, Rum und Rosinen abmengen. Strudelteig anrollen, mit flüssiger Butter bestreichen, dünn auf bemehltem Tuch ausziehen, Ränder abschneiden. Strudelteig mit Bröselgemisch bestreuen, Äpfel darauf gruppieren, straff einrollen, Enden schließen. Auf ein gebuttertes Backblech legen, nochmals kräftig mit flüssiger Butter bestreichen, im vorgeheizten Backrohr braun backen. Mit Staubzucker bestreuen, warm oder kalt servieren.

BACKROHRTEMPERATUR: 220 °C
BACKDAUER: ca. 40 Minuten
MEIN TIP: Für einen echten Altwiener Apfelstrudel bestreichen Sie die Äpfel vor dem Einrollen mit 2 dl Sauerrahm oder geschlagenem Obers und streuen noch 80 g gehackte Walnüsse darüber. Am leichtesten läßt sich Strudelteig ausziehen, indem man ihn auf einem bemehlten Tuch mittels Nudelholz fingerdick ausrollt, 5 Minuten zugedeckt rasten läßt und mit flüssiger Butter kräftig bestreicht. Anschließend läßt sich der Teig wunderbar ziehen. Statt Äpfel lassen sich auch andere Obstsorten (Birnen, Marillen, Pflaumen etc.) verarbeiten.

MILCHRAHMSTRUDEL

ZUTATEN FÜR 6 PORTIONEN
Strudelteig (s. S. 324)
400 g Topfen, 10%, passiert
40 g Mehl
100 g Butter
100 g Kristallzucker
¼ l Sauerrahm
4 Eidotter
4 Eiklar
1 EL Vanillezucker
Zitronenschale, Prise Salz

Eiermilch:
3 Eier
¼ l Milch
20 g Staubzucker
1 TL Vanillezucker

100 g Butter zum Bestreichen
Staubzucker zum Bestreuen
Vanillesauce (s. S. 358)

Butter mit Eidotter und Zitronenschale schaumig rühren. Passierten Topfen und Sauerrahm beigeben, glattrühren. Eiklar, Kristall- und Vanillezucker sowie Salz zu steifem Schnee schlagen, unter den Butterabtrieb mengen. Mehl unterheben. Strudelteig ausziehen, mit flüssiger Butter bestreichen. Topfenmasse auf das erste Drittel des Teiges streichen, Ränder abschneiden, Strudel einrollen und Enden fixieren. Strudel in gebutterte Wanne (Form) legen, nochmals mit Butter bestreichen und anschließend 20 Minuten anbacken.
Eier, Milch, Vanillezucker und Staubzucker aufmixen, über den Strudel gießen und abermals 20 Minuten backen. Mit Zucker bestreuen, mit Vanillesauce servieren.

BACKROHRTEMPERATUR: 180 °C
BACKDAUER: 40–45 Minuten

TOPFENSTRUDEL

ZUTATEN FÜR 8 PORTIONEN
Strudelteig (s. S. 324) oder
Fertigteig
600 g Topfen, 20%, passiert
150 g Butter, handwarm
150 g Kristallzucker
250 g Weißbrot, entrindet
100 g Rosinen
6 Eidotter

6 Eiklar
¼ l Milch
¼ l Sauerrahm
Prise Salz
2 EL Vanillezucker
Schale von 1 Zitrone
100 g Butter zum Bestreichen
Zucker zum Bestreuen
Vanillesauce (s. S. 358)

Weißbrot in Milch einweichen, ausdrücken, passieren. Butter, Zitronenschale und Vanillezucker schaumig rühren. Eidotter nach und nach einrühren, Sauerrahm, Topfen sowie Weißbrot untermengen. Eiklar, Kristallzucker und Salz zu festem Schnee schlagen, unter den Abtrieb heben. Strudelteig ausziehen, Ränder abschneiden, mit Butter bestreichen. Topfenmasse in einem Streifen auftragen, Rosinen darüberstreuen, straff einrollen, Enden gut verschließen. In eine gebutterte Wanne geben und im vorgeheizten Backrohr goldbraun bakken. Mit Zucker bestreuen, mit Vanillesauce anrichten.

BACKROHRTEMPERATUR: 180 °C
BACKDAUER: ca. 50–60 Minuten

MOHN-ZWETSCHKEN-STRUDEL

ZUTATEN FÜR 8 PORTIONEN
Strudelteig (s. S. 324) oder
Fertigteig
800 g Zwetschken
100 g Kristallzucker
½ TL Zimt

Fülle:
300 g Mohn, gemahlen
50 g Kristallzucker

⅛ l Milch
1 EL Honig
1 EL Vanillezucker
2 EL Rum
Zitronenschale
Prise Salz
Zimt

100 g Butter zum Bestreichen
Staubzucker zum Bestreuen

Für die Fülle Milch mit Kristallzucker, Honig, geriebener Zitronenschale, einer Prise Zimt, Vanillezucker und Salz gemeinsam aufkochen, Mohn einrühren, quellen lassen, gut rösten. Rum unterrühren, kalt stellen. Zwetschken waschen, entkernen, abtropfen lassen. Strudelteig anrollen, mit Butter bestreichen, Teig auf bemehltem Tuch dünn ausziehen, Ränder abschneiden. Mohnfülle vorsichtig auf den Teig streichen, Zwetschken darauf verteilen. Zimt und Zucker vermischen, auf die Zwetschken streuen. Strudel straff einrollen, Enden verschließen, auf ein gebuttertes Backblech legen. Nochmals kräftig mit flüssiger Butter bestreichen. Im vorgeheizten Backrohr braun backen. Mit Staubzucker bestreuen, warm oder kalt auftragen.

BACKROHRTEMPERATUR: 220 °C
BACKDAUER: ca. 30 Minuten

GEKOCHTER GRIESS-STRUDEL

ZUTATEN FÜR 8 PORTIONEN
Strudelteig (s. S. 324)
200 g Weizengrieß
150 g Sauerrahm
100 g Butter
5 Eidotter
5 Eiklar
Schale von ½ Zitrone
Prise Salz

Butterbrösel:
200 g Butter
100 g Semmelbrösel
30 g Walnüsse, gehackt
60 g Butter zum Bestreichen
Staubzucker zum Bestreuen

Garnierung:
Zwetschkenröster

Handwarme Butter mit Zitronenschale schaumig rühren. Eidotter nach und nach beigeben. Eiklar mit Salz zu festem Schnee schlagen. Butterabtrieb, Grieß und Sauerrahm vermischen, den Eischnee unterheben. Strudelteig ausziehen, mit flüssiger Butter bestreichen, Teigränder abschneiden. Die Masse in einem Streifen auf den Teig auftragen, Strudel zusammenrollen. Enden verschließen. Mit bemehltem Kochlöffelstiel in 8 gleichmäßige Stücke abdrücken, mit Messer durchtrennen. Strudelstücke auf ein bemehltes Blech legen und 2 Stunden kalt stellen. In kochendes Salzwasser einlegen und schwach wallend kochen. Butter in einer Pfanne erhitzen, Brösel und Walnüsse beigeben, goldbraun rösten. Strudelstücke aus dem Wasser heben, abtropfen lassen (Küchenkrepp). Mit Bröselgemisch überziehen, mit Zucker bestreuen.

GARUNGSDAUER: 20 Minuten
MEIN TIP: Ohne Bröselgemisch und Zwetschkenröster, also natur gereicht, gilt der Grießstrudel als klassische Beilage zu Beuschel, aber auch zu anderen gedünsteten Gerichten.

KIRSCHENSTRUDEL *(Foto Seite 249)*

ZUTATEN FÜR 8 PORTIONEN
Strudelteig (s. S. 324) oder
Fertigteig
1½ kg Kirschen
150 g Semmelbrösel
80 g Butter
200 g Kristallzucker

1 KL Zimt
100 g Butter zum Bestreichen
Staubzucker zum Bestreuen

Garnierung:
Zimtschlagobers, Zimtschaum
oder Vanilleeis

Kirschen waschen, entkernen, abtropfen lassen. Butter in Pfanne erhitzen, Brösel beigeben, goldbraun rösten, kalt stellen. Kristallzucker mit Zimt vermengen, mit den Butterbröseln unter die Kirschen mischen. Strudelteig anrollen, mit Butter bestreichen, auf bemehltem Tuch ausziehen, Ränder abschneiden. Kirschenmasse darauf verteilen, straff einrollen. Enden verschließen. Auf ein gefettetes Backblech legen, nochmals kräftig mit flüssiger Butter bestreichen. Im vorgeheizten Backrohr braun backen, mit Staubzucker bestreuen. Warm oder kalt auftragen.

BACKROHRTEMPERATUR: 220 °C
BACKDAUER: 25–30 Minuten

TOPFENKNÖDEL

ZUTATEN FÜR 24 STÜCK
700 g Topfen, 10%, trocken
200 g Toastbrot, entrindet,
fein gerieben
2 Eidotter
3 Eier
50 g Butter, handwarm
3 EL Staubzucker
Salz
Zitronenschale

Butterbrösel:
180 g Butter
150 g Semmelbrösel
Puderzucker zum Bestauben

Garnierung:
Zwetschkenröster

Trockenen Topfen unpassiert mit allen Zutaten gut verrühren, bis eine glatte Masse entsteht; 2 Stunden kühl rasten lassen. Kleine Knödel (ca. 4 cm ∅) formen. Genügend leicht gesalzenes Wasser zum Kochen bringen, Knödel schwach wallend kochen. Butter schmelzen, Brösel leicht bräunen und Knödel darin vorsichtig wälzen. Anrichten, mit Zucker bestauben.

GARUNGSDAUER: ca. 12 Minuten
MEIN TIP: Verwenden Sie trockenen Bröseltopfen.

MARILLENKNÖDEL

ZUTATEN FÜR 18 STÜCK
18 Marillen
18 Stück Würfelzucker
150 g Butter

130 g Semmelbrösel
Staubzucker zum Bestreuen
Topfen-, Erdäpfel- oder
Brandteig (s. S. 324/327)

Marillen waschen, abtrocknen. Kern mit Kochlöffelstiel hinausdrücken (durchstoßen). Würfelzucker anstelle des Kerns in die Frucht füllen. Aus Teig eine ca. 5 cm dicke Rolle formen, in Scheiben schneiden, Teig flachdrücken, Marillen darin einhüllen. Knödel in siedendes Wasser einlegen, zart wallend kochen, leicht anstoßen, damit sich die Knödel wenden. Butter schmelzen, Brösel einrühren, goldbraun rösten. Knödel aus dem Wasser heben, abtropfen lassen, in Butterbröseln wälzen, mit Staubzucker bestreuen.

GARUNGSDAUER: je nach Größe 12–15 Minuten
MEIN TIP: Man kann die Knödel auch in Krokantbröseln wälzen.

ZWETSCHKENKNÖDEL

ZUTATEN FÜR 18 STÜCK
18 Zwetschken
150 g Butter
130 g Semmelbrösel

Staubzucker zum Bestreuen
Brand-, Erdäpfel- oder
Topfenteig (s. S. 324/327)

Zwetschken waschen, trockenreiben, nicht entkernen. Teig in eine 5 cm dicke Rolle formen, in Scheiben schneiden, Teigstücke flachdrücken. Zwetschken darin einhüllen, runddrehen. In kochendem Salzwasser zart wallend kochen, dabei Knödel manchmal vorsichtig anstoßen, damit sie sich wenden. Butter schmelzen, Semmelbrösel darin goldbraun rösten. Knödel aus dem Wasser heben, gut abtropfen lassen, in Bröseln wälzen. Anrichten, mit Staubzucker bestreuen.

GARUNGSDAUER: 10–12 Minuten
MEIN TIP: Wer die Knödel gesüßt bevorzugt, entkernt die Zwetschken und ersetzt den Kern durch ein Stück Marzipan. Zwecks geschmacklicher Abwechslung wälzen Sie die Knödel statt in Semmelbröseln in Krokantbröseln. Erdbeerknödel bereiten Sie auf dieselbe Art zu.

Zubereiten von Marillenknödeln

◀ Handwarme Butter mit Salz und Zitronenschale schaumig rühren. Ei und Eidotter unterrühren.

Topfen und Mehl beifügen, zu einem glatten Teig kneten 3-4 Stunden im Kühlschrank rasten lassen. ▶

◀ Marillen waschen, abtrocknen, Kern mit Kochlöffel ausstoßen.

Würfelzucker an Stelle des Kerns in die Fruchthöhlung füllen. Damit nicht zu früh beginnen, da der Zucker schmilzt und die Frucht näßt. ▶

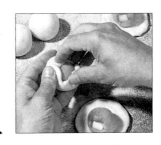

◀ Aus dem Teig auf leicht bemehltem Brett eine ca. 5 cm dicke Rolle formen. Scheiben schneiden, flachdrücken.

Marillen mit Teig umhüllen, die Enden sollten nicht bei den Fruchtöffnungen sein. Enden zusammendrücken, Knödel rund formen. ▶

◀ In siedendes Wasser legen, zart kochen, leicht anstoßen, damit sich die Knödel wenden. Brösel in Butter goldbraun rösten, Knödel aus dem Wasser heben.

Knödel in Butterbrösel vorsichtig wälzen. ▶

MOHNKNÖDEL

ZUTATEN FÜR 12 STÜCK
Topfenmasse:
350 g Topfen, 10%, trocken
100 g Weißbrot, entrindet,
gerieben
25 g Butter, weich
30 g Staubzucker
1 Eidotter
2 Eier
Prise Salz, Vanillezucker

Mohnfülle:
150 g Mohn, gerieben
8 cl Milch
40 g Zucker
20 g Vanillezucker
150 g Mandeln, gerieben
Schale von ½ Zitrone
Prise Zimt, Rum
Mohn zum Wälzen
Staubzucker zum Bestreuen

Für die Topfenmasse alle angeführten Zutaten miteinander vermischen und 4 Stunden im Kühlschrank rasten lassen.

Für die Mohnfülle Milch, Zucker, Vanillezucker, Zitronenschale und Zimt gemeinsam aufkochen. Mohn, Mandeln und Rum unterrühren, kurz anziehen lassen, Masse kalt stellen. Aus der erkalteten Masse 12 Kugeln formen.

Topfenmasse in 12 Teile schneiden, mit der Hand flachdrükken, Mohnkugeln daraufsetzen und mit Teig umhüllen. In zart wallendem Salzwasser kochen. Aus dem Wasser heben, in Mohn wälzen und mit Zucker bestreuen.

GARUNGSDAUER: ca. 10 Minuten

KAPUZINERKNÖDEL

ZUTATEN FÜR 18 STÜCK

300 g Weißbrot, kleinwürfelig
geschnitten
60 g Kristallzucker
60 g Rosinen
¼ l Milch
1 EL Vanillezucker
Öl zum Backen

Überguß:
¼ l Milch zum Übergießen
2 EL Vanillezucker
Mandeln, gehackt
Staubzucker
Schokolade, gerieben, zum
Bestreuen

Milch, Kristall- und Vanillezucker abrühren, über die Weiß-brotwürfel gießen und 20 Minuten ziehen lassen. Rosinen untermengen und Knödel formen. In ausreichend viel erhitz-tem Öl goldbraun backen. Aus dem Fett heben, gut abtrop-fen lassen und in eine geeignete Form legen. Mit Vanillezuk-ker bestreuen, die Milch darübergießen und abdecken. Die Knödel im vorgeheizten Backrohr so lange backen, bis die Milch von den Knödeln aufgesaugt worden ist. Knödel anrichten, mit Mandeln, Staubzucker und Schokolade be-streuen.

BACKROHRTEMPERATUR: 180 °C
BACKDAUER: 30 Minuten

GERMKNÖDEL

ZUTATEN FÜR 6 STÜCK

250 g Mehl, griffig
15 g Germ
25 g Butter
⅛ l Milch
25 g Staubzucker
2 Eidotter
1 TL Vanillezucker

Zitronenschale
Prise Salz
240 g Powidl zum Füllen
Butter zum Einstreichen

90 g Mohn, gerieben
90 g Butter
90 g Staubzucker

Germ in lauwarmer Milch auflösen, mit 50 g Mehl verrüh-ren, etwas Mehl darüberstreuen und zugedeckt an einem warmen Ort gehen lassen (Dampfl). Butter erwärmen, mit Staub- und Vanillezucker, Eidotter, Zitronenschale sowie Salz über Dampf warm schlagen. Dampfl, Mehl und Butter-abtrieb zu einem glatten Teig verkneten. Teig in 6 Teile schneiden, zu Kugeln formen und zugedeckt ½ Stunde ruhen

lassen. Nachdem der Teig aufgegangen ist, Kugeln flachdrücken, Powidl in die Mitte setzen, Teigränder zusammendrücken, mit dem Schluß nach unten auf ein bemehltes Tuch
oder Brett legen. Mit Tuch bedecken und nochmals so lange
gehen lassen, bis sie um die Hälfte ihres Volumens aufgegangen sind. Eine für 6 Knödel geeignete Kasserolle zur Hälfte
mit Wasser füllen. Ein Tuch über die Kasserolle spannen, mit
Spagat fixieren. Das Wasser zum Kochen bringen. Tuch mit
Butter bestreichen, Knödel auflegen, mit einem zweiten Topf
zudecken, kochen lassen. Germknödel auf Teller anrichten,
mit flüssiger Butter übergießen. Mohn mit Zucker abmischen, über die Knödel streuen.

GARUNGSDAUER: ca. 20 Minuten
MEIN TIP: Einfacher ist es, die Knödel in reichlich Wasser zu kochen (halb zugedeckt ca. 7 Minuten kochen,
wenden und ca. 8 Minuten fertig kochen).

SCHNEENOCKERLN

ZUTATEN FÜR 4 PORTIONEN
8 Eiklar
260 g Kristallzucker

Garnierung:
Vanillesauce (heiß oder kalt),
Schokolade-, Himbeer- oder
Erdbeersauce

Eiklar unter ständiger Beigabe von Kristallzucker zu festem,
sämigem Schnee schlagen. Wanne mit Wasser erhitzen
(ca. 70–80 °C). Mittels Teigkarte große Nockerln aus der
Masse formen, diese in das Wasser einlegen. Nach ca. 4 Minuten auf die nächste Seite wenden, nach weiteren 4 Minuten
auf die dritte Seite drehen. Mit Backschaufel aus dem Wasser
heben, kalt oder warm servieren.

GARUNGSDAUER: 12 Minuten, je nach Größe

TOPFEN-MOHN-NOCKERLN

ZUTATEN FÜR
3–4 PORTIONEN
340 g Topfen, trocken, passiert
90 g Mehl, griffig
30 g Kristallzucker
40 g Butter, handwarm
1 Ei

Zitronenschale, gerieben
Prise Salz
Vanillezucker
80 g Butter, geschmolzen, zum
Wälzen
50 g Mohn, gemahlen
Staubzucker zum Bestreuen

Topfen, Mehl, Zucker, Butter, Ei sowie Aromastoffe gemeinsam zu einem homogenen Teig verarbeiten, 1 Stunde im Kühlschrank rasten lassen. Mit Hilfe eines Löffels Nockerln formen, in reichlich Salzwasser zart wallend kochen. Nockerln aus dem Wasser heben, in geschmolzener Butter wenden, mit Mohn und Zucker bestreuen.

GARUNGSDAUER: 10–12 Minuten
MEIN TIP: Diese Masse eignet sich auch für schnell zubereitete Topfenknödel.

Tascherln · Nudeln · Schmarren

BRÖSELNUDELN

ZUTATEN FÜR 6 PORTIONEN
300 g Bandnudeln,
hausgemacht (s. S. 130/131) oder
gute Markenware
130 g Semmelbrösel

150 g Butter
80 g Staubzucker
Salz

Garnierung:
Zwetschkenröster oder Kompott

Nudeln in reichlich Salzwasser „al dente" (kernig) kochen, abseihen, heiß spülen. Butter erhitzen, Semmelbrösel beigeben, goldbraun rösten. Nudeln und Staubzucker beigeben, durchschwenken. Anrichten, mit Zucker bestreuen.

GARUNGSDAUER: ca. 3 Minuten bei frischen, hausgemachten Nudeln, bei Industrieware ca. 15 Minuten

POWIDLTASCHERLN

ZUTATEN FÜR 30 STÜCK
Erdäpfelteig (s. S. 327)
300 g Powidl
2 EL Rum
1 TL Zimt

1 Ei zum Bestreichen
130 g Semmelbrösel
150 g Butter
Staubzucker zum Bestreuen
Mehl (griffig) zum Stauben

Powidl mit Rum und Zimt verrühren, in Dressiersack (glatte Tülle Nr. 6) füllen. Erdäpfelteig auf mit griffigem Mehl bestaubter Unterlage ca. 4 mm dick ausrollen, mit rundem Ausstecher (6 cm ∅) 30 Scheiben ausstechen. Mit versprudeltem Ei dünn bestreichen. Powidl in der Mitte aufdressieren. Tascherln zusammenklappen, die Ränder fest andrücken. Reichlich (schwach) gesalzenes Wasser zum Kochen bringen. Powidltascherln einlegen, zart wallend kochen. Butter erhitzen, Brösel beigeben, goldbraun rösten. Powidltascherln aus dem Wasser heben, abtropfen lassen. In Butterbröseln wenden. Anrichten, mit Staubzucker bestreuen.

GARUNGSDAUER: ca. 8 Minuten

TOPFENTASCHERLN

ZUTATEN FÜR 30 STÜCK
Topfenteig (s. S. 327)
120 g Topfen, 10%, passiert
50 g Butter
60 g Staubzucker
2 Eidotter
1 EL Vanillezucker
Zitronenschale
Prise Salz

1 EL Rum
1 Ei zum Bestreichen

130 g Semmelbrösel
150 g Butter
Staubzucker zum Bestreuen
Mehl (griffig) zum Stauben

Garnierung:
Zwetschkenröster, Preiselbeeren

Handwarme Butter, Staubzucker, Eidotter, Vanillezucker, Zitronenschale, Rum und Salz schaumig rühren. Topfen untermengen. Teig auf mit griffigem Mehl bestaubter Unterlage ca. 4 mm dick ausrollen. Mit Hilfe eines runden Ausstechers (6 cm ∅) 30 Scheiben ausstechen, diese mit Ei zart bestreichen, Topfenfülle mit Spritzsack (glatte Tülle) aufdressieren. Teig zusammenklappen, Ränder fest andrücken, auf bemehlter Unterlage kalt stellen. Reichlich (schwach) gesalzenes

Wasser zum Kochen bringen, Tascherln einlegen und zart wallend kochen. Butter erhitzen, Brösel beigeben, goldbraun rösten. Tascherln aus dem Wasser heben, abtropfen lassen. In Butterbröseln wenden, anrichten. Mit Staubzucker bestreuen.

GARUNGSDAUER: ca. 8 Minuten.

GEWUZELTE MOHNNUDELN

ZUTATEN FÜR 6 PORTIONEN
600 g Erdäpfelteig (s. S. 327)
100 g Mohn, gerieben
50 g Staubzucker
50 g Butter

Zucker zum Bestreuen
Mehl (griffig) zum Stauben

Garnierung:
Zwetschkenröster

Erdäpfelteig mit griffigem Mehl stauben, zu 2 cm dicken Stangen rollen und in kleine Stücke teilen. Teig mit flacher Hand zu runden, an den Enden schmäler werdenden Rundnudeln „wuzeln" (rollen). In reichlich kochendes Salzwasser einlegen, an der Siedegrenze ziehen lassen, abseihen oder aus dem Wasser heben. Butter in Pfanne schmelzen, Nudeln beigeben, Mohn und Zucker darüberstreuen, durchschwenken. Mit Staubzucker bestreuen. Eventuell mit Zwetschkenröster auftragen.

GARUNGSDAUER: 6–8 Minuten
MEIN TIP: Nußnudeln bereiten Sie nach demselben Rezept zu, wälzen die Nudeln allerdings abschließend in einer Walnuß-Zucker-Mischung.

BÖHMISCHE DALKEN

ZUTATEN FÜR 8 PORTIONEN
160 g Mehl, glatt
20 g Germ
2 Eiklar
2 Eidotter
30 g Kristallzucker
30 g Butter
¼ l Milch

Prise Salz, Zitronenschale
Butter zum Backen
Staubzucker zum Bestreuen

Fülle:
200 g Powidl
2 EL Rum
Prise Zimt

Germ in erwärmter Milch auflösen, 50 g Mehl glatt unterrühren, mit restlichem Mehl bestauben, zugedeckt an einem warmen Ort gehen lassen (Dampfl). Dampfl mit Eidotter, zerlassener Butter und Zitronenschale verrühren, zu einem weichen Teig verschlagen. Eiklar, Kristallzucker und Salz zu festem Schnee schlagen, unter den Teig heben und 30 Minuten rasten lassen. In einer Dalken- oder Spiegeleierpfanne Butter schmelzen. Teig in jede Vertiefung einfüllen. Langsam backen, wenden, fertigbacken (insgesamt 16 Dalken). Powidl mit Rum und Zimt verrühren, erwärmen. Je zwei Dalken mit Powidl zusammensetzen, mit Zucker bestreuen.

BACKDAUER: ca. 10 Minuten

KAISERSCHMARREN *(Foto Seite 334)*

ZUTATEN FÜR 6 PORTIONEN	1 EL Rum
8 Eiklar	*Prise Salz*
8 Eidotter	*100 g Butter zum Backen*
5 EL Kristallzucker	*Zucker zum Bestreuen*
240 g Mehl, glatt	
½ l Milch	*Garnierung:*
60 g Rosinen	*Zwetschkenröster oder*
1 EL Vanillezucker	*Zwetschkenkompott*

Rosinen in Rum einige Stunden marinieren. Milch, Eidotter, Vanillezucker und Mehl glattrühren. Eiklar, Kristallzucker und Salz zu festem Schnee schlagen, unter den Teig mengen. Butter in flacher Pfanne erhitzen, Masse einlaufen lassen, mit Rosinen bestreuen, anbacken, wenden und im vorgeheizten Backrohr fertigbacken. Mit zwei Gabeln in kleine Stücke reißen, mit etwas Kristallzucker bestreuen und nochmals bräunen. Anrichten, mit Staubzucker bestreuen.

BACKROHRTEMPERATUR: 200 °C
BACKDAUER: 8–10 Minuten
MEIN TIP: Verwenden Sie am besten zwei Pfannen gleichzeitig, da der Schmarren nur frisch gebacken von bester Qualität ist.

GRIESS-SCHMARREN

ZUTATEN FÜR 2 PORTIONEN
½ l Milch
180 g Weizengrieß, grob
90 g Butter
30 g Kristallzucker
50 g Rosinen
1 EL Vanillezucker

Zitronenschale
Prise Salz
Butter zum Ausstreichen
Zucker zum Bestreuen

Garnierung:
Zwetschken- oder
Apfelkompott, Zwetschkenröster

Milch, Butter, Kristallzucker, Vanillezucker, Salz und Zitronenschale gemeinsam aufkochen. Grieß einrühren, aufkochen, Rosinen beigeben. Masse dick einkochen lassen, überkühlen. Pfanne mit Butter ausstreichen, die Masse einfüllen, zerteilen, im Backrohr unter wiederholtem Wenden und ständigem Zerkleinern goldbraun backen. Anrichten, mit Zucker bestreuen.

BACKROHRTEMPERATUR: 200 °C
BACKDAUER: ca. 30 Minuten
MEIN TIP: Für Grießkoch bringen Sie 1 l Milch zum Kochen, geben 40 g Butter sowie eine Prise Salz bei und lassen 150 g Grieß einlaufen. Unter ständigem Rühren garen, bis der Grieß weich erscheint. Mit brauner Butter, geriebener Schokolade, Kakao oder Zimt servieren.

Palatschinken · In Fett gebackene Süßspeisen

MARMELADEPALATSCHINKEN

ZUTATEN FÜR 18 STÜCK
Palatschinkenteig (s. S. 328)
350 g Marmelade (Marillen-,
Erdbeer-, Ribisel- oder
Preiselbeermarmelade)

Butterschmalz zum Backen
Staubzucker zum Bestreuen

Butterschmalz in flacher Pfanne erhitzen, Palatschinkenteig einfließen lassen, Palatschinke anbacken, wenden, fertigbakken, übereinander gestapelt warm stellen. Marmelade erwärmen, Palatschinken damit bestreichen, zusammenschlagen (nicht rollen), mit Staubzucker bestreuen.

TOPFENPALATSCHINKEN

ZUTATEN FÜR 6 PORTIONEN
9 Palatschinken (s. S. 328)
120 g Butter
60 g Staubzucker
600 g Topfen, 20%
120 g Kristallzucker
60 g Rosinen
³/₈ l Sauerrahm
6 Eidotter
6 Eiklar
1 EL Vanillezucker

Prise Salz
Zitronenschale

Überguß:
2 Eier
¼ l Sauerrahm
40 g Staubzucker
1 TL Vanillezucker

Butter zum Ausstreichen
Mehl zum Ausstauben
Zucker zum Bestreuen

Handwarme Butter, Staubzucker und Zitronenschale schaumig rühren. Nach und nach Eidotter einrühren, zum Schluß passierten Topfen, Sauerrahm sowie Rosinen beigeben. Eiklar, Kristallzucker, Vanillezucker und Salz zu festem Schnee schlagen, unter die Buttermasse ziehen. Palatschinken leicht überlappend in einer Reihe auflegen. Mit ⅔ der Topfenmasse bestreichen, die „Palatschinkenschlange" einrollen und in ca. 6 cm große Stücke teilen. Eine passende Auflaufform mit Butter ausstreichen, mit Mehl ausstauben. Palatschinkenstücke dachziegelartig einordnen. Im vorgeheizten Backrohr 15 Minuten anbacken.

Für den Überguß Eier, restliche Topfenmasse, Sauerrahm, Staub- und Vanillezucker glattrühren, über die Palatschinken gießen und im Backrohr fertigbacken. Mit Zucker bestreuen, sofort servieren.

BACKROHRTEMPERATUR: 160 °C
BACKDAUER: 35–40 Minuten
MEIN TIP: Wie alle Aufläufe kann man auch die Topfenpalatschinken mittels Mikrowelle gut regenerieren.

BRANDTEIGKRAPFERLN MIT POWIDLFÜLLE

Zutaten für 6 Portionen

Brandteig:
¼ l Milch
75 g Butter
125 g Mehl, glatt
3 Eier
5 g Kristallzucker
1 EL Rum
Prise Salz

Fülle:
400 g Powidl
1 TL Zimt
2 EL Rum

100 g Kochschokolade, fein
gerieben, zum Wälzen
Staubzucker zum Bestreuen
Vanillesauce (s. S. 358)
Fett zum Backen

Für den Teig Milch, Salz, Rum und Butter aufkochen. Mehl mit dem Kochlöffel zügig einrühren und so lange rühren, bis der Teig glatt erscheint und sich vom Kasserollenrand löst. Kasserolle vom Herd nehmen. Weiterrühren, nach und nach verschlagene Eier sowie Zucker einmengen. Den Teig in Spritzsack (mit glatter Tülle Nr. 9) füllen. Jeweils 4 Krapferln auf ein Pergamentpapier dressieren. Reichlich tiefes Fett erhitzen, Krapferln mit dem Papier nach oben in das Fettbad einlegen. Das Papier abziehen, die Krapferln an beiden Seiten goldbraun backen. Krapferln aus dem Fett heben, abtropfen lassen. Powidl erwärmen, mit Zimt und Rum verrühren. Powidl mit Dressiersack (glatte Tülle Nr. 3) in die Krapferln einspritzen. Krapferln in geriebener Schokolade rollen, mit Staubzucker bestreuen und mit Vanillesauce auftragen.

GARUNGSDAUER: 6–7 Minuten

MEIN TIP: Ganz wesentlich ist es, daß die für die Masse vorgesehenen Eier vorher gut verschlagen werden, da dadurch das Einarbeiten in den Teig erleichtert wird. Die Eier müssen unbedingt in den noch sehr heißen Teig gerührt werden, da dieser sonst zu flüssig wird.

SCHLOSSERBUBEN

ZUTATEN FÜR 4 PORTIONEN
*24 Dörrzwetschken (Pflaumen),
groß, ohne Stein
180 g Marzipan
80 g Schokolade, gerieben
40 g Staubzucker
Zucker zum Bestreuen*

*Rum
Grand Marnier oder Slibowitz
Backteig (s. S. 327)
Öl zum Backen*

*Garnierung:
Vanillesauce*

Zwetschken einige Stunden mit etwas Rum und Grand Marnier marinieren. Zwetschken öffnen, an Stelle des Kerns eine Kugel Marzipan einfüllen. Reichlich Öl erhitzen, Zwetschken durch Backteig ziehen und schwimmend goldbraun und knusprig backen. Aus dem Öl heben, vorsichtig mit Küchenkrepp abtupfen. Schokolade mit Staubzucker vermischen, Schlosserbuben darin wälzen, anrichten, mit Zucker bestreuen.

GARUNGSDAUER: 3–4 Minuten

WIENER WÄSCHERMÄDELN

ZUTATEN FÜR 4 PORTIONEN
*12 Marillen, vollreif
180 g Marzipan
Marillenbrand
Backteig (s. S. 327)*

*Vanillesauce (s. S. 358)
50 g Mandelspäne, gehobelt,
geröstet
Öl zum Backen
Staubzucker zum Bestreuen*

Marillen waschen, gut abtrocknen, mit kleinem Kochlöffel den Kern herausstechen (stoßen). Marzipan mit Marillenbrand anwirken (verkneten) und jeweils ein Stückchen in die Marillen füllen. Marillen durch den Backteig ziehen, in reichlich erhitztem Öl goldbraun backen. Aus dem Fett heben, auf Küchenkrepp legen, abtupfen. Vanillesauce in Teller eingießen, mit Mandeln bestreuen, Wäschermädeln daraufsetzen und mit Zucker bestreuen.

GARUNGSDAUER: 6 Minuten

POWIDLPOFESEN *(Arme Ritter)*

ZUTATEN FÜR 6 PORTIONEN
6 Semmeln vom Vortag
120 g Powidl
½ l Milch
3 Eier
20 g Mehl, glatt

2 EL Vanillezucker
1 TL Zimt
1 EL Rum
Fett zum Backen
Staubzucker zum Bestreuen

Semmeln entrinden, halbieren, mit Powidl füllen, Ober- und
Unterseite wieder zusammenfügen. Milch mit Zimt, Vanillezucker und Rum vermischen. Reichlich Fett erhitzen. Semmeln in aromatisierter Milch beidseitig leicht weichen. Eier
mit Mehl verschlagen. Semmeln (Pofesen) durch die Eier
ziehen, in das heiße Fett einlegen und beidseitig braun bakken. Aus dem Fett heben, auf Küchenkrepp legen, abtupfen,
angezuckert auftragen.

GARUNGSDAUER: ca. 5–6 Minuten
MEIN TIP: Für die Pofesen können Sie statt Semmeln
auch Milch- oder Toastbrot verwenden. Es könnte allerdings auch der Powidl durch andere Marmeladesorten ersetzt werden.

Warme Saucen · Chaudeau

SCHOKOLADESAUCE

ZUTATEN FÜR 6 PORTIONEN
¼ l Schlagobers
150 g Bitterschokolade
(Kochschokolade)
100 g Milchschokolade

Schlagobers aufkochen. Schokolade in kleine Stücke bre-
chen, unter ständigem Rühren schmelzen, einmal aufkochen.
Verwendung: als Garnierung für Omeletten, Palatschinken,
Mohr im Hemd oder Eisspezialitäten

VANILLESAUCE

ZUTATEN FÜR
4–6 PORTIONEN
½ l Milch
80 g Kristallzucker

30 g Vanillecremepulver
2 EL Vanillezucker
1 EL Rum

⅛ l Milch mit Vanillecremepulver glatt verrühren. Restliche Milch, Kristall- und Vanillezucker gemeinsam aufkochen. Pulvergemisch mit Schneerute zügig einrühren, unter ständigem Rühren nochmals aufkochen, Rum einmengen.
Verwendung: als Beilage zu warmen Germmehlspeisen, Fruchtdesserts oder Topfenspeisen

WEINSCHAUM *(Weinchaudeau)*

ZUTATEN FÜR 6 PORTIONEN
1,5 dl Weißwein
50 g Staubzucker
etwas Zitronensaft

4 cl Grand Marnier
(Orangenlikör)
6 Eidotter

Alle angeführten Zutaten glatt verrühren. Im Schneekessel über Dampf mittels Schneerute schaumig warm schlagen.
Verwendung: als Dessert mit Biskotten oder als Beilage zu warmen oder kalten Desserts und Eisspezialitäten

GLOSSAR

(Ab-)schwemmen. (Ab-)spülen
Abfrischen. Kochgut unter fließendem
  kaltem Wasser abkühlen
Abschmalzen. Kochgut mit erhitztem
  Fett übergießen
Abtrieb. Schaumig gerührte Masse
Abliegen. Fleisch durch längere Lage-
  rung mürb werden lassen

Beiried. ausgelöstes Rindsrippenstück
Beuschel. Gericht aus Kalbslunge und -
  herz
Biskotte. Löffelbiskuit
Blunze. Blutwurst
Bries. Kalbsmilch
Brimsen. Topfen, Quark
Brösel. Paniermehl
Buchteln. Hefegebäck
Bummerlsalat. Eisbergsalat
Busserl. Runde kleine Plätzchen

Dalken. Kleine Hefeteig-Pfannkuchen
Dampfl. Hefeansatz, Vorteig
Dotter. Eigelb
Dürre. Räucherwurst

Eierschwammerl. Pfifferlinge
Eierspeise. Rühreiähnliches Gericht
Einbrenn. Braune Mehlschwitze
Einmach. Helle Mehlschwitze
Erdäpfel. Kartoffeln
Etamin. Feines Sieb
Extrawurst. Österreiche Wurstspezia-
  lität aus Rind- und Schweinefleisch,
  geräuchert und gebrüht.

Faschiertes. Hackfleisch
Fisole. Grüne Bohne
Fleckerln. Kleine quadratische Nudel-
  teigstücke
Frittaten. Nudelig geschnittene Pfann-
  kuchen, als Suppeneinlage verwen-
  det
Fogosch. Zanderart aus dem Plattensee

Gelbe Rübe. Möhre
Germ. Hefe
Geselchtes. Rauchfleisch, Geräuchertes
Göderl. Fleischstück unterhalb des
  Kinns am Schweinskopf
Golatsche. Mehlspeise aus Plunderteig
Grammeln. Grieben

Häuptelsalat. Kopfsalat
Heidenmehl. Buchweizenmehl
Hendl. Junges Huhn
Herrenpilz. Steinpilz
Hesperidenessig. Reiner Gärungsessig
  aus 90 % Weingeistessig und 10 %
  Weingeist mit Apfelsaft, im biologi-
  schen Gärungsverfahren hergestellt
Heurige. Frühkartoffeln
Holler. Holunder
Hühnerbügerl. Hühnerkeule

Kaiserfleisch. Geräuchertes (gepökel-
  tes) Rippen- oder Bauchfleisch mit
  Schwarte
Kalbsstelze. Kalbshaxe
Kalbsvögerl. Ausgelöste Hesse
Karfiol. Blumenkohl
Kipferl. Hörnchen
Kitz. Junge Ziege, Zicklein
Kletzen. Dörrbirnen
Kletzenbrot. Früchtebrot
Knackwurst. Zervelatwurst
Koch. Dem Auflauf ähnliche
  Süßspeise
Kochsalat. Römischer Salat
Kohl. Wirsing
Kohlsprossen. Rosenkohlröschen
Kotelett. Rippchen
Krapfen. In Schmalz gebackenes Hefe-
  gebäck
Kraut. Weißkohl
Kren. Meerrettich
Kruspelspitz. Stück von der Rinds-
  schulter
Kutteln. Kaldaunen

Letscho. Paprikagemüse
Lungenbraten. Filetstück

Marille. Aprikose
Maroni. Edelkastanien
Mehl glatt. Mehl mit hohem Ausmah-
lungsgrad
Mehl griffig. Mehl mit niedrigem Aus-
mahlungsgrad
Melanzani. Auberginen
Moosbeere. Verwandte der Preiselbeere

Neugewürz. Piment
Nierndln. Niere
Nockerl. Spätzle, Klößchen

Oberskren. Sahnemeerrettich
Ochsenschlepp. Ochsenschwanz
Omelett. Eierkuchen
Obers. Sahne

Palatschinken. Pfannkuchen
Paradeiser. Tomate
Plenten. Dicker Brei aus Maisgrieß
Powidl. Pflaumenmus

Rahm. Saure Sahne
Rasten lassen. Ruhen lassen
Rein (Reindl). Kasserolle
Ribisel. Johannisbeere
Rieddecke. Rind-Zwerchrippendecke
Rindslungenbraten. Lende, Filet
Röster. Gedünstetes Obst
Rostbraten. Hohe Rippe, hohes Roast-
beef
Rote Rübe. Rote Bete

Schneerute. Schneebesen
Schlagobers. Schlagsahne
Schöberl. Kleine Biskuit-
Suppeneinlage
Schopfbraten. Schweinekamm
Schwammerl. Pilze
Selchspeck. Räucherspeck
Semmel. Brötchen
Spagat. Bindfaden
Sterz. Dicker Brei aus Maisgrieß oder
Buchweizenmehl
Staubzucker. Puderzucker
Selchfleisch. Rauchfleisch

Tafelspitz. Ende des Rindschwanz-
stückes
Teilsames. Geräucherte Schweinskeu-
lenstücke

Versprudeln. Verquirlen

Wandl. Terrinenform
Wadschinken. Ausgelöste Hesse
Weißes Scherzel. Hinteres Schwanz-
stück beim Rind
Weißkraut. Weißkohl
Wurzelwerk. Wurzelgemüse (Karotten,
Sellerie, Petersilie etc.)

Zwetschke. Pflaume
Zwetschkenröster. Gedünstete
Pflaumen